L'éthique a-t-elle une chance dans un monde de consommateurs ?

Institute for Human Sciences
Vienna Lecture Series

Du même auteur

Le Coût humain de la mondialisation, Hachette Littératures, 1999.
Modernité et Holocauste, La Fabrique, 2002.
La Vie en miettes, Le Rouergue/Chambon, 2003.
L'Amour liquide, Le Rouergue/Chambon, 2004.
La Société assiégée, Hachette Littératures, 2005.
Vies perdues, Payot, 2006.
Le Présent liquide, Seuil, 2007.
La Décadence des intellectuels, Le Rouergue/Chambon, 2007.
S'acheter une vie, Le Rouergue/Chambon, 2008.

Zygmunt Bauman

L'éthique a-t-elle une chance dans un monde de consommateurs ?

Traduit de l'anglais par Christophe Rosson

CLIMATS

Titre original : *Does ethics have a chance in a world of consumers ?*
Published by arrangment with Harvard University Press.

ISBN : 9782081223134

Introduction

Des menaces ou des chances ?

Le présent ouvrage se veut un reportage sur un champ de bataille. Celui-là même où nous luttons pour découvrir de nouveaux modes de pensée adaptés au monde dans lequel nous vivons, ainsi qu'aux vies que nous y menons – comment penser ce monde et ces vies, comment penser *à* ce monde et *à* ces vies, comment penser *pour* ce monde et *pour* ces vies.

En effet, quiconque cherche à comprendre le monde – notre monde actuel, d'apparence familière, mais jamais à court de surprises ; qui nie aujourd'hui ce qu'il présentait comme vrai hier, sans toutefois garantir que ce que nous tenons pour vrai ce soir ne sera pas réfuté demain dès l'aube – se trouve en situation de conflit. Un conflit particulièrement âpre, pour une tâche angoissante, interminable. Un conflit qui ne prendra jamais fin. Un conflit dont la victoire finale reste invariablement au-delà de l'horizon. En outre, à l'heure actuelle, les chances de parvenir à une compréhension du monde semblent s'être amenuisées par rapport à un passé – pas si lointain – dont les anciens se souviennent, mais que les jeunes ont du mal à imaginer.

La vie semble avancer trop vite pour que la plupart d'entre nous puissions la suivre – sans parler d'anticiper ses mouvements. Il n'est rien de plus risqué que de prévoir une stratégie et de s'y tenir. La prévision à long terme paraissant, quant à elle, carrément dangereuse. Les trajectoires de vie sont ressenties comme découpées en épisodes. Épisodes dont les liens qui les relient ne sont perceptibles, dans le meilleur des cas, que rétrospectivement. Il en va ainsi en particulier des liens de cause à effet, des liens de détermination entre les épisodes. La signification et la destination du voyage génèrent autant d'angoisse et d'appréhension que ce monde plein de surprises (cette vie ponctuée de « nouveaux départs ») nous promet de plaisirs.

Une fois insérés dans ce cadre, contraints d'agir à l'intérieur, nous ne tirons aucun bénéfice des « filets conceptuels » dont nous avons hérité, ou que nous avons appris à utiliser pour saisir les réalités insaisissables. Les vocabulaires que nous employons d'ordinaire pour décrire nos découvertes se révèlent, eux aussi, inopérants. Quantité de concepts et de termes par lesquels nous exprimons une signification à nous-mêmes ainsi qu'à autrui sont désormais frappés d'inutilité. Nous avons urgemment besoin de trouver un nouveau cadre. Un cadre qui pourra saisir notre expérience, l'organiser de manière à nous en montrer la logique et présenter le message – message jusqu'alors caché, illisible, ou sujet à erreurs d'interprétation.

Dans ce livre, je tente un premier pas vers la mise au point du cadre en question. Qu'on ne s'attende, au mieux, qu'à une simple esquisse, et non au portrait achevé, d'un monde en mouvement. Un monde dont la vitesse de changement s'accroît toujours plus vite que notre capacité d'adaptation, plus vite que nos modes de réflexion et de discussion à son sujet. Plutôt que de proposer des solutions à nos dilemmes, je compte me pencher sur ce qui façonne ces dilemmes (quel type d'expérience les influence), m'intéresser à leurs racines et aux questions que doit poser quiconque souhaite les mettre au jour.

Ma seule ambition est de contribuer à l'affûtage de nos *outils* cognitifs communs ; le perfectionnement des *produits* cognitifs doit, pour sa part, rester du domaine de l'exploration personnelle. Il est clair qu'aucune amélioration de notre mode de réflexion sur le monde vécu ne saura à elle seule réaliser l'espoir de faire progresser notre monde ainsi que nos existences. Mais il n'en demeure pas moins vrai que, sans ces améliorations, l'espoir est voué à l'échec.

Pour bien comprendre les enjeux de la refonte de notre cadre cognitif et les obstacles qui vont se dresser sur notre route, observons l'aventure intellectuelle vécue par un groupe de chercheurs de la Zoological Society de Londres. Ces éminents savants se sont rendus au Panamá afin d'étudier la vie sociale des guêpes. Les scientifiques avaient emporté tout un équipement technologique dernier cri, grâce auquel ils purent suivre, six mille heures durant, les évolutions de 422 guêpes appartenant à trente-trois nids [1]. Les conclusions des chercheurs ont purement et simplement renversé les stéréotypes séculaires sur les habitudes sociales de ces insectes.

De fait, depuis que l'expression « insectes sociaux » (catégorie comprenant les abeilles, les termites, les fourmis et les guêpes) a été créée puis popularisée, les zoologues les plus éminents partagent avec le commun des mortels une conviction rarement mise en question : la conviction selon laquelle la « sociabilité » des insectes se limite à leur nid. Au nid dans lequel ils ont éclos, dans lequel ils rapportent leurs butins et qu'ils partagent avec les autres membres de la ruche. La possibilité que certaines ouvrières (abeilles ou guêpes) franchissent une frontière entre deux nids, qu'elles abandonnent leur ruche de *naissance* pour en intégrer une autre, leur ruche de *choix*, cette possibilité, donc, passait pour incongrue. L'axiome voulait, au contraire, que, en pareil cas, les membres indigènes, et par conséquent « légitimes »,

1. R. Jones, « Why Insects Get Such a Buzz Out of Socializing », *The Guardian*, 25 janvier 2007.

du nid chassent le nouveau venu, et le suppriment en cas de résistance.

Néanmoins, comme tous les axiomes, cette supposition n'avait jamais été mise en question ni soumise à un test. Certes, les difficultés techniques semblaient insurmontables : les appareils électroniques permettant de baguer une guêpe n'ont été mis au point que très récemment. Notons également, et c'est sans doute plus important, que la nécessité d'une étude des évolutions des insectes d'un nid ou d'une ruche à un autre n'était jamais apparue à quiconque – pas plus à l'homme de la rue qu'aux gens de sciences. Pour ces derniers, l'hypothèse d'une limitation aux proches de l'instinct de socialisation – en d'autres termes, à la communauté de naissance, et *donc* aussi à la communauté d'appartenance – allait de soi. Pour le commun des mortels, cela paraissait logique. En revanche, on dépensa sans compter pour comprendre comment un insecte social repérait un étranger dans son groupe : la vue entrait-elle en jeu ? L'ouïe ? L'odorat ? La perception d'infimes nuances comportementales ? La grande question était de savoir comment les insectes parvenaient à réaliser ce que nous, humains, malgré toutes nos armes et tous nos outils intelligents et sophistiqués, ne réussissons que mal à accomplir : à savoir comment ces êtres assurent l'étanchéité des frontières de leurs communautés, comment ils maintiennent la séparation entre « indigènes » et « étrangers », entre « nous » et « eux ».

Ce qui va de soi (ce qui tient rôle d'autorité suprême lorsqu'il s'agit de rendre des jugements et de les reconnaître comme fermes et définitifs), de même que ce qui paraît logique (ce qui tient rôle de *doxa* [1] ou de paradigme) a toutefois tendance à évoluer avec le temps. Les changements

1. *Doxa* : ensemble de conceptions que l'on ne met pour ainsi dire jamais en question – des conceptions avec lesquelles on réfléchit, mais auxquelles on ne réfléchit jamais. Idée préconçue sur ce qui a, ou non, de la pertinence, et donc sur ce qu'il convient de retenir comme illustra-

suivent ceux de la condition humaine et des défis qu'elle propose.

La plupart des conceptions actuelles de ce qui « va de soi » ou « est logique », si ce n'est toutes, ont tendance à être *praxéomorphiques* : elles se forment en réaction aux réalités telles que perçues à travers le prisme des pratiques humaines – ce que les êtres humains font, ce qu'ils savent faire, ce qu'ils ont appris à faire, ce qu'ils sont enclins à faire. L'ordre du jour des savants découle des pratiques humaines, tandis que c'est son pendant *socioculturel*, dicté par les problèmes liés à la cohabitation humaine quotidienne, qui décrète la pertinence d'un thème ou d'un autre et soumet les hypothèses que les projets de recherche s'efforcent ensuite de confirmer ou d'infirmer.

On est dès lors tenté de penser que, si personne n'a jamais mis la sagesse populaire au banc d'essai, ce n'est pas tant l'absence d'outils de recherche que l'absence de soupçon qui a imposé ces bancs d'essai. Et ce parce que la crédibilité de cette sagesse était en jeu. Par conséquent, on peut également se dire que si, durant la quasi-totalité de l'histoire moderne, rien dans la conception commune (aucune croyance formée et renforcée au quotidien par l'expérience) n'a mis en doute le caractère « naturel » et universel des limites « innées » de la socialité, alors l'aventure des chercheurs de la Zoological Society indique qu'il n'en ira peut-être plus très longtemps ainsi.

Contrairement à tout ce que l'on a su (ou cru savoir) pendant des siècles, ces chercheurs ont découvert, au Panamá, qu'une grande majorité (56 %) d'ouvrières changent de nid au cours de leur vie. Et qu'elles n'en intègrent pas un nouveau en tant que visiteurs temporaires et importuns, sans cesse discriminés et marginalisés, toujours

tion de la norme, et de ce qu'il faut considérer comme anormal ou accidentel, et ainsi rejeter, ne pas prendre en compte.

sujets de soupçons et de ressentiment, mais bien en tant que membres entiers et légitimes (on ajouterait presque « encartés ») de la communauté d'adoption. Des membres qui fournissent nourriture et soins à la progéniture du nid, au même titre que les ouvrières indigènes. Les chercheurs londoniens en conclurent que les nids qu'ils étudiaient se composaient *en règle générale* de « populations mêlées ». Populations au sein desquelles guêpes indigènes et immigrantes vivaient et travaillaient côte à côte, se serrant les coudes. Elles en devenaient ainsi indissociables les unes des autres, du moins pour des yeux humains, sauf à se pencher sur leurs bagues électroniques.

Le grand intérêt de cette découverte panaméenne tient au renversement de perspective qu'elle impose : des croyances dont on imaginait, il y a peu encore, qu'elles reflétaient l'« état de nature » se révèlent désormais, rétrospectivement, n'être qu'une projection, sur les habitudes des insectes, des préoccupations et pratiques humaines, trop humaines, des savants (encore qu'il s'agisse de pratiques tombant en désuétude). À présent que des savants d'une génération nouvelle ont importé, dans la forêt panaméenne, leur propre expérience (et la nôtre) de pratiques de vie acquises et intégrées dans leurs nouveaux foyers multiculturels de diasporas emboîtées, ils ont naturellement « découvert » que la fluidité d'appartenance et le brassage perpétuel des populations constituaient également la *norme* chez les insectes sociaux : une norme apparemment appliquée de façon « naturelle », sans recours à aucune commission royale, ni projet de loi soumis à la hâte, ni Haute Cour, ni camps de demandeurs d'asile. On a là une nouvelle illustration de ce que la nature praxéomorphique [1] de la perception humaine du monde a conduit les chercheurs à trouver, dans le monde, ce qu'ils ont appris à faire, ce qu'ils font chez eux – l'image de la nature réelle des choses que nous portons tous dans nos têtes

1. Sur ce terme, voir page précédente et la note de la page 207.

et nos subconscients. L'observation des insectes sociaux a déclenché un processus : les prémonitions intuitives, semi-conscientes ou inconscientes furent exprimées (peut-être même s'exprimèrent-elles d'elles-mêmes) ; après quoi ces intuitions furent recyclées en une synthèse alternative de cette réalité différente correspondant à la nouveauté de la propre réalité des chercheurs. Toutefois, ce recyclage ne pouvait s'opérer qu'à condition qu'une quantité importante de matériau brut attende déjà d'être recyclée.

« Comment est-ce possible ? ! » se demandèrent nos Londoniens. Les premiers temps, ils doutèrent de leurs propres conclusions, tant celles-ci divergeaient de ce que leurs professeurs leur avaient appris à escompter. Ils s'efforcèrent alors de trouver une explication convaincante aux mœurs étranges des guêpes panaméennes. Explication qu'ils découvrirent, on ne s'en étonnera pas, parmi les méthodes éprouvées de mise en conformité de preuves anormales avec l'image d'un monde ordonné. Les scientifiques déclarèrent que les nouveaux venus que l'on avait autorisés à intégrer la ruche « n'étaient pas de vrais étrangers » – du moins, pas autant que d'autres. Peut-être avaient-ils rejoint les nids de proches parents – des cousins, qui sait ? Du reste, ce type d'explication a dû paraître infaillible aux scientifiques : irréfutable du fait même de sa nature pléonastique. Aux yeux de ces chercheurs, le droit des parents proches d'échanger des visites ou de s'installer les uns chez les autres a de tout temps été quasi inné. Nous le savons bien, c'est précisément ce qui distingue les proches parents des autres visiteurs. Mais qu'est-ce qui nous dit que les guêpes étrangères sont, ou non, des proches parents des indigènes ? Eh bien, c'est que… il doit en être ainsi, non ? Sinon les indigènes les auraient chassées, ou les auraient tuées sur-le-champ – CQFD. Un raisonnement circulaire reste infaillible quand bien même sa logique est imparfaite. Voilà pourquoi nous sommes si nombreux à y recourir : moins pour résoudre des casse-tête diaboliques que pour échapper à l'obligation de nous en inquiéter.

Ce que les scientifiques londoniens ont oublié de dire, ou ont préféré taire, pour se faciliter la vie, c'est qu'il a fallu un siècle de dur labeur – mélange de politique des armes et de lavages de cerveaux – pour parvenir à convaincre Prussiens, Bavarois ou Saxons (ou, plus récemment, pour convaincre « Ossis » et « Wessis ») qu'ils étaient proches parents, cousins, voire frères, tous descendants d'une même souche germanique, animés du même esprit germanique et qu'ils devaient, dès lors, se comporter en proches parents : faire preuve d'hospitalité les uns envers les autres et collaborer à la protection et à l'accroissement du bien-être commun. Dans le même ordre d'idées, sur la route menant à l'État-nation moderne centralisé et à l'identification de la nationalité à la citoyenneté, les révolutionnaires français durent intégrer le slogan de la *fraternité*[1] dans l'appel qu'ils lancèrent à des individus (désormais *citoyens*[2]) qui n'avaient jusque-là jamais vu plus loin que leurs frontières languedociennes, poitevines, limousines, bourguignonnes, bretonnes ou franc-comtoises : tous les Français sont frères, vous voudrez donc bien vous comporter comme tels, vous aimer les uns les autres, vous entraider, faire du territoire national votre foyer commun, et de la terre de France votre pays en partage. Autre exemple, depuis la Révolution française, tout mouvement cherchant à convertir, recruter, étendre ou intégrer les populations de royaumes et duchés jusqu'alors indépendants et mutuellement soupçonneux a pris l'habitude de s'adresser à ses disciples actuels ou futurs en les appelants « frères et sœurs ». Enfin, n'importe quel anthropologue vous dira que *toutes* les cultures connues ont coutume de lier les droits et devoirs individuels, ainsi que les normes de la mutualité, aux zones

1. En français dans le texte (*N.d.T.*).
2. En français dans le texte (*N.d.T.*).

délimitées sur les cartes mentales de la parenté. Et ce alors même que la substance de ces droits et devoirs varie considérablement d'une culture à une autre, ce type de variation étant l'une des principales raisons nous amenant à les considérer comme des cultures *différentes*.

En résumé : la différence entre les cartes cognitives des anciennes générations d'entomologistes et celles acquises ou adoptées par la nouvelle génération reflète le passage de la phase de construction de la nation, dans l'histoire des États modernes, à la phase multiculturelle. Ou, de façon plus générale, le passage de la modernité « solide » (déterminée à enraciner et fortifier le principe de la souveraineté territoriale, exclusive et indivisible, mais aussi à ceindre les territoires souverains de frontières imperméables) à la modernité « liquide » – caractérisée par des frontières floues, éminemment perméables, la dévaluation irrépressible (quoique déplorée et combattue) des distances spatiales et de la capacité de défense des territoires, ainsi que par l'intensité des mouvements humains par-delà toutes frontières.

Or les mouvements humains se font dans les deux sens ; une frontière peut se franchir de part et d'autre. Ainsi la Grande-Bretagne est-elle aujourd'hui un pays d'*immigration* (encore que les ministres de l'Intérieur successifs se donnent bien du mal pour nous convaincre qu'ils bâtissent de nouvelles barrières afin d'endiguer le flot d'étrangers) ; toutefois, on estime également que près d'un million et demi de Britanniques sont installés en Australie, près d'un million en Espagne, plusieurs centaines de milliers au Nigeria, et même quelques dizaines en Corée du Nord. Il en va de même pour les Français, les Allemands, les Polonais, les Irlandais, les Italiens ou bien encore les Espagnols ; le phénomène s'applique, de façon plus ou moins marquée, à tous les territoires dotés de frontières, exception faite des dernières enclaves totalitaires à recourir aux techniques anachroniques, de type panoptique, conçues pour maintenir les détenus (sujets de l'État) *à l'intérieur* des murs (frontières de l'État) plutôt que pour maintenir les étrangers *à l'extérieur*.

À l'heure actuelle, la population de chaque pays se compose d'un ensemble de diasporas. Chaque grande ville regroupe des enclaves ethniques, religieuses ou relatives au style de vie. Enclaves au sein desquelles la ligne de démarcation entre résidents et étrangers fait l'objet de farouches débats, tandis que le droit de tracer ladite ligne, d'en assurer l'entretien et la protection constitue le plus grand enjeu des luttes d'influence et des batailles de reconnaissance qui s'ensuivent. La plupart des États ont quitté leur phase de construction de la nation – ils ne cherchent donc plus à assimiler l'afflux d'étrangers (traduction : les contraindre à se défaire de leurs identités, puis à se fondre dans la masse uniforme des autochtones) ; dès lors, les cadres des vies contemporaines ont toutes les chances de demeurer changeants et kaléidoscopiques. Quant au fil dont on tisse l'expérience de vie, il n'est pas près de trouver un semblant d'homogénéité. Il se pourrait même que ces changements soient éternels.

Aujourd'hui, nous ressemblons tous – ou n'allons pas tarder à ressembler – aux guêpes du Panamá. Plus précisément, c'est à ces insectes qu'il revient d'entrer dans l'Histoire en tant que première entité sociale à laquelle s'applique le cadre cognitif précoce, émergent (un cadre qui reste à reconnaître et à approuver). Un cadre, en outre, dérivé de notre nouvelle expérience d'un cadre de cohabitation humaine de plus en plus hétérogène (sans doute à tout jamais), dérivé également du flou entourant la ligne de démarcation entre le dedans et le dehors, ainsi que de la pratique quotidienne de la gestion des différences. Il y a plus de deux siècles de cela, Kant prétendait qu'il serait un jour crucial pour l'espèce humaine de concevoir, d'élaborer puis de mettre en pratique des règles d'hospitalité mutuelle, et ce pour la bonne raison que nous vivons à la surface d'une planète *sphérique*. Cette prédiction s'est aujourd'hui réalisée. Disons plutôt que la nécessité dont parlait Kant est devenue le grand défi de notre époque, celui qui exige la réponse la plus urgente et la mieux étudiée.

Aucun point de la planète n'échappe à ce défi. Si l'un d'eux en semble exempt, ce ne peut être qu'à titre provisoire. Le défi en question vise simultanément toutes les directions. Où que l'on se trouve sur Terre, on constate qu'il génère, simultanément, des tensions et des urgences dirigées tant vers l'intérieur que vers l'extérieur. Pour confiante que chaque enclave territoriale se prétendant souveraine puisse être ou affirmer être aujourd'hui, et quelles que soient les ressources qu'elle possède ou dit posséder, elle est condamnée à subir le poids du défi global. Tôt ou tard, elle ne pourra que rendre les armes (à supposer qu'elle les ait prises, ce qu'elle fait généralement seule, se reposant uniquement sur ses ressources internes et les mesures qu'elle peut prendre en interne). Dans le même temps, un élément brille par son absence : c'est un centre planétaire pleinement autoritaire, capable de décréter les règles d'une alliance visant à apporter une réponse adaptée au défi. Un centre, en outre, qui saurait faire appliquer ces règles de façon universelle.

La composition des plus de deux cents « unités souveraines » figurant sur la mappemonde politique ressemble de plus en plus à celle des trente-trois nids de guêpes étudiés par l'expédition de la London Zoological Society. Qui cherche à comprendre l'état actuel de la cohabitation humaine ferait bien d'utiliser les modèles et les catégories que ces scientifiques ont été contraints d'utiliser pour saisir le sens de leurs découvertes. De fait, aucun nid exploré n'ayant les moyens d'assurer l'étanchéité de ses frontières, chacun devait accepter un brassage perpétuel de sa population. Et chaque nid semblait vivre cette situation plutôt bien, absorbant les nouveaux venus sans frictions et ne pâtissant pas du départ de certains résidents. Par ailleurs, ces nids ne présentaient rien qui ressemble, de près ou de loin, à un « centre insecte » à même de réguler les mouvements des insectes – ni tout autre élément à réguler. Chaque nid devait gérer les travaux de la vie de façon plus ou moins autonome, encore que le taux élevé de « roulement du personnel » ait sans doute garanti que les savoir-faire acquis par un nid en particulier se répandent librement et contribuent à la survie de tous les autres.

De plus, il semblerait que les chercheurs n'aient pratiquement rien mis au jour qui fasse état de guerres entre les nids. Ensuite, ils ont découvert que les mouvements inter-nids des « cadres [1] » compensaient les excès ou déficits locaux de populations. Enfin, les scientifiques se sont aperçus que la coordination et la coopération indirecte entre insectes sociaux se faisait, semblait-il, sans aucune forme de coercition ou de propagande ; sans recours à un *centre*. Qu'on le veuille ou non, que cela nous plaise ou nous effraie, nous, êtres humains éparpillés sur plus de deux cents unités souveraines appelées États, avons réussi quelque temps à nous passer de centre. Encore que l'absence, au centre, d'une puissance globale, nette, incontestée, et à l'autorité indiscutable, fasse monter, chez les puissants et les arrogants, le désir de remplir ce vide.

Le rôle central du centre s'est vu décomposé ; les liens entre sphères d'autorité intimement liées ont été rompus, peut-être de façon irrémédiable. Les condensations locales de pouvoir et d'influence économique, militaire, intellectuelle ou artistique ne coïncident plus (à supposer qu'elles aient jamais coïncidé). Les cartes du monde ne se chevauchaient pas, sur lesquelles nous avons peint de différentes couleurs les entités politiques afin de marquer leurs parts et importances relatives dans l'industrie, le commerce, l'investissement, la puissance militaire, les réussites scientifiques ou la création artistique. Quant aux peintures utilisées, elles n'ont pas à être waterproof, bien au contraire, puisque le rang de chaque

1. En français dans le texte (*N.d.T.*).

pays dans l'ordre hiérarchique d'influence et d'impact n'a rien de figé.

Tandis que nous nous efforçons de saisir la dynamique des affaires planétaires, notre vieille et tenace habitude d'organiser l'équilibre des pouvoirs à l'aide d'outils conceptuels tels centre-périphérie, hiérarchie ou encore supériorité-infériorité, nous gêne davantage qu'elle nous aide. Les outils mis au point et utilisés pour la recherche sur les guêpes du Panamá pourraient bien se révéler nettement plus utiles...

L'absence de division nette et stable entre centre et périphérie planétaires, alliée à la nouvelle multidimensionalité des relations de supériorité-infériorité, n'annoncent en rien un « nivellement », à l'échelle planétaire, des conditions humaines ; il est on ne peut plus sûr qu'elles ne signifient pas l'avènement, ni même la progression graduelle, de l'égalité. Au sein de la constellation actuelle des conditions globales nécessaires à une vie décente et agréable (et par conséquent aussi la constellation des perspectives globales de pouvoir vivre une telle vie), l'étoile de la *parité* brille d'un éclat sans égal là où celle de l'égalité luisait autrefois. J'y reviendrai dans le chapitre 3, mais j'affirme d'ores et déjà que la parité n'est en aucune façon l'égalité ; disons mieux, elle est une égalité réduite au *droit à la reconnaissance*, au « droit d'être » ainsi qu'au droit (le cas échéant) à la solitude. Autant de droits égaux, ou du moins équitables. Par « droit à la solitude », j'entends avant tout le droit à l'autodéfinition et à l'affirmation de soi, le fait d'avoir une chance réaliste d'agir avec efficacité en s'appuyant sur ce droit. C'est cette prétendue autorité sur soi (obtenue et savourée, postulée ou putative), plutôt que les frontières matérielles, qui unit les totalités cherchant à atteindre ou à conserver la parité. Aujourd'hui, ces totalités tiennent plus de l'avocat (noyau dur) que de la noix de coco (coque épaisse).

On a, à l'heure actuelle, de plus en plus tendance à substituer la métaphore du « réseau » aux termes plus fréquemment utilisés dans la narration des interactions sociales du passé (ainsi de *systèmes*, *structures*, *sociétés* ou *communautés*). Cet état de fait reflète la prise de conscience, croissante, de ce que les totalités sociales ont des lisières floues, qu'elles se maintiennent dans un état de flux constant, sont toujours dans le *devenir* plutôt que dans l'*être*, et enfin qu'elles sont rarement conçues pour durer jusqu'à terme. Autrement dit, cette tendance à la substitution suggère que les totalités qui se battent aujourd'hui pour être reconnues sont plus fluides qu'elles n'étaient, ou qu'on les croyait, à l'époque où furent créés et adoptés les termes que nous voulons à présent remplacer.

Au chapitre 3, j'affirmerai que le trait le plus conséquent d'un réseau est la formidable flexibilité de ses contenus – l'extraordinaire facilité avec laquelle sa composition peut être, et tend à être, modifiée. Si les structures s'occupent toutes de comprendre et d'inclure, de tenir, de maintenir, de conserver et de contenir, le réseau, lui, renvoie à l'interaction perpétuelle des connexions et *dé*connexions. Le processus de « formation de l'identité » devient essentiellement une renégociation des réseaux.

Je suggère également que les identités n'existent de nos jours que dans le cadre du processus de renégociation continue. La formation de l'identité ou, pour mieux dire, sa reformation, se change en tâche de toute une vie, jamais achevée ; à aucun moment de la vie l'identité n'est « finale ». Il reste toujours un réajustement à opérer, puisque pas plus les conditions de vie que les ensembles de chances et de menaces ne restent un instant figés. Cette « non-irrévocabilité » intégrée, le caractère incurablement « en suspens » de la mission d'auto-identification, est la cause de quantité de tensions et d'angoisses. Angoisses pour lesquelles il n'existe aucun remède rapide.

En tout cas, aucun remède radical, dans la mesure où les efforts de formation de l'identité oscillent péniblement, comme de juste, entre ces deux valeurs humaines également centrales que sont la liberté et la sécurité. Valeurs qui, indispensables à une vie humaine décente, sont difficilement réconciliables, et entre lesquelles l'équilibre parfait reste à découvrir. Après tout, la liberté tend à s'accompagner de l'insécurité, et la sécurité d'entraves à la liberté. Or, comme l'insécurité nous répugne autant que la « non-liberté », on ne se satisfera sans doute jamais d'un alliage de liberté et de sécurité. Dès lors, au lieu de suivre une progression linéaire vers davantage de liberté et de sécurité, on observe un mouvement de balancier : une forte poussée vers l'une de ces deux valeurs, suivie d'un retour vers l'autre. À l'heure actuelle, il semblerait que, sur l'essentiel de la planète, le ressentiment vis-à-vis de l'insécurité prévale sur la peur de ne pas être libre (encore que personne ne sache jusqu'à quand durera cette tendance). En Grande-Bretagne, par exemple, une immense majorité d'individus se déclarent prêts à renoncer à plusieurs libertés civiles dans le but de réduire les menaces qui pèsent sur eux. La plupart sont prêts, au nom d'un accroissement de la sécurité personnelle, à accepter des cartes d'identité – documents jusqu'alors rejetés dans le pays au nom de la liberté et de l'intimité individuelles. En outre, ces mêmes personnes tiennent à ce que les autorités aient le droit d'écouter les conversations téléphoniques privées, et d'ouvrir les courriers privés (toujours pour l'amélioration de la sécurité). C'est dans le domaine de la sécurité, et sous la bannière de « plus de sécurité », que le lien entre les autorités politiques actuelles et les individus, leurs sujets, se forge, et que l'on recherche la compréhension mutuelle et la coordination d'actions.

Le démembrement et l'invalidation des centres orthodoxes, supra-individuels, bien structurés et bien structurants semblent aller de pair avec le nouveau rôle central du moi orphelin. Dans le vide laissé par le retrait des autorités politiques mourantes, c'est désormais le moi qui s'efforce d'assumer, ou que l'on force à assumer, la fonction de centre du *Lebenswelt* (cette interprétation privatisée, individualisée et subjectivisée de l'univers). C'est le moi qui fait du reste du monde sa périphérie, tout en assignant, définissant et attribuant une pertinence différenciée à ses parties, selon ses propres besoins. Le maintien de l'unité de la société (quoi que l'on entende par « société » dans les conditions modernes-liquides) est désormais « filialisé », « sous-traité », lorsqu'il ne tombe pas purement et simplement dans le domaine des politiques de vie individuelles. Ce maintien a de plus en plus tendance à être confié à l'initiative de moi « créateurs de réseaux » ou « traités en réseaux », ainsi qu'à leurs capacités de connexion-déconnexion.

Tout cela ne signifie pas que la conduite normale, quotidienne, des individus soit devenue aléatoire et mal coordonnée. Il faut simplement entendre par là que le caractère non aléatoire, la régularité et la coordination d'actions entreprises individuellement peuvent s'obtenir par des moyens autres que les stratagèmes modernes-solides d'imposition et de contrôle, et dans le respect de la hiérarchie – autant de moyens prônés et mis en œuvre par les totalités d'antan qui cherchaient à valoir plus que la somme de leurs parties, ainsi qu'à forcer/former/entraîner leurs « unités » humaines à adopter une conduite répétitive et régulée.

Considérant tous ces éléments, on notera une autre ressemblance frappante entre les mœurs des guêpes du Panamá et notre mode de vie. Dans une société moderne-liquide, les *essaims* ont tendance à remplacer les *groupes* – et leur cortège de chefs, hiérarchies et ordres de préséance. L'essaim se passe très bien de tout cet attirail sans lequel le groupe ne saurait survivre. Il n'a pas à s'encombrer des outils de survie du groupe : il s'assemble, se disperse et se reforme d'une occasion à l'autre, guidé chaque fois par des intérêts nouveaux, invariablement changeants, et attiré par des cibles changeantes et mouvantes. Le pouvoir de séduction des cibles changeantes suffit en général à coordonner les mouvements de l'essaim – d'où la redondance des ordres et autres moyens de pression « d'en haut » (ainsi que de l'« en haut » lui-même, le centre). Un essaim n'a ni haut ni centre ; il consiste en la seule direction qu'il suit, et qui place certaines de ses unités autopropulsées en position de « leaders » à suivre le temps d'un certain vol, ou d'une partie de ce vol – rarement plus.

Un essaim n'est pas une équipe ; il ignore la division du travail. À la différence des groupes en bonne et due forme, il ne vaut pas davantage que la somme de ses parties. Ce n'est qu'un ensemble d'unités autopropulsées reliées entre elles par la seule solidarité mécanique manifestée par des modes de conduite et de mouvement similaires orientés dans la même direction. Pour mieux visualiser un essaim, on songera à Andy Warhol, et à ses images copiées à l'infini, dépourvues d'originaux, ou dont les originaux, mis au rebut, sont introuvables. Chaque unité de l'essaim reproduit les mouvements des autres, tout en accomplissant le boulot, de A à Z et jusque dans les moindres détails, toute seule (dans le cas des essaims de consommateurs, le boulot consiste à consommer).

L'essaim ignore donc la division du travail. On n'y trouve pas de spécialistes – personne qui détienne un savoir distinct (et rare) ou une ressource distincte (et rare), et à qui il appartienne de permettre ou d'aider d'autres unités à terminer leur travail. On attend de chaque unité qu'elle soit une sorte de touche-à-tout, possédant l'ensemble des outils et savoir-faire nécessaires à sa mission. Dans un essaim, il n'est question ni de complémentarité ni d'échanges de services – mais uniquement de proximité physique et de mouvement grossièrement coordonné. Concernant les unités humaines, ces unités douées de sentiment et de pensée, le réconfort apporté par l'essaim tient à la sécurité du *nombre* – croire que le plan de vol a été dessiné avec soin puisqu'un si grand nombre d'individus le suivent ; supposer qu'un si grand nombre d'êtres humains doués de sentiment et de pensée, libres de leurs choix, ne sauraient se faire tous duper en même temps. Enfin, pour ce qui est d'instiller de l'assurance et un sentiment de sécurité, les mouvements coordonnés de l'essaim sont ce que l'on trouve de mieux après l'autorité des chefs du groupe.

Dans une de ses nouvelles, Jorge Luis Borges observe la répartition aléatoire de la chance et de la malchance chez les individus, ainsi que l'absence trop fréquente de relation de cause à effet entre le sort d'une personne et ses actions, ses mérites et ses vices. Partant de là, il estime que le destin des individus se décide par le biais d'une sorte de loterie clandestine. En se basant sur l'expérience individuelle, on ne peut pas plus prouver que réfuter l'existence de ce système. Je me demande même si un mystère tout aussi insoluble ne hanterait pas la question du centre et de la périphérie dans le cadre moderne-liquide.

De fait, quand on observe un essaim à la poursuite d'une cible, on peut tout à fait se dire qu'il obéit à un ordre – mais on serait bien en peine d'indiquer où se trouve le QG d'où a été émis l'ordre en question. En s'attachant à une « unité » *individuelle*, on peut l'estimer mue par ses propres désirs et intentions – mais on aurait toutes les peines du monde à expliquer les zigzags qu'elle effectue, et plus encore à comprendre le secret qui régit les incroyables similarités et synchronismes des mouvements de la masse d'unités individuelles. À mon sens, si l'on veut comprendre le monde tel qu'il se présente aujourd'hui à nous, et acquérir les savoir-faire nécessaires pour évoluer dans ce monde, il nous faut apprendre à vivre avec ce dilemme.

Partout, qu'ils soient hérités ou noués au cours d'interactions, les liens entre les hommes perdent leurs anciennes protections institutionnelles. Protections qu'on a de plus en plus tendance à considérer comme des contraintes irritantes et insupportables à la liberté individuelle de choix et d'affirmation de soi. Libérés de leur cadre institutionnel (désormais critiqué et rejeté comme étant une « cage », une « prison »), les liens entre les hommes sont devenus ténus et fragiles, cassants, et le plus souvent éphémères.

Qu'on en ait conscience ou non, et que cela nous plaise ou non, nos vies sont des œuvres d'art. Pour mener notre vie selon les préceptes de l'art de vivre, nous devons – à l'instar des artistes – nous fixer des défis difficiles à relever, des cibles hors d'atteinte, ainsi que des critères d'excellence qui nous paraissent impossibles à satisfaire. Nous devons tenter l'impossible. Le tout en espérant, sans même le bénéfice d'un pronostic fiable, et encore moins de certitude, qu'avec un effort intense, prolongé, et bien souvent épuisant, nous pourrons encore satisfaire ces critères, atteindre ces cibles et relever ces défis. L'incertitude est l'habitat naturel de la vie humaine – toutefois, c'est l'espoir d'échapper à cette incertitude qui fonde les activités de l'homme.

Dans sa remarquable synthèse des expériences de vie les plus courantes de notre société individualisée, François de Singly dresse la liste des dilemmes qui tendent à mettre les praticiens individuels de l'art de vivre dans un état d'incertitude aiguë et incurable, et d'hésitation perpétuelle [1]. Les activités de vie oscillent constamment entre des buts mutuellement incompatibles, voire tout à fait opposés (entre autres : intégrer un groupe ou le quitter, imitation ou création, routine ou spontanéité). Autant d'oppositions qui ne

1. F. de Singly, *Les Uns avec les autres : quand l'individualisme crée du lien*, Paris, Armand Colin, 2003, p. 108-109.

sont que des dérivés ou des exemplifications de la méta-opposition, l'opposition suprême dans laquelle s'inscrit la vie individuelle, et dont elle est incapable de s'affranchir : l'opposition entre sécurité et liberté – deux buts recherchés avec autant d'ardeur l'un que l'autre, mais tout aussi difficiles à réconcilier, et pratiquement impossibles à satisfaire en même temps.

Le produit de l'autocréation, processus opéré par l'art de vivre, est censé être l'« identité » du créateur. Or, étant donné les oppositions que l'autocréation s'efforce en vain de réconcilier, et l'interaction entre un monde en changement constant et les autodéfinitions tout aussi instables d'individus s'efforçant de s'adapter auxdits changements, l'identité ne peut avoir de cohérence interne, ni afficher une quelconque apparence d'irrévocabilité, ne laissant aucune place (ni aucun besoin) à de futures améliorations. L'identité est en perpétuel *statu nascendi* ; chacune des formes qu'elle endosse souffre de contradictions internes plus ou moins aiguës ; chacune échouant, à plus ou moins grande échelle, dans sa mission de satisfaction, et nécessitant dès lors une réforme ; chacune manquant de l'assurance que seule pourrait lui offrir une longue espérance de vie. Claude Dubar nous indique que « l'identité n'est autre que *le résultat à la fois stable et provisoire, individuel et collectif, subjectif et objectif, biographique et structurel, des divers processus de socialisation qui, conjointement, construisent les individus et définissent les institutions*[1] ». On notera au passage que la « socialisation » elle-même, contrairement à une opinion jadis universelle et encore fréquemment exprimée de nos jours, n'est pas un processus unidirectionnel, mais plutôt le produit complexe et instable de l'interaction entre le désir de liberté individuelle d'autocréation et le désir tout aussi fort de sécurité que seul le cachet de l'approbation

1. C. Dubar, *La Socialisation : construction des identités sociales et professionnelles*, Paris, Armand Colin, 1991, p. 109.

sociale, contresigné par une communauté (ou des communautés) de référence peut offrir. La tension entre ces deux pôles perdure longtemps, et disparaît rarement. François de Singly nous suggère, à juste titre, que lorsqu'on élabore des théories sur les identités présentes, il conviendrait d'abandonner les métaphores des « racines » et du « déracinement » (j'ajouterais le trope du « désenchâssement ») qui, toutes, impliquent la nature unique de l'émancipation de l'individu vis-à-vis de sa communauté de naissance, ainsi que le caractère définitif et l'irrévocabilité de cet acte. En remplacement, l'auteur nous propose de recourir aux tropes du jeter et du lever de l'ancre [1].

Contrairement au « déracinement » et au « désenchâssement », le fait de lever l'ancre n'a rien d'irrévocable, et encore moins d'ultime. En effet, si les racines arrachées au sol dans lequel elles poussaient ont de grandes chances de sécher et de mourir, les ancres, elles, ne sont levées que pour être à nouveau jetées ailleurs. Et ce avec toujours la même facilité, quel que soit le port. De même, la racine fait partie de l'organisation de la plante et de sa forme prédéterminée – aucune autre plante ne pourra croître à partir de celle-ci. L'ancre, en revanche, n'est qu'un outil facilitant le stationnement temporaire du navire en un lieu, ou son départ de ce lieu. En elle-même, elle ne définit ni les qualités du navire, ni ses capacités. Les occasions où l'ancre est jetée ou levée ne constituent que des phases de la trajectoire du navire. Le choix du prochain port dans lequel l'ancre sera jetée est très certainement déterminé par ce que l'embarcation transporte : un port sera ainsi adapté à un type de cargo, mais pas à un autre.

Au final, la métaphore de l'ancre saisit ce que rate ou tait celle du « déracinement » : l'entremêlement de la continuité et de la discontinuité dans l'histoire de toutes, ou du moins d'un nombre croissant d'identités contemporaines. De même que les navires jettent leur ancre successivement et de façon

---

1. F. de Singly, *Les Uns avec les autres*, *op. cit.*, p. 108.

intermittente dans différents ports, les moi, dans les communautés de référence auprès desquelles ils cherchent à se faire admettre durant leur quête éternelle de reconnaissance et de confirmation, doivent faire vérifier et valider leurs références à chaque étape ; chaque communauté de référence établit sa propre liste de pièces à fournir. Pour le navire, il suffit en général de présenter les livres de bord et le journal du capitaine ; à chaque arrêt, le passé (constamment grossi par les données des étapes précédentes) est réexaminé et réévalué.

Naturellement, certains ports, comme certaines communautés, ne sont pas très à cheval sur la consultation des références des visiteurs, et ne s'intéressent guère à leur passé, à leur présent ou à leur destination future ; ils autorisent pour ainsi dire tous les navires (ou toute « identité »), à jeter l'ancre y compris ceux (ou celles) qui se verraient refuser l'accès à tout autre port (ou toute autre communauté). Cela dit, on aurait tort d'aller mouiller dans ce type de port (et de communauté) : au vu des foules bigarrées qu'on y rencontre, le déchargement de la cargaison a quelque chose d'imprudent. De risqué. En outre, il peut être déraisonnable de visiter ces ports (ou ces communautés). Dans le meilleur des cas, l'opération se révèle être une perte de temps, puisque ces visites n'ont guère de conséquences pour ce qui est d'obtenir la reconnaissance et la confirmation des identités autocréées – objectif numéro un du voyage.

Paradoxalement, l'émancipation du moi et de son affirmation efficace passe par des communautés fortes et exigeantes. Si l'autocréation est un must, l'affirmation de soi, elle, fait l'effet d'une création de l'imagination (qui tend à être largement décriée, pour cette raison même, en tant que symptôme d'autisme ou de cas d'aveuglement). Par ailleurs, quelle différence l'effort investi dans l'autocréation pourrait-il faire vis-à-vis du statut de l'individu, de sa confiance et de sa capacité d'action, si la confirmation, son acte d'achèvement et son but, ne devait pas s'ensuivre ? Cependant, seule une autorité peut offrir une confirmation à même d'achever l'œuvre d'autocréation : une communauté dans laquelle l'admission *a une valeur* précisément parce qu'elle possède, et utilise, le pouvoir de refuser l'admission.

« Ordinairement, nous indique Jean-Claude Kaufmann, l'appartenance est [...] plutôt utilisée comme une ressource par ego [1]. » Kaufmann nous met en garde contre les « collectifs » – à ses yeux, nécessairement des « communautés [...] intégratrices ». On les concevra mieux, estime-t-il, comme complément nécessaire du progrès de l'individualisation ou, pourrait-on ajouter, comme une série de stations-service ou de restoroutes jalonnant la trajectoire de l'ego en autoformation et en auto-réforme.

L'idée de communauté intégratrice est une notion héritée de l'ère panoptique : elle renvoie à l'effort organisé de fortification de la frontière séparant le « dedans » du « dehors », et ce dans le but de maintenir les résidents à l'intérieur tout en interdisant l'accès aux individus extérieurs ; d'empêcher les résidents de dévier par rapport aux normes, ou de les briser, et de tenter d'échapper à l'emprise de la routine. La communauté intégratrice désigne l'imposition d'un code de conduite uniforme, monotone, associé à l'espace comme au temps. Cette notion est elle-même associée à des restrictions imposées au mouvement et au changement : une communauté intégratrice est, essentiellement, une force conservatrice (qui conserve ; stabilise ; impose la routine ; préserve). Elle se complaît dans un cadre administré de façon rigoureuse, contrôlé de près – rien à voir avec le monde moderne-liquide, et son culte de la vitesse et de l'accélération, de la nouveauté et du changement pour le changement.

Aujourd'hui, les instruments panoptiques sous leur forme traditionnelle, hérités de l'époque moderne-solide, sont utilisés majoritairement à la périphérie sociale, dans le but

1. J.-C. Kaufmann, *L'Invention de soi : une théorie de l'identité*, Paris, Armand Colin, 2004, p. 214.

d'empêcher les exclus de regagner le gros de la troupe – où évoluent les membres en bonne et due forme de la société des consommateurs – et d'empêcher les parias de nuire. Ailleurs, on a redéployé au service de l'*exclusion*, au lieu du *confinement*, ce qui ressemble, de façon trompeuse, aux outils panoptiques orthodoxes, et que l'on prend souvent, à tort, pour une version actualisée de Big Brother, ce geôlier suprême. On l'utilise pour surveiller les mouvements des étrangers indésirables – de sorte que les résidents restent bien sagement en place, sans qu'on ait à recourir aux outils de surveillance, de contrôle et d'imposition.

Les « totalités » supra-individuelles auxquelles la masse des individus prêtent allégeance à un moment ou à un autre de leur vie (pour les quitter au prochain arrêt, ou au suivant), sont tout sauf des communautés intégrantes : elles ne contrôlent pas les individus dans leurs lisières, elles ne tiennent pas le registre des individus qui franchissent leurs frontières, et ont rarement conscience des décisions individuelles d'« intégrer » ou de « quitter » la totalité. Enfin, elles ne dirigent pas les bureaux qui pourraient s'occuper sérieusement de toutes ces tâches. Plutôt que d'intégrer les individus qui leur « appartiennent » déjà, ces entités sont elles-mêmes « intégrées » (d'une manière qu'on n'aura toutefois aucun mal à interrompre et à inverser) par des offres individuelles d'allégeance – dès l'instant où l'offre afflue, et jusqu'au début d'une désertion massive.

Il existe une autre différence capitale entre les références à l'« appartenance » de type contemporain et les « communautés intégrantes » orthodoxes. Citons à nouveau Kaufmann : « Une grande part du processus identitaire [...] s'alimente au rejet de l'autre [1]. » On ne peut avoir accès à un groupe sans se retirer simultanément d'un autre groupe. Sélectionner un groupe comme site d'appartenance constitue de fait certains autres

1. *Ibid.*, p. 212-213.

groupes comme territoires étrangers et potentiellement hostiles : « Je suis P » signifie toujours (de façon au moins implicite, mais bien souvent explicite) que « je ne suis *certainement pas* Q, R, S, etc. » « L'appartenance » est un côté de la pièce, l'autre étant la séparation et l'opposition – qui se changent la plupart du temps en ressentiment, antagonisme et conflit ouvert. L'identification d'un adversaire est un élément indispensable de l'identification avec une « entité d'appartenance » – et, de par cette dernière, un élément crucial de l'auto-identification également. L'identification d'un ennemi présenté comme l'incarnation du mal contre lequel la communauté « intègre » apporte une clarté certaine aux activités de vie ainsi qu'au monde au sein duquel la vie est menée.

Ce que nous venons de voir s'applique à toutes les occurrences d'« appartenance », d'accès et d'offre d'allégeance. Mais, au cours de l'ère moderne, avec le passage de la « construction de l'identité » au processus actuel, interminable si ce n'est infini, d'identification, ce trait universel subit des modifications importantes.

La plus importante de ces modifications est peut-être la fin des ambitions monopolistiques de l'« entité d'appartenance ». Nous l'avons vu, les référents de l'appartenance ne disposent, contrairement aux communautés intégrantes orthodoxes, d'aucun outil pour contrôler la force du dévouement de leurs membres ; pas plus qu'ils n'exigent ou ne promeuvent la loyauté et l'allégeance entières de ceux-ci. En outre, ils ne sont pas jaloux, à la manière des divinités monothéistes. Sous sa forme moderne-liquide, l'appartenance à une entité peut se partager à d'autres entités suivant à peu près n'importe quelle combinaison, sans nécessairement entraîner de condamnation ou de mesure de répression. Dans le même ordre d'idées, les attachements ont perdu une bonne part de leur intensité passée. Une grande partie de leur véhémence et de leur vigueur, à l'instar de la pugnacité partisane des individus attachés, est, en règle générale, modérée par des allégeances parallèles. Les appartenances sont très rares à engager le « moi tout entier ». Chaque individu est en effet impliqué, non seulement au cours de son existence, mais à tout instant de sa vie, dans des appartenances multiples. Le fait de n'être que partiellement loyal, ou de l'être « à la carte [1] », n'est plus considéré comme nécessairement synonyme de déloyauté, encore moins de trahison.

D'où la refonte à laquelle on assiste, de nos jours, du phénomène de l'« hybridité » (culturelle) (qui combine des traits issus d'espèces différentes et distinctes) en vertu et signe de distinction, plutôt que (ainsi qu'on la considérait jusque récemment) vice et symptôme d'infériorité culturelle ou de déclassement condamnable. Les hybrides ont tendance à occuper les places les plus élevées des nouvelles échelles de supériorité culturelle et de prestige social. De plus, manifester son « hybridité » devient le vecteur numéro un d'ascension socioculturelle. Dans le même temps, on a tendance à considérer le fait d'être condamné à perpétuité à un ensemble clos et immuable de modes de comportement comme un signe d'infériorité ou de carence socioculturelle. Les communautés intégrantes à l'ancienne, jalouses, avides de monopole, se rencontrent désormais presque exclusivement aux premiers barreaux de l'échelle socioculturelle.

Pour l'art de vivre, ce nouveau cadre ouvre des horizons sans précédent. La liberté d'autocréation n'avait jamais atteint une envergure aussi époustouflante – à la fois excitante et effrayante. Jamais le besoin de disposer de points d'orientation et de conseils n'avait été aussi fort, et aussi douloureusement ressenti. Enfin, jamais les points d'orientation fermes et fiables, et les conseillers dignes de confiance, n'ont été en si petit nombre (du moins par rapport au volume et à l'intensité du besoin). Qu'on ne se méprenne pas : la pénurie

1. En français dans le texte (*N.d.T.*).

concerne les points d'orientation *fermes et fiables*, et les conseillers *dignes de confiance*. Cette pénurie (le fait est paradoxal, mais absolument pas accidentel) coïncide avec une prolifération de suggestions alléchantes et d'offres séduisantes d'orientation, ainsi qu'avec un tsunami de manuels publiés par une foule de conseillers. Dès lors, il est d'autant plus malaisé de naviguer entre les propositions mensongères ou trompeuses pour se trouver une orientation à même de satisfaire sa promesse.

Résumons-nous : la condition humaine naissante annonce un degré d'émancipation sans précédent vis-à-vis des contraintes – vis-à-vis d'une nécessité vécue comme coercitive et qui, dès lors, génère ressentiment et rébellion. Ce type d'émancipation tend à être vécu comme la réconciliation du « principe de plaisir » (Freud) et du « principe de réalité ». Et, par conséquent, comme la fin du conflit qui, d'après Freud, fit de la civilisation le foyer du malaise, toute une époque durant.

Tout cela ne signifie cependant pas que la nouvelle condition humaine a été débarrassée des épreuves endémiques à sa forme précédente. Il faut simplement comprendre que les épreuves sont à présent d'un genre nouveau, qu'elles sont vécues différemment, qu'elles échappent aux cadres cognitifs créés d'après les épreuves d'antan, qu'il convient dès lors d'actualiser. Cette actualisation devra en premier lieu s'intéresser aux moyens d'améliorer la condition humaine actuelle et de l'adapter à une « bonne » (ou « meilleure ») vie ; en second lieu, elle devra indiquer l'ensemble des options que nos contemporains auront à affronter s'ils ambitionnent d'atteindre lesdites condition et vie. Ces deux tâches, intimement liées, constituaient autrefois la mission et la vocation des intellectuels. La grande question est donc de savoir si cette mission a des chances d'être acceptée à nouveau par nos « classes savantes ».

À l'heure actuelle, les perspectives immédiates ou proches n'ont rien d'encourageant. Le « pacte historique » entre les intellectuels et le peuple fait aujourd'hui l'effet d'un épisode lié à la première phase, solide, de la modernité – l'époque de la construction de la nation, et de l'effort de construction de son autorité par l'État moderne. Cette époque assista à l'enfermement territorial des classes savantes et ouvrières dans le même espace, confinées par la souveraineté territoriale de l'État-nation naissant – époque durant laquelle ces deux classes demeurèrent, pratiquement, *glebae adscripti*. Or, ces conditions n'ont plus rien de contraignant. Les « classes savantes » (intellectuels compris) ont de plus en plus tendance à habiter le cyberespace extraterritorial, à s'émanciper toujours plus des dépendances et populations locales. Une nouvelle rencontre, et une réunion, cette fois à l'échelle planétaire, ne semble pour le moment pas à l'ordre du jour – or la réunion en question doit être organisée (et peut l'être) au niveau global, planétaire.

De fait, la globalisation semble à présent inéluctable et irréversible. Le point de non-retour a été atteint – et dépassé. On ne reviendra pas en arrière. Nos interconnexions et interdépendances sont d'ores et déjà globales. Tout ce qui se produit en un point du globe influence l'existence et les possibilités de vie des habitants de tous les autres points. Avant de faire un mouvement en un lieu, il convient de prendre en compte les réactions des individus des autres lieux. Aucun territoire souverain, pour vaste, peuplé et riche qu'il soit, ne peut protéger seul ses conditions de vie, sa sécurité, sa prospérité à long terme, son type de vie ou la sûreté de ses habitants. Notre dépendance mutuelle étant planétaire, nous sommes déjà, et resterons indéfiniment, *objectivement* responsables les uns des autres. Cela dit, les signes sont rares qui indiquent que nous, qui nous partageons cette planète, soyons prêts à assumer sérieusement la responsabilité *subjective* de notre responsabilité objective.

Pour le moment, les classes savantes (et la plupart des intellectuels qui les composent) semblent s'installer dans l'« espace [planétaire] des courants » (concept emprunté à Manuel Castells), gardant par là même leurs distances vis-à-vis du « peuple », relégué à l'« espace des lieux ». Mais qu'adviendra-t-il dans un avenir plus lointain ? Dans le long terme, pour ainsi dire ?

Aux yeux de Marx, ainsi que l'énonça Theodor Adorno, le monde semblait prêt à se transformer instantanément en paradis, prêt à accomplir une volte-face instantanée, car Marx « concevait comme immédiatement réalisable la transformation radicale du monde ». Mais ce n'est plus le cas, nous fait remarquer Adorno, si tant est que ça l'ait jamais été (« Seuls les esprits obtus pourraient envisager comme Marx une telle possibilité [1] »). La possibilité d'un raccourci menant à un monde mieux adapté à l'habitation humaine a été perdue. Ou plutôt, entre notre monde actuel et cet autre monde hospitalier envers l'humanité, et « facile d'usage », il ne subsiste plus de pont visible – ni authentique ni putatif. Il ne subsiste pas non plus de foule désireuse de franchir ce pont dans toute sa longueur quand bien même il serait conçu, ni de véhicules capables de conduire les volontaires sur l'autre berge en sûreté. Personne ne sait vraiment comment on pourrait concevoir un pont praticable, ni où il conviendrait de situer les têtes de pont sur le rivage pour faciliter la circulation. Les possibilités, serait-on tenté de conclure, *ne sont pas* immédiatement présentes.

Les intellectuels n'eurent pas grand mal à dessiner les cartes de l'utopie (représentée comme le modèle de la « bonne société ») qui accompagna la naissance de l'époque moderne ; ils n'eurent qu'à remplir les blancs ou à repeindre les zones souillées de l'espace public dont la présence était

1. T. Adorno, *Modèles critiques*, trad. M. Jimenez et E. Kaufholz, Paris, Payot & Rivages, 2003, p. 22.

considérée, à raison, comme allant de soi, et perçue comme non problématique. La recherche du bonheur était comprise comme la quête d'une bonne société. Les images de la bonne vie étaient publiques et sociales puisque la signification du « social » et du « public » n'était jamais mise en doute – il ne s'agissait pas encore de la « question essentiellement contestée » qu'elle devait devenir de nos jours, suite au *coup d'État* [1] néolibéral. Trouver la personne chargée de mettre en œuvre le projet et de présider à la transformation ne constituait pas un problème : despote ou républicain, roi ou peuple, peu importait, le siège de l'« autorité publique » ne restait jamais vacant. Quelle qu'elle soit, cette autorité était bien en place, n'attendant apparemment que l'illumination et le signal pour agir. Pas étonnant que la première victime de ce changement spectaculaire de la sphère publique ait été cette utopie *publique* ou *sociale*.

À l'instar de tout ce qui était jadis en sécurité dans cette sphère, les modèles d'une bonne vie sont aujourd'hui devenus le gibier et la proie de chasseurs et trappeurs solitaires – ils font désormais partie du considérable butin de la dérégulation, de la privatisation, de l'individualisation, de la conquête et de l'annexion du public par le privé. Et voilà la grande vision sociale divisée en une multitude de valises individuelles et personnelles, d'une ressemblance frappante les unes avec les autres mais assurément pas complémentaires. Chacune est faite sur mesure pour le bonheur suprême du consommateur – conçu, comme toutes les joies de consommation, pour une jouissance des plus individuelles et solitaires même si on n'en profite pas seul.

Est-il possible de transformer à nouveau l'espace public en un lieu d'engagement durable plutôt que de rencontres occasionnelles et fugaces ? Un espace de dialogue, de discussion, de confrontation et d'accord ? Oui et non. Si l'on

1. En français dans le texte (*N.d.T.*).

entend par « espace public » la sphère publique emballée et entretenue par les institutions représentatives de l'État-nation (comme ce fut le cas durant l'essentiel de l'histoire moderne), la réponse est sans doute non. Cette variété-là de scène publique a été dépouillée de la plupart des avantages qui lui permettaient de soutenir les pièces mises en scène autrefois. Ces scènes publiques, à l'origine construites pour les buts politiques de l'État-nation, restent obstinément locales – alors que la pièce contemporaine est à l'échelle de l'humanité, et donc tapageuse et d'une globalité emphatique. Pour être crédible, la réponse « oui » nécessite un nouvel espace public *global* : une politique vraiment planétaire (par opposition à « internationale ») et une scène planétaire adaptée. Ainsi qu'une responsabilité véritablement planétaire : la reconnaissance du fait que nous tous qui partageons cette planète dépendons les uns des autres pour notre présent et notre futur, que rien de ce que nous faisons ou ne parvenons pas à faire ne saurait être indifférent au destin d'autrui, et que personne ne peut plus espérer s'abriter des orages qui éclatent en quelque endroit du globe que ce soit.

La logique de la responsabilité planétaire aspire, du moins en principe, à affronter au plus près les problèmes générés globalement – à leur propre niveau. Elle découle de l'hypothèse selon laquelle des solutions durables et véritablement efficaces aux problèmes de la planète ne peuvent être trouvées et ne peuvent fonctionner que dans la renégociation et la réforme du réseau d'interdépendances et d'interactions globales. Au lieu de viser la limitation des dommages locaux et des bénéfices locaux tirés des mouvements capricieux et aléatoires des forces économiques globales, cette logique cherche à exploiter un nouveau type de cadre global dans lequel les itinéraires des initiatives économiques en tout point de la planète ne seront plus fantasques, ni guidés par les seuls profits provisoires, sans égards pour les effets secondaires ou les « victimes collatérales », sans importance attachée aux dimensions sociales de la balance des coûts et des effets. En résumé, cette logique vise, selon Habermas, le développement d'une « politique censée se porter à la hauteur des marchés mondiaux [1] ». Nous sentons, devinons, soupçonnons ce qu'il faut faire. Mais nous ne pouvons connaître l'aspect et la forme que cette action prendra au final. Cela dit, nous avons de très bonnes raisons de penser que cette forme ne nous sera pas familière. Elle sera différente de tout ce à quoi nous sommes habitués.

J'ai récemment pris part à la célébration organisée à Prague pour le soixante-dixième anniversaire de Václav Havel – l'un des intellectuels les plus actifs et les plus efficaces du siècle dernier. Comment celui-ci a-t-il pu laisser une trace aussi marquante sur le monde où nous vivons ? Havel a déclaré un jour que l'« espoir n'est pas la science du pronostic ». En effet, l'espoir ne se soucie guère des statistiques, des modes calculées avec pédanterie et des opinions majoritaires inconstantes. En règle générale, l'espoir s'étend par-delà aujourd'hui et demain (mais aussi, à la stupeur de la plupart des hommes politiques, bien au-delà de la prochaine élection !). Voilà pourquoi la majorité des politiciens chevronnés refusent d'y toucher, même avec des pincettes. Havel, qui parvint presque à lui tout seul à renverser l'une des plus sinistres casernes du camp soviético-communiste, ne possédait ni bombardiers, ni porte-avions, missiles intelligents ou troupes d'élite – autant d'armes qui (ainsi qu'on nous le serine) décident du cours de l'histoire. Il n'avait à sa disposition que l'espoir, le courage et l'acharnement. Des armes primitives, sans la moindre once de technologie. Les plus courantes des armes, cela dit : celles dont disposent tous les êtres humains, et ce au moins depuis le paléolithique. Sauf que nous ne les utilisons que trop rarement.

1. J. Habermas, *Après l'État-nation : une nouvelle constellation politique*, trad. R. Rochlitz, Paris, Fayard, 2000, p. 119.

Voilà pourquoi, à mon sens, les éloges funèbres des intellectuels sont par trop exagérés. C'est également ce qui me fait dire que la fracture entre leurs centres d'intérêt et ceux du reste de la population finira par se résorber, que leur dialogue avec l'expérience humaine reprendra, et que l'on prendra à nouveau en main la condition humaine changeante, avec toutes les menaces et les chances qu'elle offre à notre humanité partagée.

Chapitre premier

Quelles chances pour l'éthique, au sein du monde globalisé des consommateurs ?

« Tu aimeras ton prochain comme toi-même. » Voilà, selon Freud, l'un des préceptes fondamentaux de la vie civilisée (mais aussi, à en croire certains, l'une de ses exigences éthiques fondamentales) [1]. C'est également lui qui est le plus contraire à la forme de raison que la civilisation promeut : la raison de l'intérêt personnel et de la recherche du bonheur. La civilisation est-elle alors fondée sur une insoluble contradiction ? Il semble que oui. En suivant les suggestions de Freud, on en arriverait à la conclusion que le précepte fondateur de la civilisation ne peut être adopté qu'à condition d'adopter également la célèbre mise en garde de Tertullien : *credere quia absurdum* – croyez-le parce que c'est absurde.

En effet, il suffit de poser la question : « Pourquoi serait-ce là mon devoir ? Que vais-je en retirer de positif ? » pour ressentir l'absurdité qu'il y a à demander d'aimer son prochain (n'importe lequel, du simple fait qu'il en est un) « comme soi-même ». Si j'aime quelqu'un, il ou elle doit l'avoir mérité d'une quelconque façon. Il mérite mon amour lorsque, par des aspects importants, il me ressemble à tel point que je puisse en lui m'aimer *moi-même*. Elle le mérite si elle est tellement plus parfaite que moi qu'elle m'offre la possibilité

1. S. Freud, *Malaise dans la civilisation*, Paris, PUF, 1992.

d'aimer en elle mon propre idéal. « En revanche, s'il m'est inconnu, s'il ne m'attire par aucune qualité personnelle et n'a encore joué aucun rôle dans ma vie affective, il m'est bien difficile d'avoir pour lui de l'affection. » L'exigence semble d'autant plus ennuyeuse et inepte qu'en général je ne trouve guère de preuves que cet étranger que je suis censé aimer m'aime, ou me témoigne « le moindre égard. [...] [P]ourvu qu'il y trouve un plaisir quelconque, il ne se fait aucun scrupule de me railler, de m'offenser, de me calomnier, ne fût-ce que pour se prévaloir de la puissance dont il dispose contre moi. » Alors, demande Freud, « à quoi bon cette entrée en scène si solennelle d'un précepte que, raisonnablement, on ne saurait conseiller à personne de suivre ? » Cherchant à répondre, on serait tenté de conclure, à l'encontre du bon sens, que « tu aimeras ton prochain » est un commandement « dont la justification véritable est précisément que rien n'est plus contraire à la nature humaine primitive ».

Moins une norme a de chances d'être respectée, plus on s'obstine à la réaffirmer. Et de toutes les normes, l'ordre « Tu aimeras ton prochain » est peut-être celle qui a le moins de chances d'être suivie. Lorsqu'un candidat à la conversion mit au défi le sage talmudique Rabbi Hillel de lui expliquer l'enseignement de Dieu le temps qu'il tiendrait en équilibre sur un pied, le religieux lui proposa « Aime ton prochain comme toi-même » comme la réponse unique, et néanmoins complète, incarnant l'essence de tous les ordres de Dieu. L'histoire ne précise pas si la conversion a ensuite eu lieu. De fait, accepter le commandement de Rabbi Hillel constituerait un acte de foi ; acte décisif, mais ô combien difficile à effectuer, par lequel un être humain s'affranchit de la carapace des pulsions, envies et prédilections « naturelles », prend une position éloignée de et contraire à la nature et se change en cet être « contre nature » que, à la différence des bêtes (et des anges, comme le remarquait Aristote), sont les hommes.

L'acceptation du précepte « Tu aimeras ton prochain » constitue l'acte de naissance de l'humanité. Toutes les autres routines de la cohabitation humaine, ainsi que leurs règles préconçues ou découvertes a posteriori, ne forment qu'une liste (jamais complète) de notes de bas de page de ce précepte. On pourrait même aller plus loin et affirmer que, dans la mesure où ce précepte est la condition préliminaire de l'humanité, de la civilisation et de l'humanité civilisée, s'il devait être ignoré ou rejeté, personne n'irait dresser à nouveau cette liste, ou s'interroger sur son état d'achèvement.

Je m'empresse d'ajouter que « Tu aimeras ton prochain » ne peut pas être la base de l'instinct de survie, mais l'amour de soi non plus, pris comme le modèle du bon amour. « Amour de soi » – que cela signifie-t-il ? Qu'est-ce que j'aime « en moi-même » ? Qu'est-ce que j'aime quand je m'aime ?

Il est vrai que l'amour de soi nous pousse à nous « accrocher à la vie », à nous efforcer de rester en vie pour le meilleur ou pour le pire, à résister et riposter à tout ce qui peut menacer l'achèvement prématuré ou brutal de la vie, et à protéger, ou mieux encore étoffer, notre forme et notre vigueur pour rendre cette résistance (et donc la protection) efficace. En cela, néanmoins, nos proches ou lointains cousins animaux ne sont pas des maîtres moins accomplis et expérimentés que les adeptes de la santé et de la forme les plus dévoués et rusés parmi nous. Nos cousins animaux (exception faite des spécimens domestiqués, ceux que nous avons réussi à dépouiller de leur dotation naturelle de sorte qu'ils puissent mieux servir notre survie plutôt que la leur) n'ont pas besoin que des experts viennent leur dire comment rester en vie et en forme. Pas plus qu'ils n'ont besoin que l'amour de soi vienne leur apprendre qu'il est juste et bon de rester en vie et en forme.

La survie (la survie animale, la survie physique, corporelle) peut *se passer* d'amour de soi. En fait, elle se débrouillerait même mieux dans ce cas ! Les routes des instincts de survie et de l'amour de soi peuvent être parallèles, mais aussi en sens opposés. L'amour de soi peut se rebeller *contre* la continuation de la vie, si l'on juge cette dernière plus détestable qu'adorable. Il peut enfin nous inciter à *rejeter* la survie si notre existence, ne satisfaisant pas aux critères de l'amour, ne vaut dès lors plus d'être vécue.

Ce que nous aimons dans notre « amour de soi », ce sont les moi dignes d'être aimés. Ce que nous aimons, c'est l'état, ou l'espoir, d'*être aimé*. D'être *des objets dignes d'amour*, d'être *reconnus* en tant que tels et de recevoir la preuve de cette reconnaissance.

En résumé : pour avoir de l'amour de soi, il nous faut être aimés, ou avoir l'espoir d'être aimés. Le refus d'amour – négation du statut d'objet digne d'amour – engendre la haine de soi. *L'amour de soi se construit à partir de l'amour que nous offrent les autres.* Les autres doivent nous aimer en premier pour que nous puissions ensuite commencer à nous aimer nous-mêmes.

Or, comment savoir qu'on ne s'est pas fait snober ou larguer comme cas désespéré ? Que l'amour est disponible, peut l'être, le sera, que nous en *sommes* dignes ? Nous le savons, nous croyons le savoir et sommes sûrs de ne pas nous tromper, quand on nous parle et nous écoute. Quand *on nous écoute avec attention*, avec un intérêt qui indique la volonté de l'interlocuteur de répondre. Nous estimons alors être respectés. C'est du respect que nous manifestent les autres que nous concluons que ce que nous pensons, faisons ou avons l'intention de faire *a de l'importance*. Que nous avons de l'importance. Que notre survie compte. Que nous sommes dignes des soins qu'on peut nous prodiguer.

Si les autres me respectent, c'est que je dois de toute évidence avoir « en moi » quelque chose que moi seul puis offrir aux autres ; et, de toute évidence, il existe des « autres » qui seraient heureux et reconnaissants si je le leur offrais. Je suis important, de même que ce que je pense, dis et fais. Je ne suis pas un chiffre que l'on remplace ou dont on se débarrasse facilement. Je « compte beaucoup », et pas simplement pour moi-même. Ce que je dis, ce que je suis et ce que je fais, tout cela compte – et ce n'est pas une de mes idées folles. Quel que soit mon environnement, le monde serait plus pauvre, moins intéressant et prometteur si je devais soudain mourir.

Si c'est là ce qui fait de nous de bons et corrects objets d'amour de soi, alors l'appel à « aimer nos prochains comme nous-mêmes » (c'est-à-dire, s'attendre à ce qu'ils souhaitent être aimés pour les mêmes raisons qui déclenchent notre amour de nous-mêmes) invoque chez nos prochains le désir de voir également reconnue et confirmée leur dignité de porter une valeur unique, irremplaçable et non jetable. Cet appel nous incite à supposer que nos prochains représentent effectivement de telles valeurs – au moins jusqu'à preuve du contraire. Aimer nos prochains comme nous nous aimons nous-mêmes signifierait alors *respecter le caractère unique de chacun* – la valeur de nos différences qui enrichissent le monde que nous habitons en commun et le rendent ainsi plus fascinant et agréable.

Ce n'est toutefois là qu'une face de l'histoire – la face heureuse. Il est également une face sombre à se retrouver en présence de l'Autre. Ce dernier peut être une promesse, mais il est aussi une menace. Il ou elle peut provoquer le mépris comme le respect, la peur comme l'admiration. La grande question est de savoir ce qui a le plus de chances de se produire.

Les philosophes sont divisés sur la réponse à apporter à cette question. Ainsi Hobbes a-t-il suggéré que si l'on ne contraignait pas les hommes à bien se comporter, ils s'entretueraient. Rousseau, lui, estimait que c'est la coercition qui pousse les gens à la cruauté et à la violence. D'autres encore, comme Nietzsche et Scheler, pensaient que l'une ou l'autre possibilité pouvait survenir, suivant les types d'individus engagés (d'eux-mêmes ou non) dans la relation mutuelle, et suivant les circonstances.

Nietzsche et Scheler voient dans le ressentiment l'obstacle majeur qui nous empêche d'aimer l'Autre comme nous-mêmes. Toutefois, bien qu'ils emploient le même terme, les deux philosophes désignaient ainsi des hostilités assez différentes.

Pour Nietzsche, le ressentiment correspond à ce que les êtres démoralisés, les défavorisés, les victimes de discriminations et d'humiliations éprouvent vis-à-vis de leurs « supérieurs » (autoproclamés et autoétablis) : les riches, les puissants, ceux qui détiennent la liberté et la capacité de s'affirmer, ceux qui prétendent au droit au respect en même temps qu'à celui de nier (ou de réfuter) à leurs inférieurs le droit à la dignité. Pour ces « inférieurs » (les « humbles », les « classes inférieures », les masses, les plébéiens, la populace), le fait de reconnaître les droits de leurs « supérieurs » reviendrait à accepter leur propre infériorité ainsi que celle, non existante, de leur dignité. Aussi le ressentiment est-il un mélange curieux, intrinsèquement ambigu, de génuflexion et d'acrimonie, mais également d'envie et de rancune. On pourrait même dire que la cause la plus profonde du ressentiment réside précisément dans la douleur de cette insoluble ambivalence, ou « dissonance cognitive », pour emprunter la formule de Leon Festinger : l'approbation de qualités que l'on ne possède pas implique nécessairement la désapprobation, de même que le respect des « supérieurs » entraîne, pour les « inférieurs », l'abandon de leur estime de soi. Dès lors, dans le cas du ressentiment, comme dans tous les cas de dissonance cognitive aiguë, on s'attendrait à voir émerger un puissant désir de nier cet infranchissable obstacle : recouvrer son estime de soi (son droit à la dignité) en niant la supériorité des supérieurs – autrement dit, en supposant une égalité de rang, au minimum, et le droit au respect. Nietzsche voyait là l'origine de toutes les religions, en particulier du christianisme, qui postule l'égalité de tous les hommes devant Dieu, et impose à tous les mêmes commandements, le même code éthique. Dans sa version nietzschéenne, le ressentiment ne conduit pas à davantage de liberté. Il se contente d'apaiser, pour l'individu, la souffrance liée à l'absence de liberté en niant la liberté de tous. De même soulage-t-il la douleur liée à l'absence de dignité en faisant redescendre les autres du piédestal qu'ils ont réussi à se réserver, et à les ramener au niveau général d'humilité ou de médiocrité, de servitude ou de semi-servitude.

Pour Max Scheler, en revanche, le ressentiment a de plus grandes chances de se manifester là où règne l'égalité – ainsi entre membres des classes moyennes, dès lors poussés à se battre pour les mêmes enjeux, à se promouvoir au détriment de « leurs semblables ». Chez Scheler, le concept de ressentiment et de son rôle dans la société s'oppose essentiellement à celui de Nietzsche. Pour ce dernier, le ressentiment conduit les hommes à lutter contre l'inégalité et à tenter d'aplanir les hiérarchies sociales existantes. Pour Scheler, c'est tout le contraire : partant d'un même statut social et de difficultés comparables, les membres des classes moyennes – libres de s'affirmer et de se définir – s'efforcent de s'élever tout en rabaissant les autres. La liberté s'accompagne inévitablement de l'inégalité : ma liberté se manifeste et se mesure aux limites que je parviens à imposer à la liberté de ceux qui se prétendent mes égaux. Le ressentiment entraîne donc la compétition, une lutte pour la redistribution du pouvoir et du prestige, de la révérence sociale et de la dignité reconnue socialement. La « consommation ostentatoire » décrite par Thorstein Veblen – étalage éhonté d'opulence et de richesses visant à humilier quiconque possède un niveau de ressources inférieur – constitue un exemple frappant du type de comportement que la variété schelerienne de ressentiment tend à générer.

On pourrait ajouter un troisième cas de ressentiment, de type intemporel, mais probablement aujourd'hui le plus redoutable obstacle au précepte « Tu aimeras ton prochain ». Apparemment irrésistible, il gagne en importance avec la « fluidité » croissante des cadres sociaux, l'effacement des routines confortables, la fragilité grandissante des liens entre les hommes, ainsi qu'avec l'atmosphère d'incertitude, d'insécurité et de peur diffuse, sous-définie et libre dans laquelle nous vivons. Je veux parler du ressentiment vis-à-vis des étrangers : des gens qui, du fait même qu'ils nous sont inconnus et donc imprévisibles et suspects, incarnent de façon flagrante la fluidité du monde – objet de tant de haine et de crainte. Ils font office d'effigies, naturelles et bien pratiques, sous lesquelles le spectre de l'effondrement du monde peut être brûlé ; ils servent d'accessoires naturels pour les rituels d'exorcisme à l'encontre des mauvais esprits qui menacent les vies ordonnées des croyants.

Parmi les inconnus honnis, la place d'honneur revient actuellement aux réfugiés, aux demandeurs d'asile et plus simplement aux exilés pauvres des régions appauvries de la planète. Ils sont, pour citer Brecht, « un présage de mauvaises nouvelles ». En venant frapper à nos portes, ils nous rappellent à quel point notre sécurité est fragile, notre confort faible et vulnérable, notre tranquillité menacée.

Les guerres et les massacres tribaux, la prolifération des armées de guérilla (rarement plus que des gangs déguisés) occupées à s'entre-décimer tout en absorbant et annihilant les « surplus de population » (pour l'essentiel, des jeunes incapables de travailler et dépourvus de perspectives d'avenir) – voilà quelques-uns des résultats les plus spectaculaires et effrayants de la « globalisation négative » qui menace nos conditions de vie à tous, mais touche plus directement les individus convertis sur le tard à la modernité. Des centaines de milliers de personnes se font chasser de chez elles, ou assassiner, quand on ne les oblige pas à s'enfuir de leur pays.

Dans leurs pays d'origine (pays en voie de développement – expression trompeuse et mensongère), il semblerait que la seule industrie florissante soit celle de la production en série de réfugiés.

Les réfugiés sont des apatrides d'un genre nouveau : ils sont apatrides en raison du tout nouveau niveau de non-existence de l'État auquel pourrait renvoyer leur citoyenneté. Ils sont, ainsi que Michel Agier l'a écrit dans sa remarquable étude sur les réfugiés à l'ère de la globalisation, *hors du nomos* – hors de la loi ; et non pas une loi particulière, mais bien la loi en tant que telle [1]. Produits de la globalisation, quintessence et incarnation de son esprit de frontière, ils forment une nouvelle espèce de parias et de hors-la-loi. Agier nous explique encore que ces personnes ont été placées en situation de « flottement liminaire » pouvant être transitoire ou permanente ; quand bien même ils restent quelque temps en un même lieu, ils demeurent prisonniers d'un état de mouvement qui ne prendra jamais fin car leur destination (arrivée ou retour) demeure floue, et l'endroit qu'ils pourraient qualifier de « final », inaccessible. Jamais ils ne pourront s'affranchir du sentiment d'éphémère, de la nature indéterminée et provisoire de toute installation. Ces gens-là représentent toutes les prémonitions et les peurs qui hantent nos nuits d'insomnie, même lorsque nous les réprimons en nous plongeant dans le travail.

Véritables déchets humains de la frontière globale, les réfugiés sont les étrangers incarnés, les étrangers absolus, ceux que l'on hait et qui partout ne rencontrent que rancœur et rancune. Les seuls endroits où ils ne soient pas déplacés sont des endroits eux-mêmes déplacés – les « lieux de nulle part » qu'aucun touriste n'a de chances de trouver sur une

---

1. M. Agier, *Aux bords du monde, les réfugiés*, Paris, Flammarion, 2002, p. 55-56.

carte. En outre, une fois à l'extérieur, ils y restent indéfiniment : et il suffit, pour perpétuer cet état de fait, de monter une clôture équipée de miradors.

Emmanuel Lévinas, en qui plus d'un voit le plus grand philosophe éthique du siècle dernier, était un disciple d'Edmund Husserl. Ses premières études et publications, à commencer par son essai de 1930 sur le rôle attribué à l'intuition dans l'œuvre de Husserl, étaient consacrées à l'exégèse et à l'interprétation des enseignements du fondateur de la phénoménologie moderne ; elles demeurent des témoignages explicites de cette dette intellectuelle. Ce point de départ détermina, dans une grande mesure, la trajectoire de l'œuvre de Lévinas – encore que son mode de raisonnement et ses méthodes, plutôt que ses cibles cognitives, ses découvertes et ses suggestions, aient été, sur des points cruciaux, l'inverse de ceux de Husserl.

En premier lieu, Lévinas tient de Husserl la prouesse de la réduction phénoménologique – cet acte de violence que l'homme se fait à lui-même afin de se retrouver en l'état de pensée pure – ainsi que le stimulus, l'encouragement et la recommandation autoritaire à permettre à l'intuition d'une philosophie de précéder (et préformer) la philosophie de l'intuition [1]. C'est sur l'autorité de la réduction phénoménologique – procédure conçue, pratiquée et légitimée par Husserl – que le concept de la préséance de l'éthique par rapport à l'ontologie (acte fondateur du système philosophique de Lévinas) fut mis au jour et approuvé.

Empruntant l'itinéraire esquissé et testé par la réduction phénoménologique de Husserl, et utilisant les outils de l'« éloignement global » et de l'epoch (détachement, élimination, suspension), Lévinas entreprit de percer le mystère de

1. E. Lévinas, *Théorie de l'intuition dans la phénoménologie de Husserl*, Paris, Vrin, 1963.

la « loi morale en moi » de Kant. Il se lança dans une exploration de l'« éthique pure » – absolue, vierge, extratemporelle, pas plus souillée par les produits du recyclage sociétal qu'altérée par des ajouts illégitimes, hétérogènes, accidentels et superflus – et de la signification pure de l'éthique (intentionnelle, ainsi que doivent être, aux yeux de Husserl, toutes les significations pures). Signification qui nous permet de concevoir toutes les autres significations attribuées et imputées, tout en les remettant en question et en leur demandant des comptes.

Ce voyage d'exploration conduisit Lévinas – en opposition flagrante avec Husserl – non pas à la *subjectivité* transcendantale, mais à l'*altérité* transcendantale indomptable et inaccessible de l'Autre. Le stade ultime de la réduction phénoménologique, version Lévinas, est l'*altérité* irréductible de l'Autre qui éveille le moi à ses responsabilités propres et assiste ainsi, de façon certes indirecte, à la naissance de la subjectivité. Au terme des travaux de réduction de Lévinas se dresse la rencontre avec l'Autre, le choc de cette rencontre et le défi silencieux que propose le Visage de l'Autre – ainsi que la subjectivité toujours-déjà-là, introvertie, solitaire et imperturbable qui, telle une araignée, tisse des significations en puisant dans son abdomen. Pour reprendre la magistrale interprétation des découvertes de Lévinas qu'a faite Harvie Ferguson, on peut dire que « l'autre n'est pas un fragment différencié, ou une projection, de ce qui est, à la base, interne à la conscience ; pas plus qu'on ne peut l'assimiler à la conscience d'une quelconque façon que ce soit. Il est et demeure "en dehors du sujet" [...]. Ce qui apparaît, avec la réduction du monde-objet activement constitué de la vie quotidienne, ce n'est ni l'ego transcendantal, ni la pure transition de la temporalité, mais le fait brut et mystérieux de l'extériorité [1]. »

1. H. Ferguson, *Phenomenological Sociology : Experience and Insight in Modern Society*, Thousand Oaks, CA, Sage, 2006.

Ce n'est pas que le monde-objet (comme l'affirmerait Husserl) soit sécrété au quotidien par l'ego transcendantal et puisse ainsi lui être retourné, à ses racines et à sa pureté primitive d'origine, par l'effort déterminé de la réduction phénoménologique. L'ego – le moi et la conscience qu'il a de lui-même – naît de la confrontation avec, simultanément, les limites de sa puissance créatrice et le défi (qui transcende ces limites) imposé à ses intentions et intuitions : par l'altérité absolue de l'Autre en tant qu'entité enracinée et scellée, à jamais extérieure, qui refuse obstinément d'être absorbée et assimilée, déclenchant et réfutant simultanément, dès lors, l'irrépressible effort de l'effort de l'ego cherchant à franchir l'abime qui les sépare. En nette opposition avec son professeur de philosophie, Lévinas utilise la méthodologie de son maître pour réaffirmer l'autonomie du monde contre le sujet : n'étant pas le concepteur et créateur divin du monde, le sujet naît par la prise de responsabilité vis-à-vis de l'indomptable et intransigeante altérité du monde. Si, pour Heidegger, le *Sein* (l'Être) était l'« *ursprünglich* » *Mitsein* – l'être-avec « dès le départ » – pour Lévinas, en revanche, il est le (toujours *ursprünglich*) *Fürsein*, ou être-pour. Le moi naît de l'acte de reconnaissance de son être *pour l'Autre*, et donc de la révélation de l'insuffisance d'un simple *Mitsein*.

Le monde dans lequel l'ego est plongé, le monde analysé socialement, trouble la confrontation de l'Autre pensant et ressentant avec le Visage de l'Autre. Et ce parce qu'il réduit la modalité de l'« être-pour », par nature illimité et à jamais sous-défini, à un ensemble fini de commandements et d'interdictions. À la suite de Husserl, Lévinas s'est donc embarqué pour un voyage d'exploration à la recherche des *Sachen selbst* (les choses mêmes) – dans son cas, l'essence de l'éthique –, et les a découvertes au terme de la réduction phénoménologique, après qu'il a « éloigné globalement » tout ce qui (accidentel, contingent, dérivé et surnuméraire) se superposait à l'éthique durant l'être-dans-le-monde des hommes. Et, à l'instar de Husserl, il rapporta de son voyage de découvertes de riches trophées difficilement accessibles autrement : l'inventaire des invariants de l'existence morale et des relations éthiques – autant de traits de la condition pure d'où naît toute existence morale, et à laquelle elle retourne à chaque acte moral.

L'« Autre » et le « Visage » sont des termes génériques mais, dans chaque rencontre morale découverte au cœur du mystère de la « loi morale en moi », l'un comme l'autre représentent un être, un seul, et jamais plus : *un* Autre, *un* Visage. Aucun de ces termes ne peut s'accorder au pluriel à la fin de la réduction phénoménologique. L'altérité de l'Autre équivaut à ce qu'il a d'unique ; chaque Visage est un et unique, ce qui défie l'impersonnalité endémique de la règle.

C'est leur intransigeante singularité qui fait perdre toute pertinence à la plupart des choses (si ce n'est toutes) qui peuplent le quotidien des hommes de chair et d'os : la quête de la survie, de l'estime de soi, d'autoglorification, la juxtaposition rationnelle des fins et des moyens, le calcul des bénéfices et des pertes, la recherche du plaisir, le désir de paix et de puissance. Pour pénétrer dans l'espace moral de Lévinas, il convient de s'échapper de nos activités quotidiennes de vie et de délaisser ses normes et conventions terre à terre. À la « rencontre morale à deux », l'Autre et moi-même arrivons nus, dépouillés de notre statut, de nos ornements sociaux, de nos distinctions sociales, mais aussi de nos identités, positions ou rôles concoctés socialement ou imposés socialement. Nous ne sommes ni riches ni pauvres, ni nobles ni humbles, ni puissants ni impuissants – ni « méritants » ni « déméritants ». Aucun de ces qualificatifs ne s'applique aux partenaires de la rencontre morale à deux ni n'a d'importance à leurs yeux. Quoi que nous puissions devenir, cette entité ne naîtra qu'à l'intérieur de notre rencontre à deux, et de cette rencontre.

Dans cet espace, et nulle part ailleurs, le moi moral ne peut s'empêcher de se sentir mal à l'aise – troublé, perdu – à l'instant où la rencontre morale à deux est rompue par l'arrivée d'un tiers. Or le moi moral n'est pas seul à se sentir mal à l'aise : Lévinas, son explorateur et porte-parole, l'est lui aussi. On ne trouvera de meilleure preuve de ce malaise que dans l'urgence obsessionnelle, quasi compulsive, avec laquelle il retourne, dans ses derniers écrits et entretiens, au « problème du tiers ». En d'autres termes, à la possibilité de sauver la relation éthique, née, élevée et bichonnée dans la serre de la rencontre à deux, dans le cadre de la vie ordinaire, banale, où les interventions, les intrusions et les « effractions » des innombrables « tiers » constituent la norme quotidienne.

Comme Georg Simmel nous le fit observer dans sa comparaison fondamentale entre les relations dyadiques et triadiques, « la caractéristique décisive de la dyade est que chacun des deux (partenaires) doit accomplir quelque chose, et qu'en cas d'échec seul l'autre survit – et non une force supra-individuelle, comme dans un groupe ne serait-ce que de trois [1] ». Cela constitue, insiste Simmel, « une coloration très spécifique de la relation dyadique », « puisque l'élément dyadique est nettement plus souvent confronté au Tout ou Rien qu'un membre d'un groupe plus conséquent ».

On voit bien pourquoi la relation dyadique tend à se transformer presque naturellement en (voire à être identique à) la « rencontre morale à deux », et pourquoi elle tend à être l'habitat naturel (voire une pépinière) de cette inconditionnalité de la responsabilité qui n'aurait autrement guère de chances de voir le jour ou de prendre racine ; on voit également pourquoi il serait presque inconcevable que cette responsabilité *in*conditionnelle apparaisse spontanément au

1. G. Simmel, *The Sociology of Georg Simmel*, trad. et éd. K. H. Wolff, New York, Free Press, 1964.

sein de groupes plus conséquents, dans lesquels les relations avec arbitrage ont l'ascendant sur les face-à-face sans arbitrage, fournissant la matrice de quantité d'alliances et divisions alternatives. On constate encore pourquoi une entité douée de pensée et de sentiment, élevée dans le confinement rassurant de la dyade, n'est en aucun cas préparée, et se retrouve hors de son élément lorsqu'on la place dans un trio. On constate enfin pourquoi les outils et les habitudes développés au sein d'une relation dyadique ont tendance à être révisés et complétés pour rendre viable une triade.

Il existe une similarité remarquable entre les efforts intenses, mais au final vains et frustrants, de Lévinas pour ramener le moi moral vierge (découvert au terme de la réduction phénoménologique dans le monde) dont il s'efforça toute sa vie de s'affranchir des traces déformantes, et l'effort quasi herculéen, et pareillement frustré et frustrant, fourni par un Husserl vieillissant, pour retrouver l'intersubjectivité à partir de la « subjectivité transcendantale » qu'il avait passé son existence à débarrasser de toutes les falsifications de type « inter ». La question est : la capacité et l'aptitude morales, adaptées à la responsabilité de l'Autre en tant que Visage, auront-elles la puissance nécessaire, ainsi que la détermination et la vigueur, pour supporter une tout autre charge de responsabilité vis-à-vis de l'« Autre en tant que tel », un Autre indéfini et anonyme, un autre dépourvu de visage (car dissous dans la multitude des « autres autres ») ? L'éthique née et cultivée au sein de la rencontre morale à deux peut-elle être transplantée dans la communauté imaginée de la société humaine, et par la suite dans la communauté globale imaginée de l'humanité ?

Disons les choses plus simplement : l'initiation et l'éducation morales que nous avons reçues au sein de la rencontre morale à deux nous préparent-elles à vivre dans le monde ?

Avant que le monde, d'une inhospitalité obstinée et irritante vis-à-vis de l'éthique, ne devienne sa grande préoccupation, Lévinas l'avait visité en d'assez rares occasions, et de façon toujours brève et précautionneuse – rarement de sa propre initiative, en outre, mais poussé par des interviewers curieux. Dans « Morality Begins at Home ; or the Rocky Road to Justice », j'ai relevé la trace de ces visites depuis *Le Moi et la totalité* (1954) jusqu'à *De l'unicité* (1986) [1]. Le temps passant, cependant, l'espace et l'attention alloués par Lévinas aux chances que l'impulsion morale puisse, sur la vaste scène sociétale, égaler « la gentillesse qui l'a engendrée et la maintient en vie » s'accrurent visiblement ; quoique progressif, ce mouvement était irrépressible [2]. Le grand message que Lévinas cherchait à faire passer à la fin de sa vie était que l'impulsion morale, bien que souveraine et autonome au sein de la rencontre morale à deux, fait un piètre guide une fois franchies les limites de la rencontre. L'infinitude et l'inconditionnalité abrutissantes de la responsabilité morale (ou, comme le dirait le célèbre philosophe éthique Knud Løgstrup, l'odieux silence de l'exigence éthique affirmant qu'il faut faire quelque chose, mais s'entêtant à refuser de préciser quoi) ne peuvent tout bonnement plus être soutenues lorsque l'« Autre » apparaît au pluriel – dans le cadre de la société humaine, par exemple. Dans le monde très peuplé de la vie quotidienne humaine, les impulsions morales ont besoin de codes, de lois, de juridictions et d'institutions qui les installent et les contrôlent toutes : au cours du processus qui va le projeter sur le grand écran de la société, le sentiment *moral* se réincarne, ou est retraité, en *justice sociale*.

Dans un entretien avec François Poirié, Lévinas affirmait que, en présence du tiers, « [c]'est là que nous sortons de ce

1. Z. Bauman, *Postmodernity and Its Discontents*, Cambridge, Polity Press, 1997, chap. 4.

2. Lire E. Lévinas, « L'Autre, utopie et justice », *Autrement* n° 102, novembre 1988.

que j'appelle l'ordre éthique ou l'ordre de la sainteté ou l'ordre de la miséricorde, ou l'ordre de l'amour ou l'ordre de la charité, où l'autre homme me concernait indépendamment de la place qui lui revient dans la multiplicité humaine, et même par-delà notre appartenance d'individus au genre humain, me concernant comme prochain, comme le premier venu. Il était l'unique [1]. » Simmel ajouterait sans doute que « l'essentiel tient à ce que, à l'intérieur d'une dyade, aucune majorité ne peut mettre l'individu en minorité. Cependant, cette majorité peut se constituer par l'adjonction d'un tiers membre. Mais les relations qui permettent à une majorité de prévaloir sur un individu dévaluent l'individualité [2]. » Dès lors, elles dévaluent le caractère unique, la proximité privilégiée, les priorités incontestées ainsi que les responsabilités inconditionnelles – toutes ces premières pierres de la relation morale.

On entend souvent dire « Nous sommes en République [3] ! » (traduction : à vous de décider quel type de vie vous souhaitez vivre, comment la vivre, et quels choix effectuer pour mener ces décisions à bonne fin ; si tout cela ne vous apporte pas la félicité espérée, ne vous en prenez qu'à vous-mêmes). Sous-entendu : la joie de l'émancipation est intimement liée à l'horreur de la défaite. « Un homme libre, nous dirait Joseph Brodsky, lorsqu'il échoue, n'accuse personne [4] » (comprendre : personne d'autre que lui). Pour bondé que soit le monde, il ne contient aucun individu sur qui rejeter la faute en cas d'échec. Or, comme Lévinas, citant

1. F. Poirié, *Emmanuel Lévinas : Qui êtes-vous ?*, Lyon, Éditions la Manufacture, 1987, p. 96.

2. G. Simmel, *Sociology of Georg Simmel*, *op. cit.*

3. La formule anglaise « This is a free country » parle plus précisément de « pays libre » (*N.d.T.*).

4. J. Brodsky, « The Condition We Call Exile », *On Grief and Reason*, New York, Farrar, Straus and Giroux, 1995.

Dostoïevski, aimait à le répéter, « *Nous sommes tous coupables de tout et de tous devant tous, et moi plus que les autres* ». Commentaire de Lévinas : « Non pas à cause de telle ou telle culpabilité effectivement mienne, à cause de fautes que j'aurais commises ; mais parce que je suis responsable d'une responsabilité totale, qui répond de tous les autres et de tout chez les autres, même de leur responsabilité. Le moi a toujours une responsabilité *de plus* que tous les autres [1]. »

L'arrivée de la liberté est perçue comme une émancipation vivifiante – vis-à-vis d'obligations harassantes et d'interdictions agaçantes, ou bien de routines monotones et abrutissantes. Sitôt qu'elle s'est installée, qu'elle est devenue notre pain quotidien, une nouvelle horreur apparaît : l'horreur de la *responsabilité*, tout aussi effrayante que les terreurs chassées par l'avènement de la liberté. Et au regard de cette horreur nouvelle, les souvenirs des souffrances passées nous feraient presque sourire. Les nuits qui suivent les journées de routine obligatoire sont peuplées de rêves de *liberté vis-à-vis des contraintes*. Les nuits qui suivent les journées de choix obligatoires regorgent de rêves de *liberté vis-à-vis de la responsabilité*.

Il est dès lors remarquable, à défaut de surprenant, que les deux arguments les plus puissants et convaincants en faveur de la nécessité de la société (c'est-à-dire un système de contraintes et de règles complet, posé sur des fondations solides, et doté de protections efficaces), arguments avancés par les philosophes depuis le début de la transformation moderne du monde, aient été générés par la reconnaissance de menaces physiques et de charges spirituelles endémiques à la condition de *liberté*.

Le premier argument fut formulé par Hobbes, puis détaillé par Durkheim et Freud, avant de devenir, vers le

1. E. Lévinas, *Éthique et infini : Dialogues avec Philippe Nemo*, Paris, Fayard & Radio-France, 1982, p. 95.

milieu du XXe siècle, la *doxa* des philosophes sociaux et des sociologues. Cet argument présentait la coercition sociétale et les contraintes imposées à la liberté individuelle par des régulations normatives comme des méthodes nécessaires, inévitables, et au final salutaires et bénéfiques de protection de l'unité humaine contre une « guerre de chaque homme contre tous les hommes ». Moyens également de prémunir les individus humains contre une « existence mauvaise, brutale et brève ». Les partisans de cette opinion prétendaient que la fin de la coercition sociale, à compter qu'elle soit réalisable ou ne serait-ce que concevable, ne libèrerait pas les individus ; au contraire, elle les rendrait incapables de résister aux pressions morbides de leurs propres instincts essentiellement antisociaux. La coercition sociale abolie, les individus deviendraient les victimes d'un asservissement plus effrayant que ce que pouvaient produire l'ensemble des pressions des sévères réalités sociales. Freud, lui, présentait la coercition sociale et la limitation de la liberté individuelle qui en découle comme l'essence même de la civilisation : puisque le « principe de plaisir » (désir de rechercher la satisfaction sexuelle immédiate, ou bien encore penchant inné à la paresse) guidait, ou plutôt fourvoyait, la conduite individuelle vers le terrain vague de l'asocialité ou de l'inadaptation sociale, sauf à le limiter, le rogner et le contrebalancer au moyen du « principe de réalité » dirigé par l'autorité, la civilisation sans coercition est inconcevable.

Le second argument en faveur de la nécessité, de l'inévitabilité, même, de régulations normatives gérées socialement, et par conséquent en faveur aussi de la coercition sociale qui limite la liberté individuelle, ce second argument, donc, fut élaboré sur la prémisse inverse : celle du défi éthique auquel font face les êtres humains du fait de la seule présence des autres, du fait de l'« appel silencieux que me lance le Visage de l'Autre » – un défi qui précède tous les cadres ontologiques créés et dirigés socialement (cadres qui tentent de neutraliser, rogner et limiter le défi autrement infini, afin de le rendre supportable). Dans cette version, développée par Lévinas et Knud Løgstrup, la société est avant tout vue comme un moyen de réduire la responsabilité-de-l'Autre, essentiellement inconditionnelle et illimitée, ou l'infinitude de l'« exigence éthique », à un ensemble de prescriptions et de proscriptions plus en phase avec les capacités des hommes. La fonction principale de la régulation normative, mais aussi la cause primordiale de son inévitabilité, est de faire de l'exercice de la responsabilité (Lévinas) ou de l'obéissance à l'exigence éthique (Løgstrup) une tâche réaliste pour le « commun des mortels » (ceux-là mêmes qui peinent généralement à satisfaire aux critères de la sainteté – et en sont le plus souvent très loin) afin que la société soit concevable. Pour citer Lévinas, « il est extrêmement important de savoir si la société au sens courant du terme est le résultat d'une limitation du principe que l'homme est un loup pour l'homme, ou si au contraire elle résulte de la limitation du principe que l'homme est *pour* l'homme. Le social, avec ses institutions, ses formes universelles, ses lois, provient-il de ce qu'on a limité les conséquences de la guerre entre les hommes, ou de ce qu'on a limité l'infini qui s'ouvre dans la relation éthique de l'homme à l'homme ? [1] »

En résumé : la « société » est-elle le produit d'un réfrènement des penchants égoïstes et agressifs de ses membres au moyen du devoir de solidarité ? Ou bien naît-elle d'une réduction de leur altruisme endémique et illimité au moyen de l'« ordre de l'égoïsme » ?

En employant le vocabulaire d'Emmanuel Lévinas, on pourrait affirmer que la fonction principale de la société, « avec ses institutions, ses formes universelles, ses lois », est de rendre la responsabilité (essentiellement *inconditionnelle* et *illimitée*) de l'Autre à la fois *conditionnelle* (dans un

1. *Ibid.*, p. 74-75.

nombre de circonstances restreint et bien défini) et *limitée* (vis-à-vis d'un groupe d'« autres » considérablement inférieur à la totalité de l'humanité et, surtout, nettement plus étroit et partant plus facile à gérer que la somme indéfinie de tous les « autres » qui risquent d'éveiller, chez le sujet, des sentiments de responsabilité inaliénable et illimitée). En employant le vocabulaire de Knud Løgstrup (un penseur fort proche des conceptions de Lévinas et qui, comme ce dernier, insiste sur la primauté de l'éthique sur les réalités de la vie en société, et tient le monde responsable de son échec à satisfaire aux critères de responsabilité éthique), on dirait que la société est un arrangement visant à rendre audible le commandement éthique autrement silencieux (car flou), et ainsi à réduire l'infinie multitude d'options qu'implique ce type de commandement à une gamme d'obligations plus restreinte et gérable.

Or il se trouve que l'avènement de la société moderne-liquide des consommateurs a sapé la crédibilité et la force de persuasion de ces deux arguments en faveur de l'inéluctabilité de l'imposition sociétale. L'un et l'autre se sont vus réduits de façons différentes, mais pour la même raison : le démantèlement chaque jour plus flagrant du système de régulation normative, et par conséquent l'affranchissement de pans toujours plus vastes de la conduite humaine vis-à-vis du conditionnement et du contrôle coercitifs, enfin la relégation d'un nombre toujours plus important de fonctions précédemment socialisées au domaine des « politiques de vie » individuelles. Dans le cadre dérégulé et privatisé centré sur les intérêts et les activités consuméristes, la responsabilité sommaire des choix – de l'action qui découle de ce choix et des conséquences de cette action – pèse sur les épaules des acteurs individuels. Pierre Bourdieu l'a déjà signalé il y a vingt ans, la coercition est en voie de remplacement par la stimulation, les modèles de conduite autrefois obligatoires par la séduction, le contrôle de la conduite par les relations publiques et la publicité, enfin la régulation normative par la création de nouveaux besoins et désirs. Apparemment, l'avènement du consumérisme a dépouillé l'argument hobbesien d'une bonne part de sa crédibilité, dans la mesure où les conséquences catastrophiques qu'il annonçait en cas de retrait ou de réduction de la régulation normative administrée socialement ne se sont pas matérialisées.

La nouvelle profusion et l'intensité sans précédent des antagonismes entre individus et des conflits ouverts (suite à la dérégulation et à la privatisation progressives des fonctions précédemment sociétales) sont largement reconnues. Elles font actuellement l'objet d'un débat. La société dérégulée et privatisée des consommateurs, elle, est toujours loin de la terrifiante vision de Hobbes (*bellum omnium contra omnes*). L'argument de Freud en faveur de la nature nécessairement coercitive de la civilisation n'a pas connu un meilleur sort. Il semble possible (bien que le verdict n'ait pas encore été rendu) que, une fois exposés à la logique des bourses de marchandises, et abandonnés à leurs propres choix, les consommateurs aient trouvé inversée la relation de pouvoir entre les principes de plaisir et de réalité. C'est à présent le « principe de réalité » qui se voit contraint de passer à la défensive ; chaque jour, il est obligé de se retirer, de s'autolimiter et de se compromettre face aux assauts répétés du « principe de plaisir ». Les pouvoirs de la société consumériste semblent avoir découvert – et tourné à leur avantage – le fait qu'on n'a guère à gagner à entretenir les « faits sociaux » inertes, inflexibles, tenus pour indomptables et irrésistibles du temps de Durkheim, tandis qu'en chouchoutant le principe de plaisir, extensible à l'infini, on se prépare des profits commerciaux eux aussi extensibles à l'infini. Les « faits sociaux » modernes-liquides présentent déjà, de façon criante, et dans une mesure en constante progression, des caractéristiques de « mollesse », de flexibilité et de brève espérance de vie – autant de points qui contribuent à émanciper la quête de plaisir de ses limites d'antan et à l'offrir entièrement à l'exploitation des marchés.

Quant à l'argument élaboré et proposé par Lévinas et Løgstrup – la réduction de l'infinité supra-humaine de la responsabilité éthique à la capacité sensitive, au pouvoir de jugement et à la capacité d'action d'un homme ordinaire –, il tend à présent à être, hormis dans certaines zones précises, « sous-traité » aux individus. En l'absence de traduction sûre de l'« exigence tacite » en un inventaire fini de prescriptions et de proscriptions, ce sont maintenant les individus qui doivent fixer les limites de leur responsabilité envers les autres hommes et tracer la frontière entre ce qui est plausible et ce qui ne l'est pas concernant les interventions morales – c'est également à eux qu'il revient de décider jusqu'où ils sont prêts à aller dans le sacrifice de leur bien-être au profit de l'accomplissement de leur responsabilité morale envers les autres. Comme l'affirme Alain Ehrenberg [1], la plupart des souffrances humaines courantes ont tendance à provenir d'un excès de *possibilités* plutôt que d'une profusion d'*interdictions*, comme autrefois. Et si l'opposition entre le possible et l'impossible a remplacé l'antinomie du permis et de l'interdit au titre de cadre cognitif et de critère essentiel de l'évaluation des choix et des stratégies de vie, on ne peut que s'attendre à ce que les dépressions nées de la terreur de l'*inadaptation* viennent remplacer les névroses causées par l'horreur de la *culpabilité* (c'est-à-dire l'accusation de *non-conformité* faisant suite à une infraction aux règles) au titre d'affliction psychique la plus caractéristique et répandue des habitants de la société des consommateurs.

Une fois déléguée (ou abandonnée) aux individus, la tâche de la décision éthique devient écrasante, car le stratagème

1. Lire A. Ehrenberg, *La Fatigue d'être soi*, Paris, Odile Jacob, 1998.

consistant à se cacher derrière une autorité reconnue et apparemment irrésistible (autorité qui s'engage à retirer la responsabilité, ou du moins une bonne part de celle-ci, des épaules des individus) n'est plus une option viable ni fiable. Et c'est cette tâche, si impressionnante, qui met les acteurs dans un état d'incertitude permanente. La plupart du temps, cela entraîne une réprobation de soi pénible et dégradante.

Et pourtant, le résultat global de la privatisation et de la filialisation de la responsabilité se révèle un rien moins invalidant, pour le moi moral et les acteurs moraux, que ce que Lévinas, Løgstrup et leurs disciples – dont moi-même – avaient prévu. Un moyen a été trouvé d'adoucir leur impact potentiellement dévastateur sur les individus et d'en limiter les dégâts. Et il apparaît qu'une profusion d'organismes commerciaux ont vu le jour, désireux de prendre en charge les tâches abandonnées par la « grande société » et de vendre leurs services aux consommateurs affligés, ignorants et perplexes.

Sous le régime dérégulé et privatisé, la formule de l'« exonération de la responsabilité » est restée peu ou prou ce qu'elle fut aux premières heures de l'histoire moderne : l'injection d'une dose de clarté authentique ou putative dans une situation désespérément opaque par le biais du remplacement (ou plus exactement de la dissimulation) de l'infinie complexité de la tâche par une liste finie de règles autoritaires. Aujourd'hui comme alors, les acteurs individuels sont amenés, à grand renfort de cajoleries et d'encouragements, à faire confiance aux autorités censées décider et énoncer ce que l'exigence tacite exige d'eux en telle ou telle situation, et jusqu'où leur responsabilité inconditionnelle les oblige à aller dans leur condition actuelle. Néanmoins, différents outils tendent à être utilisés dans l'application de ce même stratagème.

Les concepts de responsabilité et de choix responsable, qui résidaient autrefois dans le champ sémantique du devoir éthique et de l'inquiétude morale vis-à-vis de l'Autre, se sont déplacés ou ont été déplacés dans le domaine de l'accomplissement de soi et de l'évaluation des risques. Ce faisant, « l'Autre », considéré comme détonateur, cible et mesure d'une responsabilité acceptée, assumée et accomplie, a complètement disparu du tableau, écarté ou éclipsé par le moi de l'acteur. La « responsabilité » signifie désormais avant tout la *responsabilité de soi-même* (« vous le devez à vous-même », comme disent les vendeurs d'exonération de la responsabilité), tandis que les « choix responsables » sont avant tout les démarches qui servent les intérêts de l'acteur et satisfont ses désirs tout en dissipant le besoin de compromission.

Le résultat ne diffère pas vraiment des effets « adiaphorisants » du stratagème mis en œuvre par la bureaucratie moderne-solide. Stratagème qui substituait une « responsabilité envers » (envers un supérieur, une autorité, une cause et ses porte-parole, qui provoquent l'action) à la « responsabilité de » (du bien-être, de l'autonomie et de la dignité de l'autre humain, qui subit ladite action). Les effets adiaphorisants (ceux qui rendent les actions éthiquement neutres, et les exemptent d'évaluation et de critique éthiques) tendent cependant à s'accomplir aujourd'hui principalement par le replacement de la « responsabilité des autres » par l'union de la « responsabilité envers soi-même » et de la « responsabilité de soi-même ». La victime collatérale de ce passage à l'interprétation consumériste de la liberté, c'est l'Autre en tant qu'objet de responsabilité éthique et de préoccupation morale.

Suivant de près l'itinéraire tortueux de l'« humeur publique » dans son fameux *Complexe de Cendrillon* [1], Colette Dowling affirmait que le désir de sécurité, de chaleur et d'attentions était un « sentiment dangereux ». Elle mettait en

1. C. Dowling, *Le Complexe de Cendrillon*, trad. M.-F. de Paloméra, Paris, Grasset, 1982.

garde les Cendrillon de l'époque à venir : dans l'élan qui vous pousse à vous occuper des autres et le désir de voir les autres s'occuper de vous se cache le risque redoutable de la dépendance. Risque de perdre la capacité de choisir la vague la plus favorable pour le surf, et l'aptitude à passer d'une vague à l'autre dès que nécessaire. Arlie Russell Hochschild apporta le commentaire suivant : « Sa peur de dépendre d'autrui évoque l'image du cow-boy américain, seul, sans attaches, errant avec son cheval [...]. Des cendres de Cendrillon se lève donc une cow-girl postmoderne [1]. » Les plus gros best-sellers actuels en matière d'empathie et de conseils « susurrent au lecteur : "Quiconque investit émotionnellement doit être sur ses gardes", ajoute Hochschild. Dowling, elle, conseille aux femmes d'investir dans le moi en tant qu'entreprise solitaire. L'esprit commercial de la vie intime se compose d'images qui préparent le terrain pour un paradigme de la méfiance [...] en présentant comme idéal un moi à l'abri des souffrances [...]. Les actes héroïques qu'un moi peut accomplir [...] consistent à se détacher, à s'en aller, à dépendre moins des autres et à avoir moins besoin d'eux [...]. Les auteurs de nombreux livres modernes à la mode nous préparent à des "autres" qui n'ont pas besoin de notre attention et ne prennent, ou ne peuvent prendre, soin de nous. »

La possibilité de peupler le monde avec davantage de gens attentionnés et d'inciter les individus à se montrer plus attentionnés n'apparaît pas dans les panoramas que dessine l'utopie consumériste. Les utopies privatisées des cow-boys et des cow-girls de l'ère consumériste présentent au contraire des « espaces libres » (libres pour *moi*, s'entend) nettement agrandis ; le genre d'espace vide dont le consommateur moderne-liquide, recherchant les seules performances solo, n'a jamais assez. L'espace dont ont besoin les consommateurs

1. Lire A. R. Hochschild, *The Commercialization of Intimate Life*, Berkeley, University of California Press, 2003.

modernes-liquides, celui pour lequel on leur conseille, de toutes parts, de se battre, ne peut être conquis que par l'éviction d'autres êtres humains – en particulier ceux qui se montrent attentionnés ou qui pourraient avoir besoin d'attention.

Le marché de la consommation a succédé à la bureaucratie moderne-solide pour ce qui est de l'adiaphorisation : tâche consistant à éliminer l'« être pour » toxique de la piqûre de rappel de l'« être avec ». C'est précisément ce qu'Emmanuel Lévinas préfigurait lorsqu'il estimait que, plutôt qu'un objet permettant aux égoïstes congénitaux (comme le suggérait Hobbes) de réaliser l'unité humaine pacifique et amicale, la société risquait d'être un stratagème visant à permettre aux êtres humains d'une moralité endémique d'atteindre une vie égotiste, égocentrique et pratiquant l'autoréférence. Et ce en réduisant les responsabilités-des-autres qui s'accompagnent de la présence du Visage de l'Autre, et de l'unité humaine même.

Frank Mort nous fait pour sa part remarquer que, d'après les rapports trimestriels du Henley Centre for Forecasting, les premières places de la liste des plaisirs préférés des Britanniques, et les plus convoités, sont invariablement occupées depuis vingt ans par des passe-temps « principalement fournis par des formes d'approvisionnement basées sur le marché : shopping personnel, sortie restau, bricolage et cassettes vidéo. En fin de liste apparaît la politique : se rendre à un meeting arrive ex-aequo avec visiter un cirque pour ce qui est des activités que le public britannique a le moins de chances de pratiquer [1] ».

---

1. Lire F. Mort, « Competing Domains : Democratic Subjects and Consuming Subjects in Britain and the United States since 1945 », *The Making of the Consumer : Knowledge, Power and Identity in the Modern World*, dir. Frank Trentmann, Oxford, Berg, 2006, p. 225 *sq*. Mort cite les rapports du Henley Centre *Planning for Social Change* (1986), *Consumer and Leisure Futures* (1997) et *Planning for Consumer Change* (1999). Le Henley Centre est une organisation marketing proposant aux indus-

Dans *Etiske Fordring*, Løgstrup présentait une vision optimiste des penchants naturels des êtres humains. « Il est caractéristique de la vie humaine que nous ayons mutuellement confiance les uns envers les autres [...]. Ce n'est qu'en certaines circonstances particulières que nous nous méfions d'un inconnu à l'avance [...]. Dans des circonstances normales, nous acceptons la parole de l'inconnu, et ne nous méfions pas de lui avant d'avoir une bonne raison de le faire. Nous ne soupçonnons jamais quiconque de fausseté avant de l'avoir surpris à mentir [1]. » Je me permets d'insister sur un point : les jugements de l'auteur ne sont pas conçus comme des déclarations phénoménologiques mais comme des généralisations empiriques. Si la plupart des thèses éthiques de Lévinas jouissent de l'immunité du statut phénoménologique, il n'en va pas de même pour Løgstrup, qui conclut ses généralisations de ses interactions quotidiennes avec ses coparoissiens.

Løgstrup conçut son ouvrage au cours des huit premières années de son mariage avec Rosalie Maria Pauly, période qu'ils passèrent dans la petite paroisse paisible de Fionie. Avec tout le respect que je dois aux habitants, sociables et amicaux, d'Aarhus, où Løgstrup devait finir sa vie comme professeur de théologie de l'université locale, je doute que de telles idées eussent pu mûrir en son esprit une fois que, établi dans cette ville, il se serait trouvé confronté de but en blanc aux réalités d'un monde en guerre et sous occupation, en tant que membre actif de la résistance danoise.

Les gens ont tendance à tisser leurs images du monde à partir du fil de leur expérience. La génération actuelle doit

---

tries de consommation des renseignements sur l'évolution des modes d'emploi des loisirs de leurs clients britanniques potentiels.

1. K. E. Løgstrup, *Etiske Fordring*, trad. anglaise H. Fink et A. MacIntyre, *The Ethical Demand*, Notre Dame, IN, University of Notre Dame Press, 1977.

trouver forcée l'image radieuse et enjouée d'un monde confiant et digne de confiance – voire en désaccord flagrant avec ce qu'eux-mêmes apprennent chaque jour et ce qu'insinuent les récits ordinaires d'expériences humaines qu'ils entendent au quotidien. Ils se reconnaîtraient mieux dans les actes et confessions des personnages de la nouvelle vague de programmes télévisés, extrêmement populaires, de type *Big Brother*, *Survivor* et *Le Maillon faible*. Ces programmes véhiculent un message plutôt différent (de façon parfois explicite, mais toujours implicite) : *ne jamais* faire confiance à un étranger. La série *Survivor* comporte un sous-titre qui résume cet état de fait : « Méfiez-vous de tout le monde ». Sous-titre qu'illustrent les différents avatars de *Big Brother*. Les amateurs et fans de ces émissions de « télé-réalité » (une bonne part, voire l'immense majorité, de nos contemporains) renverseraient le verdict de Løgstrup sur la société humaine. À leurs yeux, il est caractéristique de la vie humaine que nous manifestions une *méfiance naturelle* lors de nos rencontres les uns avec les autres.

Ces émissions, qui connurent un succès foudroyant auprès de millions de téléspectateurs en captivant immédiatement leur imagination, constituaient des répétitions en public de la *jetabilité* des hommes. Elles portent au sein d'une même histoire à la fois un plaisir et un avertissement, leur message étant que personne n'est indispensable ni n'a droit à sa part des fruits des efforts collectifs au seul motif qu'il en a augmenté la croissance à un moment donné ; et encore moins le droit d'être simplement un membre de l'équipe. La vie est un jeu dur pour des gens durs, tel est le message. Chaque partie commence de zéro, les mérites passés ne comptent pas, vous ne valez que ce que valent les résultats de votre précédent duel. À chaque instant, chaque joueur ne joue que pour lui-même et, s'il veut progresser (sans parler d'atteindre le sommet), il doit collaborer (hélas !) à l'exclusion des autres joueurs qui ont soif de survie et de succès, et qui lui barrent la route – mais seulement pour se montrer plus malin que tous ceux avec qui il coopérait et les abandonner, défaits et désormais inutiles, derrière lui. Les autres sont avant tout des concurrents ; en bons concurrents, ils font des projets, installent des pièges, tendent des embuscades, et attendent avec impatience de nous voir trébucher et tomber.

Les atouts qui aident les vainqueurs à survivre à la compétition et ainsi sortir victorieux d'une bataille acharnée sont des plus divers, de l'affirmation criarde de soi à la modestie docile. Et pourtant, quels que soit le stratagème employé, les atouts des vainqueurs et les handicaps des vaincus, l'histoire de la survie risque bien de toujours se développer de la même manière monotone : *dans une partie de survie, la confiance, la compassion et la pitié* (attributs primordiaux selon Løgstrup de l'« expression souveraine de la vie ») *sont suicidaires.* Si vous n'êtes pas plus dur et moins scrupuleux que tous les autres, alors ils vous liquideront, avec ou sans remords. Nous retournons à la sombre vérité du monde darwinien : c'est invariablement le mieux adapté qui survit. Ou plutôt, la survie est la preuve ultime de l'adaptation.

Si les jeunes gens d'aujourd'hui lisaient des livres, et en particulier des livres anciens qui ne figurent pas dans les listes des meilleures ventes actuelles, ils seraient sans doute d'accord avec la vision amère, absolument pas radieuse, du monde que peignit un réfugié russe, professeur de philosophie à la Sorbonne, Leon Chestov : « "*Homo homini lupus*" est l'une des plus inébranlables maximes de la moralité éternelle. Dans chacun de nos voisins nous craignons un loup [...]. Nous sommes si pauvres, si faibles, on nous ruine et nous détruit si facilement ! Comment pourrions-nous ne pas avoir peur ? [...] Nous voyons le danger, et seulement le danger [...] [1]. » Ils affirmeraient, comme Chestov avant eux

1. L. Chestov, « All Things are Perishable », *A Shestov Anthology*, B. Martin (dir.), Ohio State University Press, 1970.

et comme les émissions de *Big Brother* l'ont promu au rang du bon sens, que le monde actuel est un monde dur, fait pour des gens durs : un monde d'individus qui ne peuvent compter que sur leurs propres ruses et tentent de se montrer plus malins les uns que les autres et de s'entr'éliminer. Si vous rencontrez un étranger, il vous faudra d'abord de la vigilance, ensuite de la vigilance et pour finir de la vigilance. S'unir, se tenir côte à côte et travailler en équipe n'a de sens que tant que cela vous aide à parvenir à vos fins ; rien ne justifie que ces conditions perdurent une fois qu'elles n'apportent plus de bénéfice, ou qu'elles en apportent moins que l'on en obtiendrait en défaisant les engagements et en annulant les obligations.

Les patrons ont aujourd'hui tendance à rechigner à employer des individus liés à d'autres par des engagements personnels – en particulier si ces engagements sont fermes, et plus encore s'ils sont à long terme. Les âpres exigences de la survie professionnelle mettent par trop souvent les hommes et les femmes aux prises avec des choix moralement dévastateurs entre ce que nécessite leur carrière et ce que requièrent leurs relations aux autres. Les patrons préfèrent employer des individus prêts à rompre tout lien dans la minute, et qui n'hésitent jamais quand il s'agit de sacrifier les « exigences éthiques » à celles du travail.

Nous vivons aujourd'hui dans une société globale de consommateurs ; et les modèles de comportements du consommateur ne peuvent qu'affecter tous les autres aspects de notre vie, y compris nos vies professionnelle et privée. On nous pousse à consommer davantage et, ce faisant, à devenir nous-mêmes des marchandises sur les marchés de la consommation et du travail.

Pour citer J. Livingstone, « la forme de la marchandise pénètre et remodèle les dimensions de la vie sociale jusqu'alors exemptes de sa logique au point que la subjectivité elle-même devient une marchandise que l'on achète et que l'on vend comme la beauté, la propreté, la sincérité et l'autonomie [1] ». Colin Campbell estime pour sa part que l'activité de consommation « est devenue une sorte de patron ou de modèle pour la façon dont les citoyens des sociétés occidentales contemporaines en sont venus à considérer toutes leurs activités. De plus en plus de secteurs de la société contemporaine ayant été assimilés à un "modèle de consommation", il n'est guère étonnant que la métaphysique sous-jacente du consumérisme soit, dans le même temps, devenue une sorte de philosophie par défaut pour la vie moderne dans son ensemble [2] ».

Arlie Hochschild résume le « dommage collatéral » le plus essentiel de l'invasion consumériste par une formule : la « matérialisation de l'amour ». « Le consumérisme tend à maintenir l'interversion émotionnelle du travail et de la famille. Exposés à un bombardement continu de publicité durant les trois heures qu'ils passent en moyenne devant la télévision (la moitié de leur temps libre), les ouvriers sont persuadés d'"avoir besoin" de davantage de choses. Pour acheter ce dont ils ont à présent besoin, il leur faut de l'argent. Pour gagner de l'argent, ils travaillent plus longtemps. S'absentant si longtemps de chez eux, ils compensent cette absence par des cadeaux qui coûtent de l'argent. Ils matérialisent l'amour. Et le cycle se poursuit [3]. »

On pourrait ajouter que leur nouveau détachement spirituel et leur nouvelle absence physique de la scène domestique rendent les hommes aussi bien que les femmes intolérants à l'égard des conflits – grands, petits ou carrément minuscules

1. Lire J. Livingstone, « Modern Subjectivity and Consumer Culture », citation extraite de R. W. Belk, « The Human Consequences of Consumer Culture », *Elusive Consumption*, K. M. Ekström et H. Brembeck (dir.), Oxford, Berg, 2004.

2. Campbell, « I Shop therefore I Know that I am », *Elusive Consumption*, K. M. Ekström et H. Brembeck (dir.), Oxford, Berg, 2004.

3. Lire A. R. Hochschild, *The Commercialization of Intimate Life*, *op. cit.*

et insignifiants – qu'entraîne inévitablement le fait de vivre sous le même toit.

Avec le déclin des techniques permettant de converser et de rechercher l'entente, ce qui constituait autrefois un défi à affronter de but en blanc puis à négocier patiemment se transforme de plus en plus en prétexte pour rompre la communication, pour s'échapper et brûler les ponts après soi. Occupés à gagner plus d'argent pour s'acheter des choses dont ils croient avoir besoin pour leur bonheur, les hommes et les femmes ont moins de temps pour l'empathie et pour les longues et éprouvantes négociations – et encore moins pour la résolution – de leurs malentendus et désaccords mutuels. Voilà qui met en mouvement un autre cercle vicieux : mieux ils parviennent à « matérialiser » leur relation amoureuse (comme les y pousse le flot continu de messages publicitaires), moins il reste d'occasions de compréhension mutuelle – compréhension mutuelle exigée par l'ambiguïté de l'amour entre pouvoir et attentions. Les membres d'une même famille sont tentés d'éviter la confrontation et de chercher le répit (ou mieux, un abri permanent) face aux querelles domestiques ; et le besoin de « matérialiser » l'amour et les soins affectueux prend d'autant plus d'ampleur que les négociations (gourmandes en temps et en énergie) sont devenues quasi irréalisables, à une époque où elles sont de plus en plus nécessaires en raison du nombre croissant des points de dispute, des rancunes à apaiser et des désaccords à résoudre.

Alors que les professionnels très qualifiés, véritables trésors des directeurs de sociétés, se voient par trop souvent offrir sur leur lieu de travail un agréable substitut à la chaleur qui manque tant à leur foyer (comme le note Hochschild, pour eux, la division traditionnelle des rôles entre le lieu de travail et la propriété familiale tend à être inversée), rien n'est proposé aux employés moins qualifiés et facilement remplaçables. Si certaines sociétés, notamment Amerco (étudiée de près par Hochschild), « offrent la vieille *utopie socialiste* à une *élite* de travailleurs du savoir dans la partie supérieure d'un marché du travail de plus en plus segmenté, d'autres sociétés offrent pour leur part *le pire des premiers temps du capitalisme aux OS* ». Pour ces derniers, « pas plus un réseau de proches que des associés de travail ne fournissent à l'individu des ancres émotionnelles, mais plutôt un gang, des collègues de boisson ou d'autres groupes du même genre [1] ».

La quête de plaisirs individuels formulée par les marchandises actuellement proposées – quête guidée et constamment redirigée et recentrée par des campagnes de publicité – fournit le seul substitut acceptable (mais aussi nécessaire et bienvenu) tant à la solidarité des collègues de travail qu'à la chaleur des attentions reçues et prodiguées par les membres les plus proches de notre foyer et de ses environs immédiats.

Quiconque en appelle à la résurrection de « valeurs familiales » mourantes, tout à fait conscient de ce que cela implique, devrait commencer par réfléchir aux racines consuméristes du déclin de la solidarité sur le lieu de travail, concomitant de celui des impulsions d'attention et de partage au sein du foyer.

Arlie Russell Hochschild a passé plusieurs années à observer de près l'évolution des modes d'emploi dans les secteurs les plus en pointe de l'économie américaine. C'est ainsi qu'il a mis au jour et documenté des tendances qui ressemblent à s'y méprendre à celles que l'on trouve en Europe. Tendances que Luc Boltanski et Eve Chiapello ont décrites en détail sous l'étiquette de « nouvel esprit du capitalisme » [2]. La plus importante découverte d'Hochschild concerne la préférence marquée, chez les employeurs, pour les employés sans attaches, flexibles, « généralistes » et au final jetables (des

1. *Ibid.*

2. Lire A. R. Hochschild, *The Time Bind : When Work Becomes Home and Home Becomes* Work, New York, Henry Holt, 1997.

touche-à-tout plutôt que des employés spécialisés et soumis à une formation pointue).

Dans notre société soi-disant accro à la réflexion, la confiance n'a que peu de chances de recevoir quelque renforcement empirique. Un examen rigoureux et pondéré des données fournies par l'existence indique la direction opposée et révèle sans cesse l'inconstance perpétuelle des règles et la fragilité des liens. Cela signifie-t-il pour autant que la décision de Løgstrup d'investir des espoirs de moralité dans la *tendance endémique à faire confiance* a été invalidée par l'*incertitude endémique* qui sature notre monde actuel ?

On serait autorisé à répondre oui – si Løgstrup avait jamais considéré que la réflexion produisait des impulsions morales. Au contraire : d'après lui, l'espoir de moralité était précisément assigné à sa propre *spontanéité pré-réflexive* : « La pitié est spontanée car la moindre interruption, le moindre calcul, la moindre dilution de celle-ci dans le but de servir autre chose la détruit entièrement et la transforme en l'opposé de ce qu'elle est : l'impitoyable [1]. »

On le sait, Emmanuel Lévinas affirme que la question « Pourquoi devrais-je être moral ? » (qui revient à poser des arguments de type « Qu'ai-je à y gagner ? », « Que m'a fait telle personne pour justifier que je m'occupe d'elle ? », « Pourquoi devrais-je m'en soucier alors que tant d'autres s'en moquent ? », ou bien « Quelqu'un d'autre ne pourrait-il le faire à ma place ? ») n'est pas le *point de départ* de la conduite morale, mais un signal de sa *fin* imminente ; tout comme l'amoralité commença quand Caïn demanda : « Suis-je le gardien de mon frère ? » Løgstrup, s'appuyant sur la spontanéité, les impulsions et le désir de faire confiance plutôt que sur des réflexions calculatrices, semble d'accord.

1. K. E. Løgstrup, *After the Ethical Demand*, trad. anglais S. Dew et van K. Niekerk, Aarhus University, 2002.

Les deux philosophes semblent également s'accorder sur le fait que le « *besoin* de moralité » (l'expression est déjà un oxymore ; tout ce qui répond à un « besoin » n'est pas la moralité) ou la simple « possibilité de moralité » ne peut être établi, et encore moins prouvé, de manière discursive. La moralité n'est rien d'autre qu'une manifestation d'humanité provoquée naturellement – elle ne sert aucun « but » et n'est en aucun cas guidée par l'attente du profit, du confort, de la gloire ou de l'amélioration de soi. Certes, des actions objectivement bonnes – efficaces et utiles – ont été maintes fois le fruit des espérances de gain de l'acteur, que ce soit acquérir la grâce divine, s'acheter la considération publique ou s'assurer l'absolution pour les fois où il se sera montré impitoyable ; on ne peut toutefois pas classer ces actions comme des actes authentiquement *moraux*, précisément parce qu'elles ont été *motivées*.

Dans le cas des actes moraux, insiste Løgstrup, tout « motif ultérieur est exclu [1] ». Ces expressions spontanées sont *radicales* précisément grâce à l'absence de motifs ultérieurs – à la fois amoraux *et* moraux. Voilà une autre raison pour laquelle l'exigence éthique, cette pression « objective » qui nous pousse à être moraux et qui émane du fait même d'être en vie et de partager la planète avec d'autres personnes, est et doit demeurer silencieuse. Puisque l'obéissance à l'exigence éthique peut facilement se changer (être faussée et déformée) en un motif de conduite, alors l'exigence éthique est à son avantage quand on l'oublie et n'y pense plus : sa radicalité consiste en ce qu'elle demande à être superflue. L'immédiateté du contact humain est soutenue par les expressions immédiates de la vie et elle n'a besoin d'aucun autre soutien, pas plus qu'elle n'en tolère. Lévinas serait tout à fait d'accord avec Løgstrup sur ce point. Comme le résume Richard Cohen, le traducteur américain des entretiens de Lévinas avec Philippe Nemo : « L'exigence

1. *Ibid.*

éthique n'est pas une nécessité ontologique. L'interdiction du meurtre ne rend pas le meurtre impossible. Il le situe du côté du mal. » L'« être » de l'éthique consiste uniquement à « perturber la suffisance de l'être ».

En termes pratiques, cela signifie que malgré tout le dégoût que peut éprouver un être humain à l'idée de ne pouvoir se fier (en fin de compte) qu'à ses propres conseils et responsabilités, c'est précisément cet état qui renferme l'espoir d'une unité imprégnée de moralité. L'espoir ; non la certitude, encore moins une certitude absolue.

La spontanéité et la souveraineté des expressions de la vie ne garantissent pas que la conduite qui en résulte sera le choix juste et louable du point de vue éthique entre le bien et le mal. Cela dit, le problème, c'est que les erreurs *et* les bons choix proviennent de la même condition – tout comme ces élans lâches, fournis obligeamment par les commandements autoritaires, qui nous poussent à courir nous mettre à l'abri, *et* l'audace d'accepter la responsabilité. Si l'on ne se prépare pas à la possibilité de faire le mauvais choix, il est presque impossible de persévérer dans la quête du bon choix. Loin d'être une menace majeure pour la moralité (et donc une abomination aux yeux des philosophes éthiques), *l'incertitude est le domaine de la personne morale et le seul sol dans lequel la moralité pourra germer et fleurir.*

Néanmoins, comme Løgstrup le remarque à juste titre, c'est l'immédiateté du contact humain qui est soutenue par les expressions immédiates de la vie. Je suppose pour ma part que ce lien et le conditionnement mutuel agissent dans les deux sens. Dans la pensée de Løgstrup, l'« immédiateté » semble jouer un rôle similaire à celui de la « proximité » dans les écrits de Lévinas. L'« expression immédiate de la vie » est provoquée par la proximité ou la présence immédiate de l'autre être humain – faible et vulnérable, souffrant, demandant de l'aide. Ce que nous voyons nous met au défi ; au défi d'*agir* – aider, défendre, apporter du réconfort, soigner ou sauver.

Au risque de me répéter : le monde actuel semble conspirer contre la confiance. Celle-ci peut demeurer, comme le suggère Løgstrup, un épanchement naturel de l'« expression souveraine de la vie » – mais, une fois émise, elle cherche en vain un endroit où s'ancrer. La confiance s'est vue condamnée à une vie de frustration. Les gens (séparément, individuellement ou conjointement), les sociétés, les individus, les communautés, les grandes causes ou les modèles de vie que nous investissons de l'autorité de guider notre vie échouent par trop souvent à récompenser la dévotion de la confiance. Du moins, ils sont rarement des parangons de consistance et de continuité à long terme. On aurait du mal à trouver un seul point de référence sur lequel fixer notre attention de manière fiable et solide, de sorte que les chercheurs de conseils dupés puissent être absous du devoir ingrat de vigilance constante et des incessantes rétractations de dispositions prises ou intentionnelles. Aucune orientation existante ne semble disposer d'une espérance de vie plus longue que celle des chercheurs d'orientation eux-mêmes, pour abominablement courtes que puissent être leurs propres vies corporelles. L'expérience individuelle s'obstine à indiquer le moi comme le plus prometteur des pivots de durée et de continuité recherchés avec tant d'avidité.

Ces tendances apparaissent de façon flagrante de nos jours, et ce en particulier dans les grandes villes, ces conurbations immenses, en développement constant, dans lesquelles vivra, d'ici quelques années, plus de la moitié de la population mondiale. Conurbations où la grande densité d'interactions humaines, alliée aux peurs générées par l'insécurité, fournit un terrain particulièrement fertile pour le ressentiment, ainsi que pour la quête d'objets sur lesquels concentrer celui-ci.

Comme l'observe Nan Ellin (éminente chercheuse, et analyste perspicace des tendances urbaines contemporaines), la protection contre le danger « constituait l'un des principaux motifs de la création de villes dont les limites étaient souvent définies par de grandes murailles ou des palissades – et ce depuis les antiques villages de Mésopotamie jusqu'aux campements des Indiens d'Amérique, en passant par les cités médiévales [1] ». Les murailles, les douves et les palissades marquaient la frontière entre « nous » et « eux », entre l'ordre et la jungle, entre la paix et la guerre : les ennemis, c'étaient ceux qui se trouvaient de l'autre côté de la clôture et n'avaient pas le droit de la franchir. De l'état d'« endroit relativement sûr », la ville est cependant devenue davantage associée, surtout au cours du siècle dernier, au « danger qu'à la sécurité ».

Aujourd'hui, dans un curieux renversement de leur rôle historique, et au mépris des intentions et attentes originales, nos villes passent rapidement du statut d'abri contre les dangers à celui de principale source de dangers. Diken et Laustsen vont jusqu'à suggérer que le lien millénaire « entre civilisation et barbarie a été renversé. La vie en ville se transforme en un état de nature caractérisé par le règne de la terreur, qu'accompagne une peur omniprésente [2] ».

Il semble que les sources de danger se soient déplacées au cœur de la ville. Les amis – mais aussi les ennemis, et par-dessus tout les insaisissables et mystérieux *étrangers* qui oscillent dangereusement entre ces deux extrêmes – se mélangent et se côtoient à présent dans les rues des villes. La guerre contre l'insécurité, et en particulier contre tout ce qui menace la sûreté personnelle, se déroule maintenant *à*

---

1. N. Ellin, « Fear and City Building », *Hedgehog Review*, vol. 5, n° 3, automne 2003.

2. B. Diken et C. Laustsen, « Zones of Indistinction : Security, Terror, and Bare Life », *Space and Culture* 5, 2002.

l'intérieur de la ville, où les champs de bataille sont délimités et les fronts tracés. Tranchées et bunkers blindés, censés nous séparer des inconnus, les tenir à l'écart et les interdire d'entrée, deviennent l'un des aspects les plus visibles des villes contemporaines – encore qu'ils prennent de nombreuses formes et que leurs concepteurs s'évertuent à les fondre dans le paysage urbain, « normalisant » par là même l'état d'urgence dans lequel vivent les citadins accros à la sécurité (et néanmoins perpétuellement rongés par le doute).

« Plus nous nous détachons de notre environnement immédiat, plus nous comptons sur sa surveillance. [...] Les maisons de nombreuses zones urbaines de par le monde existent à présent dans le but de protéger leurs occupants, et non d'intégrer des gens à leurs communautés [1] », observent Gumpert et Drucker. Séparer les individus, maintenir une distance, telle est la stratégie la plus courante dans la lutte pour la survie en ville. Le continuum sur lequel s'égrènent les résultats de ce conflit s'étend entre les limites des ghettos urbains volontaires et involontaires. Les résidents sans ressources, considérés de ce fait comme des menaces potentielles pour leur sécurité par le reste des habitants, tendent à être expulsés des zones les plus douces et agréables de la ville, et entassés dans des quartiers distincts, aux allures de ghettos. Les résidants riches s'installent eux aussi dans des quartiers aux allures de ghettos – à ceci près qu'ils les choisissent, et en interdisent l'accès aux autres. En outre, ils font tout leur possible pour déconnecter leur monde quotidien de celui des autres habitants de la ville. Leurs ghettos volontaires se transforment de plus en plus en avant-postes ou garnisons de l'extraterritorialité.

Le déchet de la nouvelle extraterritorialité physique de ces espaces urbains privilégiés, habités et utilisés par l'élite globale (dont l'« exil intérieur » est réalisé par, se manifeste dans

1. G. Gumpert et S. Drucker, « The Mediated Home in the Global Village », *Communication Research* 25, n°4, 1998.

et est soutenu par des moyens de « connexion virtuelle »), ce sont les espaces déconnectés et abandonnés – les « quartiers fantômes » dont parle Michael Schwarzer. Des lieux où « le cauchemar a remplacé le rêve, et où danger et violence sont plus courants qu'ailleurs [1] ». Pour que les enceintes de ces espaces privilégiés demeurent infranchissables, et éviter les risques de fuite et de contamination de la pureté régionale, les outils pratiques sont la tolérance zéro vis-à-vis des sans-abri : on les bannit des endroits où ils pourraient gagner leur vie, mais aussi se rendre ostensiblement et désagréablement visibles, et on leur interdit l'accès aux espaces où ils ne peuvent ni l'un ni l'autre. Les « rôdeurs », les « mendiants », les « gens du voyage » et autres types d'intrus sont désormais les croque-mitaines des cauchemars de l'élite. Ils sont également les avatars ambulants des dangers cachés qu'il y a à vivre sur une planète surpeuplée – ainsi que les principales cibles du ressentiment.

L'« expression spontanée de la vie » risque, sous sa forme actuelle, d'aboutir à la méfiance et à la « mixophobie » plutôt qu'à la confiance et à l'attention. La mixophobie est une réaction très prévisible et répandue à la diversité ahurissante, effrayante et harassante des types humains et styles de vie qui se côtoient dans les rues des villes contemporaines – non seulement dans les quartiers officiellement désignés comme sensibles (et donc évités), ou les « rues louches », mais aussi dans les quartiers ordinaires (lire : non protégés par les « espaces d'interdiction »). Tandis que, à l'ère de la globalisation, la polyphonie et la diversité culturelle de l'environnement urbain s'enracinent – avec la probabilité qu'elles s'intensifient avec le temps –, les tensions nées de l'étrangeté ennuyeuse, gênante, irritante du cadre continueront sans doute de provoquer des besoins ségrégationnistes.

---

1. M. Schwarzer, « The Ghost Wards : The Flight of Capital from History », *Thresholds* 16, 1998.

Les racines de la mixophobie sont banales – très faciles à situer et à comprendre quoique pas nécessairement à pardonner. Comme le suggère Richard Sennett, « ce sentiment de type "nous" qui exprime un désir d'être pareils est pour les hommes [et les femmes] une façon de contourner la nécessité de regarder profondément en chacun d'eux ». Elle promet, pourrait-on dire, un certain confort spirituel : la perspective de rendre l'unité plus supportable en en retirant l'effort de compréhension, de négociation et de compromis qu'exige le fait de vivre au sein de la différence et avec elle. « Le désir d'éviter toute participation réelle est inné au processus de formation d'une image cohérente de la communauté. La possibilité d'éprouver des liens communs sans expérience commune provient de ce que les hommes ont peur de participer, peur des dangers et des défis que cela implique, de la douleur aussi [1]. »

Le mouvement en faveur d'une « communauté de similarité » est un signe du retrait non seulement de l'altérité du *dehors*, mais aussi de l'engagement envers l'interaction du dedans, vivante mais turbulente, tonifiante mais encombrante. Le charme d'une « communauté de ressemblance » est celui d'une police d'assurance contre les risques dont regorge la vie quotidienne dans un monde polyphonique. Se plonger dans la ressemblance ne réduit pas les risques et les évite encore moins. Comme tous les palliatifs, elle ne promet un abri que contre certains de leurs effets les plus immédiats et redoutés.

Choisir la solution de fuite proposée par la mixophobie comporte une conséquence insidieuse et nuisible : une fois adopté, ce régime prétendument thérapeutique se meut tout seul, se perpétue et se renforce tout seul à mesure qu'il « gagne » en inefficacité. Sennett nous explique pourquoi tel est (et doit être) le cas : « Au cours des vingt dernières

1. R. Sennett, *The Uses of Disorder : Personal Identity and City Life*, Londres, Faber and Faber, 1996.

années, les villes américaines se sont développées de telle sorte que les zones ethniques sont devenues assez homogènes ; ce ne semble pas être un hasard si la peur de l'étranger a également augmenté au point que ces communautés ethniques ont été isolées [1]. » Une fois la séparation territoriale instaurée, plus les gens demeurent dans un environnement uniforme – en compagnie d'autres « qui leur ressemblent », avec lesquels ils peuvent « socialiser » pour la forme sans craindre de mal se comprendre ou avoir à se débattre avec le besoin gênant de traduire d'un univers de signification à un autre –, plus ils risquent de « dés-apprendre » l'art de négocier des sens partagés et un *modus covivendi* agréable.

Les guerres territoriales qui font rage de part et d'autre de la barricade séparant les riches des pauvres ne peuvent qu'aggraver la crise communicationnelle. De plus, dans la mesure où les soldats (déterminés ou non) de ces guerres permanentes ne parviennent pas à acquérir les aptitudes nécessaires pour mener une vie satisfaisante au milieu de la différence, on ne s'étonnera pas que les praticiens de la « thérapie de la fuite » considèrent avec toujours plus d'effroi la perspective d'un face-à-face avec des étrangers. Les « étrangers » (les gens de l'autre côté de la barricade) ont tendance à paraître d'autant plus effrayants qu'ils deviennent, justement, étrangers, incompréhensibles, à mesure que le dialogue et l'interaction qui pourraient, au final, assimiler leur « altérité » à notre monde s'efface. Le désir de trouver un environnement homogène, territorialement isolé, est peut-être déclenché par la mixophobie, mais la *pratique* de la séparation territoriale en constitue un élément proprement indispensable ; progressivement, elle en devient le principal agent de consolidation.

En plus des « expressions souveraines de la vie » (ouvertes, amicales, confiantes), Løgstrup dresse la liste de leurs puissants adversaires – les expressions « contraintes », expressions

1. *Ibid.*

produites par l'extérieur et donc hétéronomes plutôt qu'autonomes ; ou plutôt (dans une interprétation sans doute plus en phase avec ce que Løgstrup avait en tête), des expressions dont les motifs (autrefois représentés, à tort, comme leurs *causes*) sont projetés sur les agents extérieurs.

Comme exemples de ces expressions contraintes, on citera l'offense, la jalousie et l'envie – autant de sentiments que nous avions coutume de voir, jadis, tapis dans l'ombre du ressentiment. Toutefois, ainsi que le suggère Løgstrup, dans chaque cas, le trait de conduite marquant est l'aveuglement, conçu pour dissimuler les ressorts authentiques de l'action. Par exemple, quand un individu a de lui-même une trop haute opinion pour supporter l'idée de s'être trompé : dans ce cas, il impute une offense à un Autre, afin de détourner l'attention de son faux pas. On éprouve une forme de satisfaction à se retrouver dans la peau de la victime, observe Løgstrup. Dès lors, nous devons inventer des torts si nous voulons nourrir cet apitoiement sur soi. La nature autonome de l'action s'en retrouve ainsi cachée ; c'est l'*autre partie*, accusée de la faute originelle, du forfait déclencheur, qui se retrouve dans le rôle du véritable acteur de la pièce. Le moi demeure ainsi entièrement du côté de la victime ; il est la *victime de l'action de l'autre*, plutôt qu'un acteur à part entière.

Une fois adoptée, cette vision semble se mouvoir et se renforcer toute seule. Pour conserver sa crédibilité, l'outrage imputé à l'autre partie doit être toujours plus imposant, et surtout, toujours plus irréparable et impossible à racheter. Quant aux souffrances de la victime, elles doivent être déclarées toujours plus abominables et douloureuses, de sorte qu'on puisse justifier les mesures toujours plus strictes que la victime autodéclarée prend en guise de « juste réponse » à l'offense perpétrée, ou en prévision d'offenses à venir (le Pentagone vient même d'adopter une doctrine permettant d'éviter les délits pouvant être commis, quand bien même rien ne vient prouver une quelconque intention de les commettre). Les actions contraintes doivent constamment *nier* leur autonomie. Voilà pourquoi elles constituent l'obstacle le plus radical à l'admission de la souveraineté du moi, ainsi qu'à la capacité de celui-ci d'agir d'une façon qui évoque cette admission. On pourrait croire que ces actions constituent les obstacles majeurs à l'apaisement du ressentiment ; en fait, elles servent à créer le ressentiment – ce qui, pour reprendre la terminologie de Robert Merton, constitue une « prophétie autoréalisatrice ». La rancune initiale se retrouve, pour ainsi dire, « justifiée » et « confirmée » par les actions de ceux qui l'éprouvent.

Quiconque souhaite donner libre cours à l'expression de la vie souveraine doit ainsi commencer, inévitablement et obligatoirement, par vaincre les contraintes qu'il s'impose à lui-même, en démasquant et en discréditant l'aveuglement sur lequel elles reposent. Rappelons que cette expression de la vie souveraine se manifeste avant tout dans la confiance, la compassion et la miséricorde.

Nous savons à peu près comment neutraliser, disperser voire désarmer la tentation du ressentiment, et ainsi protéger l'unité humaine des pratiques qu'il engendre. Cela ne signifie hélas pas que nous sachions y parvenir. Du reste, quand bien même nous le saurions, il nous faudrait encore découvrir (ou inventer) les ressources et les moyens nécessaires à cette tâche. Et cela n'aurait rien d'une partie de plaisir.

Le ressentiment est une conséquence, un produit dérivé des cadres sociaux qui mettent les intérêts en conflit, et ceux qui les détiennent en désaccord. Nous avons jusqu'ici énoncé trois types de relations particulièrement à même de produire du ressentiment : l'humiliation (négation de dignité), la rivalité (concurrence au niveau du statut) et l'épouvantable ambivalence. Toutes sont des produits sociaux, et non individuels ; toutes trois ne peuvent donc être approchées et prises en main que par un réarrangement des cadres sociaux qui les font naître. Il s'ensuit que la lutte contre le ressentiment, contre sa germination et sa prolifération, ne saurait être qu'un projet à long terme.

Terminons par le défi éthique de la « globalisation » ou, pour être plus précis, par la globalisation en tant que défi éthique.

Quoi qu'elle puisse signifier par ailleurs, la « globalisation » signifie que nous dépendons tous les uns des autres. Désormais, les distances n'ont plus guère d'importance. Ce qui se produit en un lieu précis peut entraîner des conséquences à l'échelle planétaire. Avec les ressources, les outils technologiques et les savoir-faire qu'ils ont acquis, les hommes peuvent agir sur d'énormes distances à la fois dans l'espace et dans le temps. Pour locales que leurs intentions puissent être, les acteurs auraient tort de ne pas tenir compte des facteurs globaux, dans la mesure où ceux-ci risquent de décider du succès ou de l'échec de leurs actions. Ce que nous faisons (ou nous abstenons de faire) peut influencer les conditions de vie (ou de mort) d'individus vivant dans des endroits que nous ne visiterons jamais, et appartenant à des générations que nous ne connaîtrons jamais.

Telle est la situation dans laquelle, sciemment ou non, nous fabriquons aujourd'hui notre histoire commune. Bien qu'une grande part – si ce n'est la totalité ou la quasi-totalité – de cette histoire dépende de choix humains, les conditions dans lesquelles ces choix sont effectués ne sont elles-mêmes pas soumises au choix. Ayant démantelé la plupart des limites spatio-temporelles qui limitaient autrefois le potentiel de nos actions au territoire que nous pouvions surveiller et contrôler, nous ne pouvons plus protéger ni nous-mêmes ni les « victimes » de nos actions du réseau global de dépendance mutuelle. On ne peut rien pour arrêter, encore moins pour inverser, la globalisation. Certes, on peut se déclarer

« en faveur de » ou « contre » cette nouvelle interdépendance planétaire, mais cette prise de position n'aura pas plus d'influence que si l'on s'affirmait « pour » ou « contre » la prochaine éclipse de lune ou de soleil. Cela dit, notre consentement ou notre résistance face à la forme inégale qu'a prise la globalisation du drame humain ne sont pas exactement dénués de conséquences.

Il y a un demi-siècle de cela, Karl Jaspers pouvait encore distinguer la « culpabilité morale » (le remords que l'on éprouve lorsqu'on fait souffrir ses congénères – que ce soit par ses actions, ou par ce qu'on n'a pas su faire) de la « culpabilité métaphysique » (celle que l'on ressent quand un être humain souffre, même si sa souffrance n'est en rien liée à l'une de nos actions). Depuis lors, le développement de la globalisation a dépouillé cette distinction de son sens. La formule de John Donne est plus que jamais d'actualité : « N'envoie jamais demander pour qui sonne le glas ; il sonne pour toi. » Elle représente l'authentique solidarité de notre *sort* : l'ennui, c'est que la solidarité de nos sentiments (et plus encore celle de nos actions) est très éloignée de cette nouvelle solidarité de destin.

Au sein du dense réseau d'interdépendance globale du monde, personne ne peut être sûr de son innocence morale chaque fois que d'autres humains sont frappés d'indignité, de misère ou de souffrance. Personne ne peut déclarer ne pas savoir, ni que rien, dans son comportement, ne peut adoucir le sort des victimes. À titre individuel, nous sommes peut-être impuissants, mais ensemble nous pouvons faire quelque chose. Or l'« unité » se compose d'individus, elle est composée par les individus. L'ennui – comme nous le faisait remarquer un autre grand philosophe du XXe siècle, Hans Jonas –, c'est que, bien que le temps et l'espace ne limitent plus les effets de nos actions, notre imagination morale n'a guère progressé depuis Adam et Ève. Les responsabilités que nous sommes prêts à assumer ne s'aventurent pas aussi loin que l'influence que notre conduite quotidienne exerce sur l'existence d'individus de plus en plus éloignés de nous.

Jusqu'à présent, le processus de globalisation a produit un réseau d'interdépendance qui s'immisce dans les moindres recoins de la planète – mais pas grand-chose à part cela. Il serait vraiment prématuré de parler ne serait-ce que d'une société globale, ou de culture globale, et encore plus de politique ou de législation globales. Voit-on poindre un système social global au terme du processus de globalisation ? Si oui, il ne ressemble pas encore aux systèmes sociaux que nous avons appris à considérer comme la norme. Nous avions coutume de penser les systèmes sociaux comme des totalités coordonnant et ajustant (ou adaptant) tous les aspects de l'existence humaine – notamment les mécanismes économiques, le pouvoir politique et les motifs culturels. Désormais, ce qui se voyait autrefois coordonné au même niveau et au sein de la même totalité se retrouve dispatché à des niveaux radicalement différents. La portée planétaire du capital, de la finance et du commerce – ces forces qui décident de la gamme de choix et de l'efficacité de l'action humaine, de la façon dont vivent les hommes et des limites de leurs rêves et de leurs espoirs – a encore une bonne longueur d'avance sur les ressources que l'humanité a développées pour contrôler ces forces qui dominent l'existence des hommes.

Mais, surtout, cette dimension planétaire a une longueur d'avance sur le contrôle démocratique. On pourrait affirmer que le pouvoir s'est détaché des institutions développées historiquement, qui exerçaient jadis le contrôle démocratique de l'utilisation et des abus du pouvoir dans les États-nations modernes. Sous sa forme actuelle, la globalisation équivaut à un retrait progressif de la puissance des États-nations, sans leur offrir, jusqu'ici, de substitut.

Les acteurs économiques ont, pour leur part, réalisé un tour de passe-passe similaire, à une échelle évidemment plus modeste. Max Weber, l'un des plus fins analystes de la logique (ou de l'absence de logique) de l'histoire moderne, affirmait que l'acte de naissance du capitalisme moderne était la séparation des affaires et du foyer ; le « foyer » représentait alors le réseau dense de droits et d'obligations mutuels soutenu par les communautés villageoises ou urbaines, les paroisses ou les guildes d'artisans – réseau dans lequel les familles et les quartiers étaient fermement enchâssés. Depuis cette séparation, les affaires se sont aventurées dans un territoire vierge, un quasi-no man's land, affranchi de toute considération morale et de toute contrainte légale, prêtes à se soumettre au code de conduite des affaires. Nous le savons bien, l'extraterritorialité morale sans précédent des activités économiques a généré l'avancée spectaculaire du potentiel industriel, ainsi qu'une croissance de la richesse. Mais nous n'ignorons pas non plus que, durant la quasi-totalité du XIXe siècle, cette même extraterritorialité a engendré une masse considérable de misère et de pauvreté, ainsi qu'une polarisation des standards et des chances de vie. Enfin, nous savons également que les États modernes naissants réclamèrent la propriété du no man's land que les affaires avaient délimité comme leur. Les agences étatiques de stipulation des règles et des normes envahirent alors ce territoire, puis, non sans avoir d'abord dû vaincre une résistance acharnée, elles l'annexèrent et le colonisèrent. Ce faisant, elles ont comblé le vide éthique et en ont assoupli les conséquences les moins avenantes pour la vie de leurs sujets/citoyens.

On pourrait décrire la globalisation comme la « Séparation n°2 ». Là encore, les affaires se sont éloignées du foyer (cette fois-ci, le « foyer imaginé » moderne), délimité et protégé par les pouvoirs économiques, militaires et culturels des États-nations, le tout surmonté par la souveraineté politique. Là encore, les affaires ont acquis un « territoire extraterritorial », un espace à elles, où elles peuvent s'ébattre librement, balayant au passage les ridicules barrières érigées par de faibles puissances logiques, et passant au large des obstacles dressés par les puissances plus fortes. Les affaires peuvent s'occuper de leurs intérêts en ignorant tous les autres, jugés sans pertinence du point de vue économique, et par conséquent illégitimes. Enfin, nous pouvons là encore observer des effets sociaux similaires à ceux qui provoquèrent des outrages moraux à l'époque de la première séparation – à ceci près qu'ils apparaissent aujourd'hui à une échelle nettement plus grande (de même que la seconde séparation), une échelle globale.

Il y a près de deux siècles, au cœur même de la première grande séparation, Karl Marx accusait d'« utopisme » les partisans d'une société plus juste et équitable, qui espéraient atteindre leur but en stoppant net la progression du capitalisme et en revenant au point de départ : le monde prémoderne des ménages étendus et des ateliers familiaux. Impossible de faire marche arrière, assurait Marx ; et, tout au moins sur ce point, l'histoire lui a donné raison. Toute forme de justice et d'équité ayant une chance de prendre racine dans la réalité sociale doit débuter, aujourd'hui comme alors, au point où les transformations irréversibles ont déjà porté la condition humaine. Voilà un élément à ne pas oublier quand on examine les options endémiques à la seconde séparation.

Selon toute probabilité, il est à présent bien improbable que l'on puisse se retirer de la globalisation de la dépendance humaine, de la portée globale de la technologie et des activités économiques des hommes. Des réponses comme « Serrons-nous les coudes » ou « Rentrons dans nos tentes tribales (nationales, communautaires) » ne feront pas l'affaire. La question n'est pas de savoir comment inverser le cours de l'histoire, mais comment combattre la pollution que la misère humaine lui inflige et le canaliser vers une distribution plus équitable de ses bienfaits.

Autre point à garder à l'esprit : quelque forme que puisse prendre le contrôle global postulé des forces globales, il ne pourra être une réplique grossie des institutions démocratiques développées au cours des deux premiers siècles de l'histoire moderne. Ces institutions ont été taillées sur mesure pour l'État-nation, la plus grande « totalité sociale » qui englobait alors tout, elles ne sont en aucune façon faites pour être gonflées pour correspondre à un volume global. N'oublions pas que l'État-nation naissant n'était pas non plus une extension des mécanismes communautaires. Il s'agissait au contraire du résultat de modes d'unité humaine radicalement nouveaux et de nouvelles formes de solidarité sociale. Il ne procédait pas non plus d'une négociation et ne constituait pas un consensus atteint après d'âpres marchandages entre communautés locales. L'État-nation qui, au final, fournit la réponse aux défis de la « première séparation » fit fonctionner ladite réponse en dépit des défenseurs intransigeants des traditions communautaires, et par le biais d'une nouvelle érosion des souverainetés locales, déjà chancelantes et décharnées.

Une réponse efficace à la globalisation ne peut être que globale. Or le destin d'une réponse globale dépend de l'apparition et de l'installation d'une arène politique globale (et non « internationale » ou, plus précisément, « entre États »). C'est une arène de ce genre qui fait aujourd'hui fort manifestement défaut. Les joueurs globaux actuels sont singulièrement réticents à la mettre en place. Leurs prétendus adversaires, formés à l'art ancien mais de plus en plus inefficace de la diplomatie inter-États, semblent dépourvus de la capacité et des ressources nécessaires. De nouvelles forces sont requises pour rétablir et renforcer un forum véritablement global adapté à l'ère de la globalisation – or ces forces ne peuvent s'affirmer qu'en ignorant les *deux* types de joueurs.

Telle semble être l'unique certitude – tout le reste ne se rapportant qu'à notre inventivité commune et à notre pratique du tâtonnement politique. Après tout, rares sont les penseurs qui parvinrent à imaginer, au beau milieu de la première séparation, la forme que prendrait l'opération de réparation des dégâts. Ils étaient en revanche certains qu'une opération de ce genre constituait l'impératif primordial de leur époque. Nous leur sommes tous redevables de tant de perspicacité.

Dépourvus des ressources et des institutions nécessaires à l'effort collectif, nous restons tous cois face à la question : « Qui peut le faire ? » – quand bien même nous devinons ce qu'il faut faire. Mais c'est là que nous nous trouvons aujourd'hui, et aucun autre emplacement n'est disponible à l'heure actuelle. *Hic Rhodos*, comme disaient les anciens : *hic salta*.

Personne ne peut prétendre exprimer les dilemmes auxquels nous sommes confrontés mieux que Marco Polo, sous la plume d'Italo Calvino dans ses *Villes invisibles* : « L'enfer des vivants n'est pas chose à venir ; s'il y en a un, c'est celui qui est déjà là, l'enfer que nous habitons tous les jours, que nous formons d'être ensemble. Il y a deux façons de ne pas en souffrir. La première réussit aisément à la plupart : accepter l'enfer, en devenir une part au point de ne plus le voir. La seconde est risquée et elle demande une attention, un apprentissage continuels : chercher et savoir reconnaître qui et quoi, au milieu de l'enfer, n'est pas l'enfer, et le faire durer, et lui faire de la place [1]. »

À mon sens, Lévinas et Løgstrup se rangeraient l'un comme l'autre à cet avis.

1. I. Calvino, *Les Villes invisibles*, trad. J. Thibaudeau, Paris, Seuil, 1974, p. 189.

Chapitre 2

Le meurtre catégoriel. Ou L'héritage du XXe siècle, et comment se le rappeler

À l'aube de l'ère moderne, la nature était considérée comme la source principale de l'incertitude qui hantait la vie des hommes. Les inondations, les sécheresses, les famines qui frappaient sans prévenir, de même que les maladies contagieuses, ou encore les indicibles dangers tapis dans les vastes étendues sauvages – ces espaces pas encore affectés par l'esprit d'ordonnancement de l'homme et qui, le plus souvent, s'ouvraient quelques mètres à peine derrière la clôture de la ferme – constituaient les dépôts principaux de l'effrayant inconnu. Les dangers constitués par d'autres individus étaient eux aussi considérés comme des effets secondaires de la domestication de la nature. La malveillance, la méchanceté ainsi que la conduite grossière des voisins (plus ou moins proches) – autant d'éléments qui faisaient frissonner la population à la pensée de désastres imminents –, étaient rangées du côté de la nature, dès lors distinctes de la partie artificielle (car fabriquée par l'homme) du monde. On voyait en elles les conséquences regrettables des instincts belliqueux, de l'« agression naturelle » et de la tendance à la « guerre de chaque homme contre tous les hommes » (résultante des deux premières). Ces trois composantes, pour leur part, étaient tenues pour l'« état naturel » de l'humanité, l'héritage et la relique de la « nature » brute qu'il convenait d'éradiquer (et qui le fut en effet), de réformer ou de réprimer au moyen du « processus civilisateur », effort laborieux et minutieux.

Le mythe de l'époque moderne, qui contribua à développer la confiance de l'époque, voulait que l'homme s'élève grâce à ses propres capacités, sa volonté, sa détermination, son industrie – versions raffinées des stratagèmes du baron de Münchhausen – du bourbier de la condition « naturelle », « précivilisée ». Corollaires à ce mythe étaient la confiance inébranlable en la capacité des hommes à faire mieux que la nature, ainsi que la croyance en la supériorité de la raison sur les « forces de la nature aveugles ». Forces que les êtres humains peuvent, avec l'aide de la raison, atteler à des tâches plus utiles, ou bien entraver, au cas où elles se montreraient trop fougueuses. Le trait le plus repoussant et le plus intolérable de toute chose naturelle – autrement dit, des objets et des états engendrés par autre chose que le travail humain guidé par la nature – était que leur conduite aléatoire défiait toute attente, échappait au contrôle humain et anéantissait par conséquent les projets des hommes.

L'idée d'un « ordre civilisé » était une vision de la condition humaine de laquelle était prohibé et éliminé tout ce qui n'avait pas le droit de faire partie de cet ordre. Une fois le processus civilisateur achevé, il ne resterait plus la moindre zone d'ombre, ni trous noirs d'ignorance, ni zones grises d'ambivalence, ni vils repaires d'incertitude vicieuse. Hobbes espérait que la société (identifiée avec l'État en tant que porteuse du pouvoir souverain) finirait par fournir l'abri nécessaire et universellement convoité contre l'incertitude, en défendant ses sujets contre les effroyables pouvoirs de la nature, contre leur cruauté innée et leurs bas instincts, tous ces ennemis que les hommes étaient trop faibles pour affronter seuls. Bien des années plus tard, au milieu du XXe siècle, Carl Schmitt résuma, sinon la réalité, du moins l'intention de l'État moderne en définissant « le Souverain » comme celui qui décide de l'état d'exception. Reprenant cette définition, Giorgio Agamben suggérait récemment que le trait constitutif de l'État souverain était la « *relation d'exception* [...] qui n'inclut quelque chose qu'à travers son exclusion [1] ». Agamben prétendait en outre que la règle s'affirmait en fixant les limites à son application. De fait, l'État moderne avait pour vocation de gérer les affaires humaines par l'exclusion de tout ce qui était ingérable, et par là même indésirable. J'ajoute, pour ma part, que l'incertitude – et tout ce qui la causait et y contribuait (tout ce qui résistait à la gestion, échappait aux catégorisations, se révélait sous-défini, trans-catégoriel, ambigu et ambivalent) – constituait la pollution la plus toxique de l'ordre artificiel (créé par l'homme) à venir, et qu'il convenait de l'exclure. L'État moderne se vouait à l'activité de nettoyage, et se fixait pour but la pureté.

J'avance l'idée selon laquelle cette tendance de l'État moderne connut son apogée au milieu du siècle dernier – après qu'une bonne part de ce siècle se fut passée sous l'égide de la fin imminente de l'Histoire telle qu'on la connaissait jusque-là : l'Histoire en tant que libre jeu de forces débridées et non coordonnées.

Au cours des années 1940, quand les premières rumeurs concernant le massacre des juifs perpétué dans l'Europe nazie filtrèrent à travers la ligne de front, on employa le terme biblique d'« holocauste » pour désigner ces massacres. L'acte en question n'ayant aucun précédent dans l'histoire écrite, le dictionnaire ne disposait d'aucun mot pour le décrire. Il fallut donc créer un mot nouveau pour désigner l'acte du « meurtre catégoriel » – l'annihilation physique d'hommes, de femmes et d'enfants en raison de leur appartenance (ou parce qu'ils ont été désignés comme appartenant) à une catégorie de personnes non adaptées à l'ordre prévu, et qui ont été, pour cela, condamnés à mort. Vers les années 1950, le terme ancien/nouveau d'« holocauste » fut accepté comme la

1. G. Agamben, *Homo sacer : Le pouvoir souverain et la vie nue*, trad. M. Raiola, Paris, Seuil, 1997, p. 26.

désignation juste de la destruction censément totale des juifs d'Europe perpétrée dans la première moitié des années 1940, à l'initiative des dirigeants nazis.

Les années qui suivirent, l'emploi du terme a été étendu à de nombreuses autres occurrences de massacres visant des groupes ethniques, raciaux ou religieux, de même qu'aux cas dans lesquels l'objectif proclamé ou tacite était non pas l'annihilation totale du groupe visé, mais son expulsion, ou sa réduction à l'état d'impuissance. Vu l'énorme charge émotionnelle de ce terme, et la condamnation éthique quasi universelle des actions qu'il désigne, on comprend que certains aient avidement cherché à le faire appliquer à différentes occurrences de souffrance. Les types de souffrance infligés par un groupe humain à un autre, et qui méritent l'appellation d'holocauste, se sont étendus, au fil du temps, bien au-delà de leur champ d'origine. Le mot lui-même est devenu un concept « essentiellement contesté », utilisé dans les cas de nombreux conflits ethniques ou autres, comme accusation lancée à l'encontre de la conduite ou des intentions de l'adversaire, et ce afin de justifier l'hostilité qu'il inspire au groupe de l'accusateur.

Dans la langue courante, on a tendance à employer indifféremment « holocauste » et « génocide » – autre nouveauté linguistique du XXe siècle. En 1993, Helen Fein notait que, entre « 1960 et 1979, il y eut sans doute au moins une douzaine de génocides et de massacres génocides – dont ceux des Kurdes en Irak, des Sudistes au Soudan, des Tutsis au Rwanda, des Hutus au Burundi, des Chinois [...] en Indonésie, des Hindous et autres Bengalis au Pakistan oriental, des Ache au Paraguay, de nombreuses populations en Ouganda [...] [1] ». Depuis 1993, la liste s'est considérablement allongée. Et à l'heure même où j'écris ces mots, rien n'indique qu'elle va toucher à son terme. Le génocide, tel que le définissent Frank Chalk et Kurt Jonassohn, « est une

1. H. Fein, *Genocide : A Sociological Perspective*, Londres, Sage, 1993.

forme de meurtre de masse unilatérale dans laquelle un État ou toute autre autorité tente d'anéantir un groupe, tel que ce groupe et ses membres sont définis par les auteurs dudit meurtre [1] ». Dans le cas du génocide, le pouvoir de vie s'emmêle avec le pouvoir de définir (ou, plus précisément, avec le pouvoir d'exception). Avant l'extermination complète d'un groupe vient d'abord la classification des groupes en catégories, et la définition de l'affectation à une certaine catégorie comme crime capital. Dans plus d'une guerre orthodoxe, le nombre des victimes dépassa plusieurs fois celui des victimes d'un génocide. Néanmoins, ce qui distingue le génocide des conflits même les plus violents et sanglants, c'est non pas le nombre de victimes qu'il fait, mais sa *nature monologique*. Dans le génocide, les cibles de violence potentielles sont définies *universellement*, et on leur nie tout aussi universellement le droit de répondre. La conduite des victimes, ou les qualités des membres individuels de la catégorie condamnée, sont sans rapport avec leur sort prédestiné. La preuve suffisante du crime capital, et de l'accusation sans appel, réside précisément dans la mise en accusation.

Si telle est bien la vraie nature des actes génocides, alors la signification actuelle du mot « holocauste », synonyme, dans les grandes lignes, du terme « génocide », n'entretient qu'une relation indirecte avec le sens du terme figurant dans le Lévitique, et duquel il provient. Ce terme ancien fut utilisé comme métaphore de l'extermination des juifs par les nazis sans doute parce qu'il évoquait le *caractère entier de la destruction*. Le mot grec όλόκαυστος était la traduction littérale du terme hébreu signifiant « entièrement brûlé » (désignant le fait que les offrandes apportées au Temple devaient être *intégralement* détruites par le feu).

1. F. Chalk et K. Jonassohn, *The History and Sociology of Genocides : Analyses and Case Studies*, New Haven, Yale University Press, 1990.

Ce qui distingue les sens originel et métaphorique du terme, c'est le fait que l'« entièrement brûlé » désigné par le terme ancien était chargé de signification religieuse : il symbolisait le caractère complet de la capitulation de l'homme devant Dieu, et l'inconditionnalité de la piété humaine. Les fidèles devaient sacrifier leurs possessions les plus précieuses, ce dont ils tiraient le plus de fierté : on pense en particulier aux bouvillons, ou aux agneaux mâles, spécimens de pureté, aussi parfaits dans leurs moindres détails que l'était la vénération des hommes envers Dieu, et le dévouement de ceux-ci dans le respect de ses commandements. C'est ce cheminement de l'extension métaphorique qui a conduit le terme « sacrifice » à désigner, pour l'*Oxford English Dictionary*, l'« abandon d'un objet de valeur ou de désir, au bénéfice d'une entité dotée d'un titre plus noble ou plus contraignant ».

Si telle est la définition du sacrifice, alors l'Holocauste n'en fut pas un. Les victimes de l'Holocauste et celles, plus généralement, de tous les génocides, ne sont pas « sacrifiées » au nom d'une valeur supérieure. L'objet du génocide fidèle au modèle introduit par l'Holocauste nazi est, pour citer Giorgio Agamben, l'*homo sacer* – « *tuable* et *insacrifiable* ». La mort de l'*homo sacer* est dénuée de signification religieuse ; l'*homo sacer* n'est pas qu'une simple personne de moindre valeur, mais une entité dépourvue de la moindre valeur – sacrée ou profane, divine ou terrestre. Ce qui se retrouve annihilé, c'est une « vie nue », dépouillée de toute valeur. « Dans le cas de l'*homo sacer* une personne est simplement placée en dehors de la juridiction humaine sans passer sous la juridiction divine. » Il est l'objet d'une « double exception, aussi bien vis-à-vis du *ius humanum* que du *ius divinum* [1] ».

1. G. Agamben, *Homo sacer*, *op. cit.*, p. 16, 91-92.

On pourrait affirmer que, avant d'être raflés, déportés dans les camps de la mort, abattus ou asphyxiés, les juifs d'Allemagne et des autres pays d'Europe sous occupation nazie (Roms et Manouches compris) avaient été, pour ainsi dire, déclarés collectivement *homo sacer* – une catégorie dont la vie était dénuée de toute valeur positive, et dont le meurtre ne portait dès lors aucune signification morale, et n'entraînait aucune condamnation. Leur existence était une *unwertes Leben* (une vie qui ne vaut pas d'être vécue), de même que celles des Tziganes, des homosexuels, des malades mentaux et des handicapés, et ce d'après la vision nazie du *Neue Ordnung* ; autrement dit, comme le formula un rapport du gouvernement suédois de 1929, ils étaient des gens « dont la société a tout intérêt à maintenir les effectifs au plus bas [1] ». Toutes ces catégories avaient en commun leur inadaptation au nouvel ordre censé remplacer les réalités embrouillées – l'ordre social purifié de toutes les adjonctions, souillures et imperfections indésirables que les dirigeants souverains entreprirent de mettre en place.

La vision d'un ordre parfait fournit le critère permettant de distinguer les « adaptés » des « inadaptés » – les sujets dont les vies méritaient d'être défendues et allongées et ceux qui ne pouvaient être d'aucune utilité à la puissance du nouvel ordre mais risquaient au contraire d'en altérer l'harmonie. Le pouvoir souverain (exercé sur des hommes réduits à l'état de « corps nus ») permettait aux bâtisseurs du nouvel ordre d'admettre leurs sujets à l'intérieur dudit ordre ou de les en excepter suivant leur gré. L'essence de la souveraineté de l'État moderne résidait dans le droit d'inclure ou d'exclure du domaine des droits légaux et des obligations éthiques ; quant à l'Holocauste (et aux purges massives de la Russie

1. Citation tirée de K. Boréus, « Discursive Discrimination : A Typology », *European Journal of Social Theory* 3, 2006.

stalinienne), il constitua, de l'avis de tous, la plus extrême et la plus radicale des manifestations de cet état de fait.

L'histoire de l'humanité est jalonnée de massacres. Toutefois, la variété particulière rangée sous l'appellation « Holocauste » serait inconcevable en dehors du cadre de la société moderne. Le meurtre systématique, mené sur une longue période de temps, nécessitait d'énormes ressources ainsi que de fréquents ajustements de la procédure. Or rien de tout cela ne serait possible sans ces inventions typiquement modernes que sont la technologie industrielle, la bureaucratie (et sa division méticuleuse du travail), la stricte hiérarchie des ordres et de la discipline, la neutralisation des convictions personnelles (et éthiques), et enfin l'ambition manageriale de soumettre la réalité sociale à un modèle d'ordre conçu rationnellement. Autant d'innovations qui valurent à l'époque moderne ses succès spectaculaires. « Observons les chiffres », nous disent John P. Sabini et Mary Silver :

> L'État allemand a supprimé environ six millions de juifs. Au rythme de cent par jour [le nombre de victimes de la nuit de cristal, pogrom organisé par les nazis contre les juifs d'Allemagne], cela aurait pris deux cents ans. La violence collective repose sur une base psychologique erronée, sur une émotion violente. On ne peut pas plus faire entrer, par la manipulation, les gens dans un état de fureur, que maintenir la fureur deux cents ans. Les émotions, de même que leurs fondements biologiques, possèdent un cours temporel naturel ; le désir, y compris la soif de sang, finit par se tarir. En outre, les émotions, changeantes, peuvent être renversées. Un lynchage peut ainsi être motivé par la compassion – envers les souffrances d'un enfant, par exemple. Or, pour éradiquer une « race », il est essentiel de tuer les enfants [1].

---

1. J. P. Sabini et M. Silver, « Destroying the Innocent with a Clear Conscience : A Sociopsychology of the Holocaust », *Survivors, Victims, Perpetrators : Essays on the Nazi Holocaust*, J. E. Dimsdale (dir.), Washington, DC, Hemisphere, 1980.

Pour éradiquer une « race » ou une « classe » qui transmet sa capacité de destruction de génération en génération, il est nécessaire de supprimer les émotions humaines et autres manifestations de l'individualité humaine, mais aussi de soumettre la conduite humaine au règne incontesté de la raison instrumentale. *La modernité a rendu l'Holocauste possible, mais c'est le totalitarisme* (à savoir, une souveraineté totale et absolue) *qui a mis en œuvre cette possibilité.*

Hitler annonça, et sa déclaration franchit largement les frontières du pays qu'il dirigeait, l'avènement du Reich de Mille Ans, qui devait débuter par l'élimination des dernières *unwertes Leben*. Staline, pour sa part, proclama, pour la plus grande joie de ses partisans dans le monde entier, l'imminence de la fin de l'injustice, alliée à celle de l'oppression de classe et de la lutte des classes – il ne restait plus qu'à démasquer et à exécuter les derniers ennemis de la société. Une société dont l'absence de classe s'affirmerait par l'élimination de tous ceux qui ressortent du lot ou ne sont pas adaptés à elle. Reprenant le concept de Schmitt tel que popularisé par Agamben, on peut affirmer que les deux formes de totalitarisme du XXe siècle ont exploré les limites (ou l'absence de limites) du pouvoir souverain d'exclusion. Auschwitz et Kolyma furent les laboratoires dans lesquels les limites de la malléabilité humaine furent étudiées, et où, surtout, on expérimenta les moyens les plus efficaces de nettoyer la société de ses contaminations désordonnées et sources d'incertitude.

Dans les régimes totalitaires, la tendance de la souveraineté de l'État moderne (décrite au début du siècle par Max Weber, puis par Norbert Elias, comme un « monopole des moyens de coercition ») fut livrée à elle-même, on lui permit tous les excès, dans l'espoir qu'elle finirait par trouver ses limites (ou, plutôt, qu'elle démontrerait son aptitude à la transcendance face à toutes les limites, existantes ou futures).

L'aventure totalitaire ne fut pas une aberration, un « accident de l'histoire » que l'on pourrait expliquer, puis rejeter comme une déformation cancéreuse du corps politique moderne par ailleurs sain. Au contraire, l'aventure totalitaire fut un effort soutenu visant à étirer l'adaptation du corps à son potentiel ultime.

Au cours du siècle dernier, on estime que six millions de juifs, peut-être un million de Tziganes, ainsi que des milliers d'homosexuels et de malades mentaux furent abattus, empoisonnés et incinérés par les bâtisseurs du Nouvel Ordre Mondial conçu par les nazis – et ce parce qu'ils ne correspondaient pas à l'ordre en question.

Ce ne furent pas – loin de là – les seules victimes des innombrables chantiers disséminés de par le monde, quand bien même ils furent les plus célèbres des victimes de cette fièvre de construction. Celles qui firent l'objet du plus grand nombre de débats, aussi. Avant eux, un million et demi d'Arméniens avaient été tués au motif qu'ils étaient les mauvaises personnes au mauvais endroit ; par la suite, dix millions de koulaks (riches fermiers) d'Ukraine, réels ou supposés, furent condamnés à périr par la famine car ils ne pouvaient être admis dans la conformité sans classes du *brave new world* ; ce furent ensuite des millions de musulmans que l'on extermina car ils souillaient l'uniformité du paysage hindou, et des millions d'hindous périrent parce qu'ils souillaient le paysage des musulmans. Des millions de personnes furent massacrées durant le grand bond en avant de la Chine, ou dans le cadre de l'harmonie tranquille et simple, rappelant celle des cimetières, par laquelle les Khmers rouges voulaient remplacer le monde emmêlé, bruyant et crasseux de l'humanité brute. Tous les continents du monde ont eu leurs contingents de Hutus qui massacrèrent leurs voisins tutsis, et, chaque fois, les Tutsis locaux ont rendu la monnaie de leur pièce à leurs agresseurs. Tous les continents ont leur

Darfour, leur Soudan, leur Sierra Leone, leur Timor-Oriental et leur Bosnie.

Je le répète : tous ces massacres se distinguent de la masse des explosions de violence passées non pas (voire pas nécessairement) au regard du nombre de leurs victimes, mais par leur nature de *meurtres catégoriels*. Dans ces cas-là, on exterminait hommes, femmes et enfants car ils étaient affectés à une catégorie d'êtres censés se faire exterminer.

Tous ces cas furent des meurtres catégoriels avant tout parce que les seuls actes d'affectation et de condamnation, accomplis l'un comme l'autre unilatéralement par les futurs meurtriers, scellèrent le sort des victimes – aucune autre preuve de la « culpabilité » de ces dernières n'était requise. L'affectation ne tenait pas compte de la diversité des qualités personnelles des personnes affectées, ni même du degré de danger que les membres individuels de la catégorie condamnée pouvaient représenter à titre individuel. Du point de vue de la logique meurtrière *catégorielle*, l'âge des victimes, leur force ou leur faiblesse, leur gentillesse ou leur méchanceté n'ont pas la moindre espèce d'importance. Les victimes potentielles n'avaient pas à commettre de crime répréhensible pour que soient prononcé le verdict et exécutée la sentence. Il n'était pas non plus nécessaire de prouver qu'ils avaient commis un méfait, et de le mesurer afin de déterminer le juste châtiment. Inversement, rien de ce que pouvaient faire les victimes, ou de ce qu'elles firent, ne pouvait leur valoir le salut – rien ne pouvait les exempter du sort commun à leur catégorie. Ainsi que nous le faisait remarquer Raul Hilberg, le sort des juifs d'Europe fut décidé et scellé sitôt que les dirigeants nazis se mirent à exclure les juifs de la liste de leurs sujets allemands « ordinaires » et à imprimer la lettre « J » sur leurs passeports.

Ensuite, ce qui fait d'un entassement de cadavres un cas de meurtre catégoriel, c'est son caractère omnidirectionnel. Le meurtre catégoriel est l'exact opposé du combat, d'une confrontation entre deux forces, *l'une comme l'autre* déterminées à détruire l'adversaire, quand bien même l'une des deux agit en pure autodéfense, ayant été provoquée, attaquée et entraînée dans le conflit par l'hostilité de l'autre partie. Le meurtre catégoriel est, de A à Z, une *affaire unilatérale.* On veille bien à ce que les victimes se trouvent et demeurent du mauvais côté des opérations, opérations elles-mêmes entièrement conçues et gérées par les auteurs du meurtre. Durant le déroulement du meurtre catégoriel, les frontières entre les sujets et les objets des actions, entre « faire » et « subir », sont toutes délimitées avec soin, étroitement surveillées et infranchissables. Le meurtre catégoriel est censé priver les cibles humaines de leurs vies – mais aussi, et a priori, les exproprier de leur humanité, dont le droit à la subjectivité, à l'action autonome, constitue un ingrédient indispensable, constitutif, même.

Parce qu'il fut commis au cœur de l'Europe, qui se considérait alors comme le summum du progrès historique, et un phare pour le reste de l'espèce humaine, moins civilisé, ou moins enclin à se civiliser ; parce qu'il fut exécuté avec une détermination extraordinaire, de façon méthodique et cohérente, sur une longue période ; parce qu'il a su s'allier le concours, et diriger tout au long des opérations la coopération des « meilleurs » en science et en technologie, ces deux pièces maîtresses de la civilisation moderne ; parce qu'il a répandu un nombre extravagant de cadavres, tout en diffusant une dévastation morale sans précédent en transformant la plupart des Européens en témoins muets d'une horreur qui devait hanter leur conscience de nombreuses années encore ; parce qu'il a laissé dans son sillage une colossale quantité de preuves, écrites et enregistrées, de la cruauté, de la dégradation et de l'humiliation manifestées ; parce qu'il s'est assuré une publicité mondiale et s'est insinué dans la conscience mondiale plus profondément que tout autre meurtre catégoriel ; pour toutes ces raisons, et sans doute de nombreuses autres, l'Holocauste des juifs a accédé, dans la conscience de notre temps, au rang d'icône, une place bien à part. On pourrait même dire qu'il constitue le parangon, ou l'archétype, ou le nom de code du meurtre catégoriel en tant que tel. On pourrait aller jusqu'à affirmer qu'il est par conséquent devenu un *terme générique* désignant les tendances meurtrières omniprésentes, qui explosent avec une régularité impressionnante tout au long de l'histoire moderne.

Il y a une cinquantaine d'années de cela, on espérait que la révélation de l'Holocauste tirerait l'humanité de sa somnolence éthique, et empêcherait de futurs génocides. Ce ne fut pas le cas. L'héritage de l'Holocauste se révéla être une tentation de s'essayer à de nouvelles « solutions finales », autant qu'il inspira un sentiment de répulsion vis-à-vis de ces solutions. Plus d'un demi-siècle plus tard, le problème de l'immunisation de la société vis-à-vis des tentations génocides demeure grand ouvert.

Cela dit, on aurait voulu ajouter que, de par son indicible horreur et la révulsion qui suivit sa révélation, l'Holocauste des juifs amorça une ère nouvelle, plus humaine et civilisée, dans l'histoire humaine, qu'il nous ouvrit les portes d'un monde plus sûr et plus vigilant du point de vue éthique ; on aurait voulu ajouter que, même si la tendance homicide n'avait pas entièrement disparu, les fusibles nécessaires pour la déclencher se retrouvent désormais en quantité minimale, voire qu'on ne les produit plus du tout. Hélas, rien de cela ne peut être affirmé. L'héritage de l'Holocauste s'est révélé par trop complexe pour nous permettre d'affirmer toutes ces choses avec tant soit peu de conviction. La logique de la cohabitation humaine ne suit pas les préceptes de celle de la conscience morale – et ces deux logiques engendrent des rationalités bien différentes.

Il n'est pas douteux que l'Holocauste a modifié la condition du monde, mais pas nécessairement de la façon dont on attendait et pouvait espérer qu'il le fasse. L'Holocauste a énormément contribué à notre connaissance collective du monde que nous habitons collectivement. Or ce nouveau savoir ne peut que modifier notre mode d'habitation du monde, ainsi que notre façon de penser et de raconter l'expérience passée et les perspectives de notre habitation partagée. Avant qu'il ne soit entrepris, l'Holocauste était inimaginable. Pour bien des gens, il le resta alors même qu'il se déroulait déjà. Aujourd'hui, on aurait du mal à concevoir un monde ne contenant pas une possibilité d'holocauste, voire un monde protégé efficacement contre la mise en œuvre d'une telle possibilité. Nous avons, tous, reçu le message d'alerte ; et l'alerte n'a jamais été levée.

Que cela implique-t-il, de vivre dans un monde à jamais susceptible de générer les horreurs que l'Holocauste représente ? Le souvenir de l'Holocauste fait-il du monde un endroit meilleur et plus sûr, ou au contraire un endroit plus dangereux, plus mauvais ?

Martin Heidegger nous expliquait que l'Être (*Sein*) équivaut à un processus de *Wiederholung* (récapitulation) continue du passé. Il existe toutefois un autre mode d'être, pour l'Être : un mode qui s'applique aux *groupes* humains autant qu'aux *individus* humains. Les deux aspects (individuel et/ou collectif) de l'identité que distingue Paul Ricœur, à savoir *l'ipséité* (différence à la limite de l'unique) et *la mêmeté* (continuité du moi, identité avec lui-même dans le temps), s'entremêlent au point d'en devenir inséparables, aucune n'étant capable de survivre seule. Une fois les observations de Heidegger et de Ricœur mises en commun, le rôle central de la mémoire du passé dans le façonnement du présent individuel (ou collectif) apparaît comme évident. C'est aujourd'hui un lieu commun que d'affirmer que les groupes qui perdent leur mémoire perdent en même temps leur identité – que la perte du passé entraîne inexorablement la perte du présent et du futur. Si la préservation d'un groupe est en jeu, si elle constitue une valeur à défendre et à chérir, alors le succès ou l'échec de l'opération dépend des efforts visant à maintenir sa mémoire en vie.

Cela est certes vrai, mais ne perdons pas de vue que la mémoire est une arme à double tranchant. Elle peut « maintenir en vie » plusieurs éléments de valeurs tout à fait inégales pour le groupe et ses voisins. Le passé regorge d'événements que la mémoire ne peut jamais tous retenir ; en outre, ceux qu'elle retient, ou qu'elle sauve de l'oubli, elle ne peut jamais les reproduire dans leur forme « parfaite » et « originale » (quoi que l'on entende par là). Le « passé tout entier », le passé *wie es ist eigentlich gewesen*, tel qu'il s'est réellement produit (tel que, comme le suggéra Ranke, les historiens devraient le répéter), n'est jamais ressaisi par la mémoire – quand bien même elle y parviendrait, elle constituerait, pour les vivants, un handicap plutôt qu'un avantage. La mémoire *sélectionne* et *interprète* – quant à savoir *ce qu'il faut* sélectionner et *comment* l'interpréter, la question fait l'objet d'un débat sans fin. La résurrection du passé (son maintien en vie) ne peut s'accomplir que par le travail actif de sélection, de retraitement et de recyclage de la mémoire. Se souvenir revient à *interpréter* le passé – pour être plus précis, à raconter une histoire censée *représenter* le cours d'événements passés. Mais le statut de l'« histoire du passé » est ambigu, et rien n'indique que cette ambiguïté sera levée sous peu.

D'un côté, les histoires sont *racontées*. Il n'est et ne peut y avoir d'histoires sans *conteurs*. Or ceux-ci, en bons êtres humains, sont susceptibles de se tromper, ou de laisser parler leur imagination. Être humain, c'est se tromper. Mais d'un autre côté, l'idée de « passé » représente une « chose » solide, irréversible, inaltérable, têtue, la quintessence même de la « réalité » que l'on ne peut ni révoquer, ni chasser par la volonté. Les conteurs dissimulent leur fragilité humaine sous la grandeur majestueuse du passé – qui, contrairement aux caprices du présent et à l'absence actuelle de forme du futur, peut être (à l'encontre des faits, du reste) sanctifié pour la raison même qu'il ne tolère aucun débat. Le passé tend à être postulé comme l'unique socle à même de résister au tourbillon des opinions fragiles, changeantes, évasives, et que l'on suppose uniquement vraies. Invoquant l'autorité de leur sujet, les conteurs de l'histoire du passé peuvent détourner l'attention du retraitement qu'ils ont dû opérer pour transformer le passé en histoire. L'invocation de l'autorité du passé garantit l'interprétation contre toute inquisition malvenue. La vérité n'a pas forcément grand-chose à y gagner, mais, l'espace d'un instant au moins, on parvient à sauver le réconfort apporté par le fait d'avoir raison.

Les morts n'ont pas le pouvoir de guider – et encore moins de contrôler et de corriger – la conduite des vivants. À l'état brut, *wie es ist eigentlich gewesen*, leurs vies n'ont pour ainsi dire rien à nous apprendre ; pour devenir des leçons, elles doivent d'abord être transformées en *histoires* (contrairement à tant d'autres conteurs, Shakespeare avait bien conscience de cela lorsqu'il fit demander à Horatio par un Hamlet agonisant de lui « dire ce qu'[il fut] [1] »). Le passé n'interfère pas directement avec le présent : il y a toujours le recours à une histoire. Le cours de cette interférence se décide sur le champ de bataille de la mémoire, où les histoires font office de troupes, et les conteurs de commandants habiles ou malheureux des forces de combat. Quant aux leçons à tirer du passé, elles constituent les grands enjeux de la bataille.

Le débat d'interprétations au cours duquel le passé est remodelé sous les contours visibles et la signification vécue du présent, puis recyclé en desseins pour le futur, ce débat, donc, se faufile dans l'étroit passage séparant la Charybde de

1. W. Shakespeare, *Hamlet*, trad. Y. Bonnefoy, Paris, Gallimard, 1978, acte V, scène 2, p. 211. À noter que l'anglais dit littéralement « dire mon histoire », d'où cette citation de Z. Bauman (*N.d.T.*).

la *sacralisation* de la Scylla de la *banalisation* – ainsi que Tzvetan Todorov le faisait récemment remarquer [1]. Le degré de danger que contient chacun de ces écueils dépend du fait de savoir si la mémoire de l'individu ou du groupe est en jeu.

Todorov concède qu'une dose de sacralisation (opération qui transforme un événement passé en événement unique, tenu pour différent de tout autre événement vécu par d'autres, incomparable avec des événements vécus par d'autres à d'autres moments de l'histoire, et qui, dès lors, déclare sacrilège ce type de comparaisons) est nécessaire, voire inévitable, si la mémoire veut jouer son rôle dans l'affirmation de soi de l'identité *individuelle*. De fait, certains secteurs d'intériorité résistants à la communication, certaines expériences subjectives irréductibles, insolubles et ineffables, impropres à la transmission de personne à personne, sont indispensables à la subsistance de l'*ipséité* du moi. En leur absence, il ne saurait y avoir d'individualité authentique. Contrairement à ce qu'insinuent les innombrables talk-shows télévisés, ainsi que les confessions publiques qu'ils inspirent, l'expérience personnelle est, véritablement, *personnelle* : en tant que telle, elle ne peut être « transférée ». Le refus de communication, ou du moins un minimum de réticence à communiquer, pourrait bien être une condition sine qua non de l'autonomie individuelle.

Les groupes, eux, ne sont pas « comme des individus, mais en plus grand ». Un raisonnement par analogie passerait à côté de cette distinction cruciale : contrairement aux individus en affirmation de soi, les groupes vivent par la communication, le dialogue et l'échange d'expérience. Les groupes se constituent dans le *partage* de souvenirs, et non par leur rétention, en en condamnant l'accès aux inconnus. La vraie

1. T. Todorov, « Ni banalisation ni sacralisation : Du bon et du mauvais usage de la mémoire », *Le Monde diplomatique*, avril 2001.

nature de l'expérience du meurtre catégoriel (et donc du statut de victime catégorielle) réside en ceci qu'elle a été partagée, et que son souvenir est censé l'être également afin de devenir notre propriété commune ; en d'autres termes, elle réside en ceci qu'on la protège contre la tentation de la sacralisation. Dans le cas du souvenir partagé d'une expérience partagée, et en particulier dans le cas du souvenir d'un statut de victime partagé, la sacralisation empêche toute possibilité de communication, et donc d'apport à la sagesse collective des vivants. Pour citer Todorov : « La sacralisation empêche de tirer du cas particulier une leçon générale, de faire communiquer passé et présent [1]. »

En refusant à d'autres groupes le bénéfice qu'ils pourraient retirer d'une expérience (apprise et mémorisée) qu'ils n'ont pas vécue, la sacralisation protège les intérêts de ceux qui sacralisent. Mais les apparences sont trompeuses : le prétendu égoïsme de la sacralisation est erroné, et au final contreproductif et nuisible aux intérêts du groupe sacralisant. Si les leçons communes contenues dans l'expérience du groupe, et que l'on ne découvrira que par l'échange communicationnel, sont ignorées ou mal écoutées, alors les conditions futures du groupe seront mal protégées. Après tout, la survie et le bien-être du groupe dépendent davantage des principes qui font autorité (ou non), et du réseau de dépendances au sein duquel le groupe est enchâssé, que de ce que celui-ci peut se faire à lui-même ainsi qu'au reste du réseau.

La banalisation suit, dit-on, un itinéraire diamétralement opposé à celui de la sacralisation ; et pourtant, elle aboutit, peu ou prou, aux mêmes résultats : elle réfute, quoique indirectement, toute originalité à l'expérience du groupe, et prive ainsi son message, a priori, de la valeur unique qui pourrait justifier la nécessité d'un dialogue intergroupe. Comme dans

1. *Ibid.*

le cas de la sacralisation, mais ici en vertu d'une raison prétendument inverse, la banalisation n'offre ni désir ni encouragement à engager une conversation ou à s'y immiscer. Si un phénomène connu d'un groupe au travers de son expérience se répète avec monotonie dans l'expérience d'à peu près tout le monde, il n'est rien, ou peu s'en faut, qu'un groupe puisse apprendre d'un autre groupe. Chaque cas perd alors la puissance d'illumination qui repose sur sa particularité. Dans la multitude des cas identiques ou similaires, la particularité dont on peut tirer un enseignement véritablement général et d'une importance universelle, précisément de par son caractère unique, se perd. Pis encore, il n'est rien que les groupes puissent apprendre d'un partage des expériences de cohabitation, puisque l'omniprésence et le caractère répétitif des expériences suggèrent, à tort, que les causes du destin de chaque groupe (les causes suffisantes du destin, ou des causes suffisant à en expliquer le cours) pourraient être explorées et révélées, alors que la quête se concentre exclusivement sur les actions du groupe. Paradoxe de l'histoire, la banalisation fait le jeu des sacralisants. Elle dope la sacralisation, corrobore sa sagesse et sa logique, et inspire davantage d'occurrences de sacralisation encore.

Tant la sacralisation que la banalisation séparent les groupes et les mettent en désaccord. L'une comme l'autre les engagent envers l'intériorité, puisqu'elles minimisent ou nient la valeur de survie du dialogue intergroupe, ainsi que du partage des expériences de groupe qui ont tendance à être vécues séparément, tandis que les membres du groupe demeurent, eux, inextricablement liés. La sacralisation et la banalisation transforment la route menant à une unité capable de sécuriser la survie du groupe – et donc de rendre superflu le meurtre catégoriel sous toutes ses variétés – en un chemin de croix pratiquement impraticable.

La sacralisation marche main dans la main avec la banalisation. Todorov s'est penché sur le cas de Richard Holbrooke, représentant du Département d'État américain en Yougoslavie. Holbrooke avait accepté de discuter avec les autorités de Belgrade, alors même que celles-ci étaient déjà accusées de perpétrer un « nouvel holocauste » en Bosnie. Ce faisant, Holbrooke citait le précédent de Raul Wallenberg qui, sous la domination nazie, avait mis de côté son bien-être personnel pour sauver des vies. Todorov nous fait remarquer que, alors que Wallenberg risquait sa vie lorsqu'il décida de se mettre au service des victimes et de résister, à cette fin, aux auteurs tout-puissants du crime, Holbrooke, lui, au nom de la plus formidable hyperpuissance du monde, se retrouva à donner des ordres et à obliger à rendre des comptes des individus que cette même hyperpuissance inondait déjà de bombes et de missiles intelligents. Le président Clinton justifia pour sa part l'intervention en Bosnie par une citation de Churchill mettant en garde l'Europe contre toute volonté d'apaisement vis-à-vis de Hitler. Est-ce à dire que Milosevic constituait, pour l'Europe, une menace aussi grande que Hitler ?

La banalisation se révèle fort utile pour qui envisage de recourir à la coercition contre un ennemi plus faible, et si cette éventualité doit être « vendue » à la population sous l'étiquette de « noble sacrifice » plutôt que comme un acte de pouvoir politique. En répandant une mince couche d'horreur et de révulsion, on empêche les gens de repérer, dans la particularité perdue du crime banalisé, les principes de justice, les règles éthiques et les idéaux politiques qui apparaîtraient si on en avait meilleure mémoire. Sans la banalisation, la particularité du crime se révélerait être éthiquement féconde. La possibilité d'en tirer des principes éthiques d'une validité universelle s'est perdue si Moshe Landau, qui, en 1961, présida le procès d'Eichmann, a pu, vingt-six ans plus tard, présider la commission qui légalisa l'usage de la torture contre d'autres antisémites « similaires », à savoir les Palestiniens des territoires occupés.

La banalisation substitue une similarité illusoire de la fourberie de l'ennemi (ou, pour dire les choses encore plus simplement, une similarité d'hostilité : tous les ennemis ont tendance à « se ressembler » et à agir avec la même fourberie, une fois qu'on les a étiquetés comme ennemis) à la seule similarité qui compte si l'on veut tirer une leçon de l'expérience passée : la similarité des relations de pouvoir et de la moralité (ou de l'immoralité) des actes. Chaque fois qu'une force toute-puissante étouffe la voix des faibles et des malheureux au lieu de l'écouter, elle se range du mauvais côté de la frontière éthique entre le bien et le mal ; la banalisation constitue une tentative désespérée (mais qui fonctionne tant que les forts restent forts et les faibles faibles) de nier cette vérité. Ce n'est qu'au motif de l'universalité éthique que l'on peut condamner le général Paul Aussaresses pour les atrocités qu'il a autorisées et encouragées à l'encontre des rebelles algériens ; ou Bob Kerrey (ancien sénateur américain, et alors président d'université), accusé, après plusieurs années, par un ancien compagnon d'armes, d'avoir perpétré d'odieux massacres au Vietnam, lorsqu'il y stationnait avec le corps expéditionnaire américain [1]. Une justice qui n'est pas égale pour tous ne mérite pas son nom, nous rappelle Tzvetan Todorov [2]. Or, tant que n'apparaîtra pas la perspective de punir les auteurs des massacres de Tchétchénie, ou les inspirateurs, sponsors et financiers américains des violations des droits de l'Homme au Salvador, au Guatemala, à Haïti, au Chili ou en Irak, ou bien les personnes coupables des mauvais traitements infligés aux Palestiniens, ou encore les dirigeants coupables d'un « recours généralisé aux techniques d'interrogation les plus barbares jamais utilisées par la CIA »

1. Lire J. Hoagland, « Viewing Vietnam and Algeria with the Luxury of Hindsight », *New York Herald Tribune*, 5-6 mai 2001.

2. T. Todorov, « Les Illusions d'une justice universelle », *Le Monde des débats*, mai 2001.

– alors le droit de l'État de persécuter ses propres citoyens ou les résidents de territoires qu'il contrôle sera confirmé (et perçu comme tel) après assignement aux victimes, auxquelles aucune possibilité d'appel n'est permise, des sinistres desseins qui justifient et absolvent l'État pour les méfaits commis, mais surtout pour tous ceux qui risquent de l'être [1]. C'est ce même droit qui, exploité à fond par les dirigeants nazis, engendra la catastrophe de l'Holocauste.

Las – le droit du plus fort à agir à sa guise avec le plus faible est lui aussi une leçon de l'ère des génocides. Une leçon cruelle, certes, et effrayante aussi, mais une leçon qu'on apprend, qu'on adopte et qu'on applique avec d'autant plus d'enthousiasme pour cela. Pour être adoptée, elle doit d'abord être dépouillée de toute connotation éthique, se retrouver dans le simple appareil du jeu de survie à somme nulle. « Seul le plus fort survivra. » « Qui frappe le premier survit. » « Tant qu'on est fort, on s'en sort, quoi qu'on ait pu faire aux faibles » – du moins, tant que ceux-ci restent faibles. On traite de source d'irritation mineure le fait que la déshumanisation des victimes déshumanise – et dévaste moralement – leurs bourreaux. Parfois, on refuse même de le reconnaître. Ce qui compte, c'est d'atteindre le sommet, et de s'y maintenir. Survivre, rester en vie – voilà une valeur que ne vient pas ternir l'inhumanité de la vie ; une valeur qui vaut la peine d'être cultivée pour elle-même, quels que soit le prix à payer pour les vaincus et l'ampleur de la dépravation subie par les vainqueurs.

Cette leçon du génocide, terrifiante et tout à fait inhumaine, s'accompagne de l'inventaire des souffrances que l'on peut infliger aux faibles dans le but d'affirmer notre propre force. Rafler, déporter, enfermer dans des camps de concentration ou

---

1. La citation est extraite de « Secret U.S. Endorsement of Severe Interrogations », *New York Times*, 10 octobre 2007.

forcer des populations entières à se soumettre à une situation analogue au modèle des camps, démontrer la futilité de la loi en exécutant les suspects sur-le-champ, emprisonner les individus sans leur faire un procès ni fixer de terme à leur détention, répandre la terreur née de châtiments aléatoires et passés sous silence – toutes ces méthodes ont largement fait la preuve de leur efficacité, et donc de leur « rationalité ». La liste s'allongera sans doute avec le temps. C'est déjà le cas : de nouveaux moyens sont testés et ajoutés, en cas de succès, à la liste (raser des maisons ou des quartiers entiers, déraciner les oliveraies, enterrer les récoltes, incendier les lieux de travail, séparer une ferme d'une maison en érigeant un mur, ne sont que quelques-unes des mille façons de priver un agriculteur déjà miséreux de ses moyens d'existence). Toutes ces mesures présentent la même propension (qui se propulse et s'exacerbe toute seule) à infliger le mal, et à persécuter autrui. À mesure que la liste des atrocités commises s'allonge, le besoin s'intensifie de les perpétrer avec toujours plus de détermination, et ce afin d'empêcher les victimes de faire entendre – et surtout écouter – leurs voix. Et lorsque les anciens stratagèmes tombent au rang de routine, lorsque l'horreur qu'ils ont semée chez leurs cibles se dissipe, il devient urgent de leur trouver des remplaçants plus efficaces encore.

Les leçons du génocide inspirées par la sacralisation et la banalisation génèrent et perpétuent davantage de séparation, de suspicion, de haine et d'hostilité. Dès lors, elles augmentent la probabilité d'une nouvelle catastrophe davantage que sous les conditions normales. En aucun cas elles ne diminuent le total de violence. Pas plus qu'elles n'approchent le moment de réflexion éthique sur les fautes et la forme choisie de cohabitation humaine. Pis, elles détournent l'attention de tout ce qui dépasse les intérêts immédiats de la survie du groupe, en particulier les sources profondes du meurtre catégoriel que l'on ne pourrait révéler, comprendre et contrer qu'à condition de transcender l'horizon lié au groupe.

L'Holocauste fut décidément un événement d'une importance sans égale pour la forme future du monde – mais sa signification réside dans son rôle de laboratoire dans lequel certains potentiels (autrement dilués et dispersés) des formes modernes, largement partagées, de cohabitation de l'humanité furent condensées, ramenées à la surface et mises au jour. Si cette signification n'est pas reconnue, alors la leçon la plus importante de l'Holocauste – à savoir révéler le potentiel génocide endémique à nos formes de vie, ainsi que les conditions dans lesquelles ce potentiel peut porter ses fruits mortels – risque de demeurer, aux risques et périls de tout le monde, non apprise.

Les lectures sacralisées/banalisées du message de l'Holocauste sont erronées et dangereuses pour la double raison qu'elles éloignent nos intérêts des stratégies réellement capables de diminuer les risques, tout en rendant contre-productive la stratégie effectivement choisie. Ces lectures déclenchent des chaînes « schismogénétiques » (de type « à la force doit répondre la force, avec davantage de force encore ») qui multiplient et grossissent les dangers génocides qui les ont générées.

Gregory Bateson, l'un des anthropologues les plus perspicaces du siècle dernier, méditait sur la nature de cette chaîne schismogénétique qui forme un cercle d'animosité humaine. Une fois bouclé sous cette forme ce cercle vicieux de défis et de ripostes, les antagonistes s'excitent et se poussent les uns les autres à des actes de militantisme frénétique, à toujours plus de militantisme, un militantisme toujours plus acharné, passionné et, au final, dénué de scrupules. Le militantisme atteint son rythme propre et se nourrit de sa propre fureur, à chaque nouvel acte d'hostilité, celui-ci fournissant le motif nécessaire pour déclencher le suivant ; avec le temps, la cause originelle de l'antagonisme perd de son importance, et peut même tomber aux oubliettes – le conflit se développe tout simplement parce qu'il se développe.

On recense deux sortes de chaînes schismogénétiques. La première est « complémentaire ». Dans un premier temps, une personne ou un groupe force une autre personne ou un autre groupe à faire quelque chose qu'ils n'aiment pas faire, et ne feraient pas en l'absence de coercition. Ensuite, ayant appris, à leurs dépens, la leçon des intentions hostiles de ces malfaiteurs, les victimes effrayées font preuve de docilité et déclaration d'obéissance, dans l'espoir d'éviter un nouveau coup. Cependant, le spectacle de leur docilité ne fait que renforcer l'arrogance des oppresseurs – et le prochain coup sera plus violent que le précédent. Voilà qui accroît la soumission des victimes et enhardit davantage encore leurs bourreaux. Et ainsi de suite : les coups et les souffrances se succèdent à un rythme crescendo, gagnant chaque fois en puissance. Sauf à la rompre, seule la destruction totale des victimes peut mettre un terme à la chaîne.

La seconde chaîne schismogénétique est, quant à elle, « symétrique ». Ici, les deux parties jouent le même jeu. Œil pour œil, dent pour dent, coup pour coup. Chaque offense ne peut être remboursée qu'en offensant l'offenseur. Quoi que tu fasses, j'en ferai autant, et plus encore, avec davantage de passion et de sévérité. L'échange de coups tourne à la compétition – à qui sera le plus impitoyable, le plus cruel. Les deux parties croient que plus leurs actes seront violents et sanguinaires, plus l'adversaire risquera d'y réfléchir à deux fois avant de s'exposer à un autre coup, et finira par jeter l'éponge. En outre, elles croient également que diminuer l'ampleur de leurs réactions (sans parler de rester sans réaction) ne fera qu'encourager l'adversaire à porter des coups encore plus humiliants. Et ainsi de suite. Comme les deux parties partagent cette croyance, les probabilités de briser la chaîne sont pratiquement nulles. Seule la destruction mutuelle des adversaires ou leur épuisement total pourra mettre un terme au concours.

L'humanité n'a rien de bon à espérer tant que ces deux chaînes seront opérantes. On se demande même comment l'espèce humaine a pu survivre si longtemps, avec de si désastreux penchants. Mais le fait est qu'elle a survécu. C'est donc que le danger s'accompagne d'espoir. Il doit bien exister un moyen de raccourcir ces chaînes schismogénétiques, non ?

Cette question fut posée au tout début de la longue, turbulente et complexe histoire de l'Europe, et ce dans l'*Orestie* d'Eschyle. Dans l'une de ces pièces, encouragée par le coryphée (« C'est piété de payer le crime par le crime »), Électre cherche à venger la mort de son père, assassiné par l'amant de sa mère, et demande à son frère Oreste d'éliminer les assassins : « Que tout mot de haine soit payé d'un mot de haine » ; « [Q]u'un coup meurtrier soit puni d'un coup meurtrier » ; « [C]'est une loi que les sanglantes gouttes, une fois répandues à terre, réclament un sang nouveau. » S'ensuit un nouveau massacre, qui ne clôture un compte de torts non remboursés que pour en ouvrir un autre. À la fin de la pièce, le chœur, désorienté et ravagé de douleur, se demande où va cesser et s'endormir enfin la furie de la ruine. Hélas, plus personne n'est là pour lui répondre. Ce n'est que dans la pièce suivante de la trilogie que la réponse nous est fournie par Athéna, déesse de la Sagesse : « Vous n'êtes pas vaincues : un arrêt indécis, seul, est sorti de l'urne pour satisfaire la vérité, non pour vous humilier. [...] Vous voulez, sur ce pays, cracher un pesant courroux : réfléchissez, ne vous emportez pas ; ne rendez pas ce sol stérile, en laissant dégoutter de vos lèvres divines une écume sauvage, rongeuse de tous germes [1]. »

Cela dit, ce verdict d'Athéna n'a pas fait beaucoup de disciples au cours des deux millénaires qui ont suivi sa proclamation. En d'innombrables occasions, il a été méprisé, voire violé. Mais il est revenu planer au-dessus de l'histoire de l'Europe, tel un douloureux reproche de la conscience,

1. Eschyle, *Les Choéphores* et *Les Euménides*, in *L'Orestie*, trad. P. Mazon, Paris, Le Livre de poche, 1962.

chaque fois que le conseil d'Athéna n'a pas été suivi. Peu à peu, et non sans déviations et retraits, on parvint à frayer un chemin menant du règne de la vengeance à celui de la loi et de la justice. Le tout pour tenter de briser les chaînes schismogénétiques. Ce « verdict qui ne [vous] déshonore pas », et permet ainsi aux adversaires de ranger leurs rancunes et de vivre ensemble en paix, finit par raccourcir la chaîne autrement infinie de représailles et de vengeance.

Infatigable explorateur des sites les mieux connus, les moins connus et les plus ignorés des sites d'embrasement sanguinolents et de misère humaine, analyste fort perspicace des conflits qui ont ravagé l'humanité naissante de notre monde en voie de globalisation rapide, Ryszard Kapuscinski résuma en ces termes le défi que nous affrontons en commun, ainsi que les horribles conséquences de notre échec à y faire face : « Ce réductionnisme consistant à décrire chaque génocide séparément, comme s'il était détaché de notre cruelle histoire et plus particulièrement des déviations du pouvoir dans d'autres parties de notre planète, n'est-il pas un moyen d'éviter les questions trop brutales et fondamentales quant à notre monde et aux menaces qui pèsent sur lui ? Décrits et fixés en marge de l'histoire et de la mémoire, les épisodes génocidaires ne sont pas vécus comme une expérience collective, une épreuve commune nous unissant tous [1]. »

Quand les accès successifs de frénésie de meurtres catégoriels se voient sacralisés comme une tragédie personnelle des victimes, de leurs descendants, et comme leur héritage exclusif, tandis que le reste de l'humanité les banalise comme autant de manifestations regrettables mais omniprésentes de l'inégalité entre les hommes ou de leur folie irrationnelle, alors la réflexion partagée sur les sources de cette frénésie, et l'action commune visant à les tarir, se révèle impossible. Il

1. R. Kapuscinski, « Un siècle de barbarie : De la nature des génocides », *Le Monde diplomatique*, mars 2001.

est des plus urgent de suivre le conseil et la mise en garde de Kapuscinski – c'est là un impératif que l'on n'ignorera qu'à nos risques et périls communs.

On pourrait commencer par essayer de considérer les cas nombreux et variés de meurtre catégoriel comme autant de manifestations de deux variétés de rationalité instrumentale en aucun cas singulières, mais au contraire courantes et répandues, voire typiques – cette qualité de pensée et d'action que notre monde moderne, loin d'y résister, promeut activement, allant jusqu'à fournir de colossaux moyens de mobilisation des émotions humaines à son service. En dépit de ces particularités, tous les cas contemporains de meurtre catégoriel peuvent être vus comme suivant deux types de logique. Faute de mieux, on les nommera en reprenant la distinction énoncée par Ferdinand Tönnies entre la *Gesellschaft* (ensemble contractuel et impersonnel) et la *Gemeinschaft* (unités primordiales) comme « sociétale » et « communautaire ».

Aucun des deux types de totalités distingués et juxtaposés par Tönnies n'est plus aujourd'hui (plus d'un siècle après) ni « naturel » ni simplement « donné » (encore que, d'après Tönnies, ce caractère « donné » ait constitué le trait distinctif de la *Gemeinschaft*, par opposition à la *Gesellschaft*). Dans notre monde de modernité liquide, de désintégration rapide des liens sociaux et de leurs cadres traditionnels, ces deux totalités sont *postulées* avant de devoir être *construites*. Or leur construction est une tâche qui, à moins de s'y atteler avec détermination, ne démarrera jamais toute seule. Dans le monde contemporain, les communautés, autant que les sociétés, ne peuvent être que des constructions : les produits d'un effort. Le meurtre catégoriel est de nos jours un produit dérivé, un effet secondaire, ou un déchet de cette production.

La logique *sociétale* du meurtre catégoriel est celle de la construction de l'ordre (logique que j'ai tenté de décrire en détail dans *Modernité et holocauste*, ainsi que dans plusieurs autres études par la suite). Lorsqu'on désigne la « grande société » censée remplacer l'ensemble d'ordres locaux (qui se reproduisent seuls) désormais inefficaces, certaines sections de la population se retrouvent inévitablement rangées sous l'étiquette de « restes » (pour qui on ne trouvera pas le moindre espace dans le futur ordre construit rationnellement). De même que, lorsqu'on décide d'un plan de jardin, certaines plantes sont reléguées au rang de « mauvaises herbes », vouées à la destruction. Le meurtre catégoriel, comme le désherbage (ou, plus globalement, comme toute activité de « nettoyage », de « purification ») est une destruction créatrice. En éliminant tout ce qui n'a pas sa place, ou est inadapté (comme les « étrangers » ou les *unwertes Leben*), on crée l'ordre, ou on le reproduit. L'ordre dépourvu de classe d'une société communiste exigeait la destruction des porteurs de l'inégalité de classe ; l'ordre du Reich exigeait de débarrasser le chantier de toutes les substances racialement impures, ou qui pouvaient polluer la race. Le vocabulaire du génocide a pu varier d'un endroit à l'autre, mais son modèle de base s'est répété à de nombreuses reprises au cours de l'histoire moderne, chaque fois que la construction accélérée d'un ordre « nouvelle formule » fut entreprise par quelque puissance (pleine de ressources et de force) de l'État moderne ; et chaque fois que cet État a exercé sa domination entière, indivise et libre sur la population de son territoire souverain (comme dans le Cambodge de Pol Pot, la Chine de Mao ou l'Indonésie de Suharto).

La logique *communautaire*, à l'instar de la logique sociétale, est un produit tout à fait légitime de la condition moderne, encore que ce trait de famille puisse être, au départ, difficile à repérer. Avec tous les cadres établis et familiers que l'on utilise pour consolider l'assurance de l'action, la sécurité du rang social, et la sûreté du corps ainsi que de ses extensions en décrépitude rapide, l'une des réactions possibles, et même probables, consiste à rechercher avidement un point fixe – un abri contre l'angoisse alimentée par le cadre changeant et peu fiable de la vie. Au milieu de la cacophonie des signaux, et de la mutabilité kaléidoscopique des horizons, quand tout change et se déplace autour de nous, sans préavis ou presque, l'abri en question semble résider dans l'uniformité de l'identité. En l'absence d'une hiérarchie claire des valeurs – remplacée par la concurrence acharnée des buts éphémères –, l'abri semble résider dans la loyauté pleine qui annule toute autre responsabilité. Quand tout est devenu manifestement artificiel (au sens de « créé par l'homme »), l'abri semble résider dans une compagnie qu'« aucun homme ne pourra briser » en raison de sa présence « naturelle », primordiale, immunisée contre tout choix humain, et conçue pour leur survivre. L'époque moderne, et en particulier l'époque moderne-liquide, est une époque de construction de la communauté intense bien que peu concluante (intense *parce que* peu concluante, et d'autant plus désespérée et dévouée pour cette raison). Elle inspire un genre nouveau de meurtre catégoriel, dont les occurrences prolifèrent à un rythme de plus en plus soutenu, de la Bosnie au Kosovo et du Rwanda au Sri Lanka.

Comme l'a démontré René Girard, rien, ou presque, n'unit et ne cimente une « communauté » fraîchement assemblée de façon plus solide que le partage de la complicité d'un crime. Dès lors, le meurtre catégoriel de type communautaire diffère, en plusieurs points importants, de son pendant sociétal [1]. En nette opposition avec le type sociétal de meurtre catégoriel tel qu'illustré par l'Holocauste, l'accent est mis, dans les actes génocidaires inspirés par la construction de la communauté, sur la nature « personnelle » du crime, sur le meurtre en plein jour, dont les auteurs sont connus, nommément et visuellement, par leurs victimes, et dont celles-ci sont des proches, des connaissances ou

1. Lire en particulier R. Girard, *La Violence et le sacré*, Paris ; Hachette Littératures, « Pluriel », 2003, et *Le Bouc émissaire*, Paris, LGF, « Biblio Essais », 2008.

des voisins de ceux-là. Dans le cas du meurtre catégoriel au nom de la construction de la communauté, la « suspension des émotions » n'est ni requise ni approuvée ; l'excuse de type « je ne faisais qu'obéir à des ordres » s'en trouve ainsi niée. Tout le monde doit bien comprendre que seule la communauté postulée en voie de construction peut s'interposer entre les auteurs du crime et le tribunal pour crimes de guerre ; que seules la solidarité et la loyauté constantes envers la cause commune peuvent défendre les meurtriers face à l'accusation de crime. Quant aux victimes attitrées, elles ne sont que les outils de la construction de la communauté ; les ennemis authentiques, ceux que l'on épie avec le plus d'insistance et que l'on pourchasse le plus impitoyablement, sont les individus qui tirent la sonnette d'alarme, les renégats ou simplement les personnes les plus modérées parmi celles désignées (à leur insu ou non, avec leur consentement ou non) comme membres de la communauté.

Les variétés sociétale et communautaire de meurtre catégoriel ont été présentées, pour ainsi dire, comme des « types purs ». En pratique, la plupart des cas de meurtre catégoriel contiennent un mélange des deux, dans des proportions variables, et doivent être situés quelque part entre les deux extrêmes « idéaux-typiques ». Les types idéaux nous ont ici servi d'outils analytiques, pour mieux comprendre les principales sources de menaces génocidaires qui planent sur notre société moderne-liquide. Dans ce chapitre, j'ai avant tout voulu avancer qu'il fallait surveiller ces sources de près. La plus importante leçon que nous a léguée l'Holocauste, c'est qu'il est nécessaire d'agir, de façon concertée, pour bloquer ces sources. L'urgence de cette mission est naturellement au cœur de cet héritage – l'obligation éthique que nous transmettent, à nous les vivants, les victimes du génocide.

À nous *tous*, je précise. La division, la séparation et l'exclusion ont été, et demeurent, les instruments capitaux du meurtre catégoriel : en aucun cas elles ne sauraient faire l'affaire quand il s'agit d'empêcher ledit meurtre. Pour couper les racines de la tendance génocide, on doit déclarer l'inadmissibilité des discriminations, des traitements de faveur et de la séparation qui établit le plan de la bataille de survie menée comme un jeu à somme nulle. Quels que soient les préceptes de cohabitation humaine que l'on tire du catalogue des meurtres catégoriels, ils ne peuvent être qu'*universels*. On ne peut les appliquer de façon *sélective* de crainte qu'ils ne se transforment en nouvelle illustration du droit du plus fort.

Cela semble être un impératif – qui n'a certes rien de rassurant. Dans notre monde actuel, qui subit un processus de globalisation rapide quoique non coordonnée, la dépendance mutuelle a déjà atteint une portée globale. Portée que ne sont pas près d'atteindre une société tout aussi mondiale ou des institutions globales de contrôle politique, une législation globale ou un code éthique global. La solidarité de destin n'a pas encore généré la solidarité de sentiment et d'action. Et l'on ne sait quoi faire, ni ce qui doit être fait, pour l'y inciter. Par conséquent, l'impératif nous parvient sans manuel d'instructions ni instruments. Cette triste circonstance ne l'en rend pas moins essentiel ou urgent pour autant. Pour une personne morale, l'incertitude concernant un mode d'action réaliste ne constitue pas une excuse pour l'inaction, ou pour la recherche du confort par l'adoption de la position du spectateur.

On ne peut (ou plutôt, devrait ?) que répéter avec Ryszard Kapuscinski : « Et comme il n'existe aucun mécanisme ni aucune barrière légale, institutionnelle ou technique susceptible de parer efficacement aux nouveaux actes de génocide, la seule défense contre ceux-ci réside dans le moral élevé des individus et des sociétés : une conscience spirituelle vivante, une volonté puissante de faire le bien, une écoute permanente et attentive au commandement : "Tu aimeras ton prochain comme toi-même" [1] ! »

1. R. Kapuscinski, « Un siècle de barbarie », *Le Monde diplomatique*, mars 2001.

Au lecteur sceptique qui douterait de l'efficacité de ce commandement face aux chars d'assaut, aux hélicoptères, aux bombes à retardement, aux missiles intelligents ainsi qu'aux tentations grisantes qu'ils éveillent chez leurs propriétaires, nous dirons qu'une des leçons que l'histoire du meurtre catégoriel nous a enseignées au-delà de tout doute raisonnable, c'est qu'aimer son prochain, et inciter celui-ci à nous aimer (en dehors de ses autres vertus – morales, par exemple), constitue le seul service raisonnable, efficace et durable que les individus et les groupes peuvent rendre à leur amour de soi.

Le verdict d'Athéna incarnait l'autorité de la loi – une loi égale pour tous, une loi impartiale et intègre. Les gens ont tendance à vivre en paix, à ne pas recourir à la violence lorsqu'ils peuvent adresser leurs plaintes et leurs rancunes à une puissance en l'incorruptibilité et en la justice de laquelle ils peuvent avoir confiance. Mais, sur notre planète en voie de globalisation rapide et chaotique, cette puissance ne brille que par son absence. Les puissances de ce type sont présentes à l'intérieur des frontières des États politiquement souverains – or, de nos jours, le plus gros dégât, ciblé ou « collatéral », est infligé de l'extérieur des frontières, du no man's land, de cette espèce de Far West où il n'y a pas de « droit » sans « puissance », où seuls les forts ont le droit de juger, où seuls les faibles sont punis pour leurs actes. Dans notre monde en voie de globalisation, la puissance ne réside plus dans la politique. La puissance coercitive – économique et militaire – a brisé ses chaînes politiques et erre à présent à travers l'espace planétaire, tandis que la politique qui pourrait la refréner (et qui tenta de le faire, avec quelque succès, à l'intérieur des frontières des États-nations) demeure, comme autrefois, locale.

Dans ce monde, personne ne peut se sentir en sécurité nulle part. Cette fois encore, les chaînes schismogénétiques s'emparent du destin de l'homme. À présent *globales*, elles enveloppent la planète, ce qui rend inutiles les outils développés au fil des siècles pour les briser. Cette fois encore, les Électre actuelles demandent à leurs frères de venger les torts qu'elles ont subis et de réparer l'injustice faite à leurs proches, parce qu'elles cherchent, en vain, les pouvoirs qui pourront leur garantir un verdict comme celui qu'énonça Athéna. Or la voix de la déesse ne s'est pas encore fait entendre sur notre planète globalisée.

La concurrence acharnée de la violence (toujours plus exacerbée) se nourrit du même désordre mondial grâce auquel la concurrence acharnée pour les profits (toujours plus exorbitants) prospère. Et ce phénomène accroît davantage encore le chaos qui règne sur notre planète désordonnée. Soi-disant engagés dans une guerre d'usure, ces deux concurrences sont en fait de grands alliés ; l'une comme l'autre ont intérêt à la perpétuation du désordre mondial, sans lequel elles ne survivraient guère longtemps ; l'une comme l'autre voient d'un mauvais œil la perspective d'un contrôle politique et du règne de la loi, dont l'avènement leur serait fatal.

Sur notre planète en voie de globalisation, aucune des deux chaînes schismogénétiques planétaires ne pourra être rompue localement. Il n'est pas de solution locale à des problèmes enracinés globalement. Les causes de la survie et de la justice, souvent antagonistes par le passé, pointent aujourd'hui dans la même direction, exigent les mêmes stratégies et tendent à converger au sein d'une même entité ; or cette cause unifiée ne peut être entreprise, encore moins menée à son terme, par des efforts locaux, et uniquement locaux. Aux problèmes globaux ne répondent que des solutions globales. Et sur une planète en voie de globalisation, les problèmes humains ne peuvent être gérés et réglés que par une humanité solidaire.

Chapitre 3

La liberté à l'époque moderne-liquide

Le jeu continue, quoi que l'on fasse, remarquait Günther Anders dès 1956 – bien qu'il l'ait répété jusqu'à la fin du siècle dans les éditions successives de *L'Obsolescence de l'homme* : « Que nous jouions le jeu ou pas, nous le jouons, parce qu'*on* joue avec nous. Quoi que nous fassions ou que nous nous abstenions de faire, notre grève privée n'y change rien [1]. »

Un demi-siècle plus tard, les grands esprits de notre temps reprennent les mêmes inquiétudes. Pierre Bourdieu, Claus Offe et Ulrich Beck proposent des descriptions fort différentes les unes des autres du monde qui joue avec nous, nous forçant par là même à jouer le jeu des faux-semblants des joueurs « libres » – mais ils cherchent tous à saisir le même paradoxe dans leurs descriptions : plus notre liberté individuelle croît, moins elle a de pertinence vis-à-vis du monde dans lequel nous l'appliquons. Plus le monde se fait tolérant envers nos choix, moins le jeu, notre stratégie de jeu et notre mode de jeu sont soumis à nos choix. Le monde ne paraît plus être disposé à pétrir et à modeler ; au contraire, il semble se dresser au-dessus de nous – lourd, épais, inerte, opaque, impénétrable, imprenable, borné et insensible à la moindre

1. G. Anders, *L'Obsolescence de l'homme*, trad. C. David, Paris, Ivrea, 2001, p. 15.

de nos intentions, résistant à nos tentatives de le rendre plus hospitalier envers la coexistence humaine. Il nous présente un visage mystérieux et impénétrable, comme un joueur de poker chevronné. Pour ce monde, *il ne semble pas y avoir de choix*[1]. Tout au moins, pas de choix que nous, joueurs, pourrions, par nos efforts délibérés, individuellement, par groupes ou collectivement, installer à sa place.

Étonnant. Ahurissant. Qui l'aurait dit ? On peut uniquement affirmer que, durant les deux ou trois siècles qui ont suivi ce grand bond (baptisé « Lumières » ou « avènement de l'ère moderne ») vers l'autonomie et l'autogestion humaines, l'histoire a pris une direction que personne n'avait prévue, anticipée, ni souhaité qu'elle prenne. Cette direction est d'autant plus stupéfiante et stimulante pour notre compréhension que les deux ou trois siècles en question se sont ouverts sous la résolution des hommes à prendre l'histoire en main – à utiliser, pour ce faire, la raison, en quoi ils voyaient la plus puissante des armes à leur disposition (un instrument humain parfait leur permettant de savoir, de prédire, d'anticiper et donc d'élever l'état des choses au niveau de ce qu'il devrait être). En outre, les efforts et le zèle des hommes à respecter cette résolution ne se démentirent pas au cours de la période concernée.

Dans le numéro d'avril 1992 de la *Yale Review*, Richard Rorty nous rappelait la formule de Hegel, selon qui la philosophie est, au mieux, « son temps saisi dans la pensée ». Je me permets d'ajouter que c'est en tout cas ce que la philosophie s'efforce de faire : contenir les soubresauts capricieux de son temps dans un lit gravé dans le roc au moyen du burin de la logique et du marteau de la raison. « Avec Hegel, estimait Rorty, les intellectuels se sont détournés de leurs fantasmes d'entrer en contact avec l'éternité, pour s'adonner au

1. En anglais, « There seems to be no alternative ». Allusion assez transparente à la célèbre formule thatchérienne « There is no alternative », souvent désignée par l'acronyme TINA (*N.d.T.*).

fantasme de la construction d'un futur meilleur. » J'ajouterai pour ma part qu'ils espéraient en premier lieu apprendre vers où s'écoulait le fleuve du temps, et qu'ils baptisèrent cette entreprise « découverte des lois de l'histoire ». Déçus et agacés par la lenteur du courant et les méandres du fleuve, ils décidèrent ensuite de décider eux-mêmes de ladite destination : ils redressèrent donc le lit du fleuve, levèrent des digues sur ses berges afin de prévenir les crues, et enfin sélectionnèrent un estuaire. Ils appelèrent cette opération « conception et construction d'une société parfaite ». Sous leur masque d'humilité, les philosophes avaient du mal à dissimuler leur assurance. Tous, de Platon jusqu'à Marx, nous suggère Rorty, croyaient que « la rhétorique *devait* pouvoir leur fournir les moyens de découvrir comment mettre un terme à l'injustice – plus efficacement qu'à l'aide de leurs petits outils expérimentaux [1]. »

Aujourd'hui, plus personne ne croit à cette hypothèse ; personne n'est prêt à jurer le contraire, encore que nombreux soient ceux qui cherchent désespérément à dissimuler l'humiliante découverte de ce que nous, les intellectuels, ne valons peut-être pas mieux que nos concitoyens pour ce qui est de saisir notre temps dans la pensée. La découverte de ce que le temps s'obstine à refuser de demeurer au fond du lit creusé pour lui par la raison, de ce qu'il mettrait assurément en pièces tout récipient dans lequel on voudrait le faire entrer, de ce qu'aucune carte indiquant sa direction n'a été établie ni ne risque de l'être, et de ce qu'il ne se jette dans aucun lac baptisé « société parfaite » – à compter, naturellement, qu'il se jette quelque part.

Rorty se réjouit de cette perte d'assurance des intellectuels et accueille avec enthousiasme la nouvelle modestie qui doit s'ensuivre. Il souhaite que les intellectuels admettent – tant

1. R. Rorty, « The Intellectuals at the End of Socialism », *Yale Review* 80, n°s 1 et 2, avril 1992.

vis-à-vis des autres que d'eux-mêmes – que « nous ne savons rien que tout le monde ne sache également ». Il veut que les intellectuels « se défassent de l'idée qu'eux savent, ou devraient savoir, quoi que ce soit des forces profondes, sous-jacentes, qui déterminent le destin des communautés humaines ». Rorty tient à ce que les intellectuels n'oublient pas le jugement de Kenneth Burke, pour qui « on découvre le futur en découvrant ce sur quoi les gens peuvent chanter » – et qu'ils gardent en mémoire la mise en garde prononcée par Václav Havel, selon qui, d'ici peu, on ne saura probablement plus deviner quelle chanson les gens auront aux lèvres le lendemain.

Si, comme l'affirme Jürgen Habermas, il y eut jamais un « projet de modernité », alors celui-ci visait à remplacer l'*hétéronomie* humaine collective et individuelle par l'*autonomie* collective et individuelle (autonomie de l'espèce humaine vis-à-vis des risques et des contingences de la nature et de l'histoire ; autonomie des personnes humaines vis-à-vis des pressions et contraintes extérieures imposées par l'homme lui-même). Cette double autonomie devait produire et garantir une double liberté d'affirmation de soi, tant au niveau individuel qu'au niveau de l'espèce. Les deux fronts de la guerre d'autonomie étaient censés être interdépendants. L'autonomie de l'humanité devait assurer et protéger celle des individus, tandis que ces derniers, une fois devenus véritablement autonomes et libres d'utiliser leurs pouvoirs de raison, devaient veiller à ce que l'humanité garde jalousement sa nouvelle autonomie et l'exploite pour promouvoir et sauvegarder celle des individus.

S'il a jamais existé un projet des Lumières, il fut sans nul doute lié à l'idée d'*émancipation*. Pour que la liberté puisse faire entrer l'humanité et tous ses membres dans le monde de l'autonomie et de l'affirmation de soi, l'humanité devait d'abord être affranchie de la tyrannie. Or, pour avoir les mains libres, et pour célébrer l'union de la raison humaine et de l'histoire humaine, l'humanité devait être libérée de la servitude physique et spirituelle – de la servitude *physique* qui empêchait les hommes de faire ce qu'ils feraient si on leur laissait la liberté de désirer et la liberté de réaliser leurs désirs ; de la servitude *spirituelle* qui empêchait les hommes d'être guidés, dans leurs désirs, par la raison, et donc de désirer ce qu'ils auraient dû désirer (à savoir ce qui servait le mieux leurs intérêts et la nature humaine). Ayez le courage de servir votre propre entendement ! Telle est la devise des Lumières, d'après Kant. La maxime du penser seul – voilà ce qu'on appelle les Lumières. Pour Diderot, l'homme idéal était un individu qui osait penser par lui-même, faisant fi des préjugés, de la tradition, de l'ancienneté, des croyances populaires, de l'autorité – en un mot, de tout ce qui asservit l'esprit. Rousseau, quant à lui, exhortait ses lecteurs à agir en accord avec les maximes de leur propre jugement. Une fois ces appels à l'affranchissement spirituel entendus, écoutés et appliqués, on estimait que la servitude physique s'effondrerait sans délai, mais aussi que la condition de l'écoute et de l'application des appels à l'autonomie spirituelle était l'abolition de la servitude physique. Dès lors, la lutte contre l'infamie du préjugé et de la superstition devait aller de pair avec la lutte contre l'atrocité du despotisme politique.

Sur ce second front, la citoyenneté, la république et la démocratie constituent les principales armes. Dans son résumé du chapitre politique de l'émancipation inspirée par les Lumières, Tocqueville nous apprend qu'il ne suffira pas de libérer les individus de l'autorité arbitraire d'un despote, puis de les abandonner à leurs propres intérêts et outils privés (condition décrite par Isaiah Berlin comme une liberté *négative*) ; ce qu'il faut par-dessus tout, c'est une liberté *positive* : le droit et la volonté de s'associer avec leurs concitoyens, de prendre part aux affaires de leur politique commune, en particulier au niveau législatif. L'autonomie collective signifie n'obéir qu'aux règles décidées et décrétées par ceux qui sont censés y obéir. La double victoire sur les deux fronts devait faire entrer l'humanité dans un monde transparent, prévisible et facile d'emploi, un monde accueillant pour le caractère humain de l'humanité – du moins, à ce que croyaient tous les pères spirituels de la modernité que je viens de citer.

Or, ce ne fut pas le cas. Deux ou trois siècles plus tard, notre monde n'a toujours rien de transparent et de prévisible. Pas plus qu'il ne constitue un abri sûr pour l'espèce humaine, et encore moins pour son humanité. On est prêt à se ranger à l'avis d'Habermas, selon qui le projet des Lumières reste à achever. Toutefois, ce jugement n'a rien d'une grande découverte. La grande nouveauté réside en ce que nous ne croyons plus, aujourd'hui, que ce projet soit achevable. Autre nouveauté, nous sommes à présent nombreux, très nombreux, à nous en moquer. Or ces deux nouveautés font que *certains d'entre nous* s'inquiètent de ce que la liberté, comprise comme l'autonomie d'une société d'individus autonomes, est entrée dans une période de grande difficulté – une période inconfortable, peu avenante.

Il y a cinquante ans de cela, Anders s'alarmait de ce que ses contemporains bâtissaient un monde duquel ils ne pourraient s'échapper, un monde qu'il ne serait plus en leur pouvoir de comprendre, d'imaginer et d'absorber émotionnellement. Il est aujourd'hui possible que ce qui pouvait alors passer pour une prémonition excessivement sombre ait accédé au rang d'affirmation factuelle, reconnue presque universellement.

Prononcé pour la première fois dans la liesse révolutionnaire, le slogan *Liberté, Égalité, Fraternité* se voulait le résumé d'une philosophie de vie, une déclaration d'intention autant qu'un cri de guerre. Le bonheur n'est pas un droit de l'Homme, mais la recherche du bonheur est un penchant humain naturel et universel – voilà le sous-entendu tacite de cette philosophie. En outre, pour atteindre ce bonheur, les hommes devaient être libres, égaux et frères, dans la mesure où, entre frères, la compassion et le secours mutuels sont des droits acquis à la naissance, et non des gratifications que l'on doit mériter et dont on doit signifier le mérite avant de pouvoir les recevoir. Comme le disait John Locke [1], même s'il n'existe qu'une seule route menant au bonheur *éternel*, une seule route que les hommes puissent choisir et suivre (celle de la piété et de la vertu, menant à l'éternité au paradis, ainsi que des siècles de *memento mori* ont appris aux gens à le croire), « dans la grande variété des modes que les hommes peuvent adopter, on ignore encore laquelle est la bonne. Désormais, pas plus l'intérêt dans le bien public que le droit de décréter des lois ne dévoile la route du paradis plus certainement au magistrat que ce que chaque individu peut découvrir par ses propres moyens. »

L'accent que Locke met sur la recherche du bonheur comme principal but à la fois des efforts de vie individuels *et* de l'association des individus au sein d'un bien public, cet accent, donc, n'a pour ainsi dire jamais été mis en question durant l'époque moderne. Pas plus que, sur la même période, l'humanité n'a mis en question l'idée selon laquelle la liberté, l'égalité et la fraternité constituaient tout ce dont les hommes avaient besoin pour pouvoir rechercher le bonheur tranquillement. *Rechercher* le bonheur – mais pas nécessairement l'atteindre ; la vision de Locke était, dans une grande mesure, une version terre-à-terre, terrestre, de l'incertitude de Luther ou de Calvin sur la résolution ultime du dilemme du salut-versus-la-damnation. Cela dit, quelle que soit la version choisie, c'est la *recherche* de la félicité elle-même, plutôt qu'une

1. J. Locke, *Lettre sur la tolérance et autres textes*, édition de J.-F. Spitz, GF Flammarion, 2007.

quelconque *summum bonum* (la meilleure chose) tapie (et sous-déterminée) au bout de la route, qui fournissait le bonheur authentique. Le bonheur était dans la *liberté d'expérimenter* : la liberté de se tromper, de réussir *et* d'échouer, d'inventer, d'essayer et de tester chaque jour de nouvelles variétés d'expériences agréables et satisfaisantes, de choisir et de prendre le risque de se tromper. Le malheur consistait à être privé de cette liberté : privé du droit de choisir librement, et au contraire d'être, par la force ou par la ruse, « protégé » des mauvais choix.

Deux hypothèses axiomatiques tacites (puisque perçues comme évidentes) étayaient ce projet tripartite. Le programme de la liberté, de l'égalité et de la fraternité impliquait qu'il incombait au bien public de fournir et de protéger les conditions favorables à la recherche du bonheur ainsi entendue. Cette recherche était une affaire individuelle, un souci individuel, une destinée et un devoir individuels. Elle devait être menée individuellement, par chaque individu, au moyen de ressources possédées et gérées individuellement. Mais l'appel à rechercher le bonheur, lui, s'adressait aux individus *autant* qu'à la société ; la promptitude de la réponse dépendait de la forme du « bien public » – la société comprise comme le foyer commun, l'intérêt commun et le produit commun *des hommes et des citoyens*. La seconde hypothèse axiomatique acceptée bien que tacite était la nécessité de mener la bataille du bonheur sur deux fronts. Tandis que les individus devaient acquérir et développer l'art de vivre une vie heureuse, les pouvoirs qui façonnent les conditions dans lesquelles cet art pouvait être efficacement pratiqué devaient eux-mêmes être remodelés en quelque chose de plus « facile d'usage ». La recherche du bonheur n'avait aucune chance d'accéder au rang de droit universel tant que ces pouvoirs ne s'occupaient pas des paramètres de la « bonne société » – au premier rang desquels figuraient l'égalité et la fraternité.

Ces hypothèses sur le lien intime et inébranlable entre la qualité du bien commun et les chances du bonheur individuel ont perdu, ou sont en train de perdre rapidement, leur emprise axiomatique sur la pensée populaire ainsi que sur les produits de son recyclage intellectuellement sublimé. Voilà peut-être pourquoi les conditions supposées du bonheur individuel sont déplacées de la sphère supra-individuelle de la Politique avec un grand P vers le domaine de la politique de vie individuelle, postulé comme champ des entreprises essentiellement individuelles, dans lequel sont déployées principalement, voire exclusivement, des ressources commandées et gérées individuellement. Ce passage reflète les conditions de vie changeantes résultant des processus modernes-liquides de dérégulation et de privatisation (« filialiser », « sous-traiter », ou plus simplement renoncer aux fonctions précédemment assumées et assurées par les institutions du bien public). La nouvelle formule du but de la recherche du bonheur (intacte, celle-ci) s'exprimera le mieux en passant de *Liberté, Égalité, Fraternité* à *Sécurité, Parité, Réseau.*

Le compromis connu sous le nom de « civilisation » est revenu à son point de départ depuis 1929, lorsque Sigmund Freud, dans *Das Unbehagen in der Kultur*, mit au jour pour la première fois les luttes acharnées et les magouilles existant entre les deux valeurs, tout aussi indispensables et appréciées l'une que l'autre, et qui résistaient obstinément à la réconciliation. En moins d'un siècle, le progrès continu vers la liberté individuelle d'expression et de choix a atteint le point où le prix de ce progrès, la perte de la sécurité, commence à être perçu par un nombre croissant d'individus libérés (ou forcés à l'émancipation) comme exorbitant – intolérable et inacceptable. Les risques liés à l'individualisation et à la privatisation de la recherche du bonheur, alliés au démantèlement progressif mais régulier des filets de sécurité conçus, construits et entretenus par la société ainsi que des garanties contractées par la société contre le malheur, se révèlent par trop énormes, et l'incertitude génératrice de peur qui en résulte trop effrayante. C'est la valeur de « sécurité » qui expulse la liberté. Une vie imprégnée d'un peu plus de certitude et de sécurité, même au prix d'un peu moins de liberté – voilà une vision qui a brusquement gagné en charme.

Les Temps modernes, nous disait Albert Camus, commencent avec l'effondrement des remparts. En outre, comme le suggérait Ivan Karamazov (reprenant et résumant l'héritage d'une longue suite de penseurs, remontant au moins à Pic de la Mirandole, héraut de la toute-puissance de l'Homme), la création divine ayant été déclarée défectueuse, et l'immortalité notion floue, le « nouvel homme » a le droit « de devenir Dieu » (on l'y exhorte et l'y pousse, même). Cela dit, les répétitions de ce nouveau rôle ne se sont pas révélées concluantes. Par-dessus tout, elles s'avèrent moins agréables que prévu. Tâtonner dans le noir, sans instruments de navigation ni carte fiable, est apparu comme une activité pleine d'intenses désagréments, rarement récompensée par de brèves, sporadiques et fragiles joies d'affirmation de soi. Ainsi le Grand Inquisiteur d'un autre récit de Dostoïevski découvre-t-il que les hommes préfèrent l'émancipation de la responsabilité à la liberté de distinguer le bien du mal. Plus cette liberté humaine, et ses conditions nécessaires de risque et de responsabilité, progressait, plus le ressentiment humain s'intensifiait vis-à-vis de l'insécurité et de l'indétermination croissantes ; de plus, à mesure que la sécurité gagnait en charme perçu et en valeur attribuée, les à-côtés de la liberté perdaient de leur lustre. Freud renverserait sans doute son verdict et attribuerait les maux et désordres psychologiques actuels aux conséquences de l'échange d'une dose excessivement grande de sécurité pour davantage de liberté.

Dans la constellation des conditions (mais aussi des perspectives espérées) d'une vie décente et agréable, l'étoile de la parité brille d'un éclat redoublé, tandis que celle de l'égalité se meurt. Cela dit, la « parité » n'est en aucun cas l'« égalité » ; ou plutôt, elle est une égalité réduite au droit à la reconnaissance, au droit à la solitude et au droit d'être abandonné. L'idée du nivellement par le haut de la richesse, du bien-être, des conforts de vie et des perspectives de vie, et jusqu'à l'idée de participer à parts égales à la conduite de la vie en commun et aux bénéfices que cette vie en commun a à offrir, ces idées, donc, disparaissent du programme politique des postulats et objectifs réalistes. Toutes les variétés de société moderne-liquide se réconcilient avec la permanence d'une inégalité économique et sociale. La vision de conditions de vie uniformes, universellement partagées, est remplacée par celle d'une diversification principalement illimitée ; et le droit de devenir égaux par celui d'être et de demeurer différent, sans se voir pour autant nier dignité et respect.

Tandis que les disparités *verticales* dans l'accès aux valeurs universellement approuvées et convoitées tendent à croître à un rythme toujours plus soutenu, sans rencontrer guère de résistance, et en ne provoquant tout au plus que des réactions marginales, sporadiques et locales, les différences *horizontales*, elles, se multiplient, sous un concert de louanges, et sont trop souvent promues par les autorités constituées politiques, commerciales mais aussi idéationnelles. Les guerres de reconnaissance prennent la place occupée autrefois par les révolutions ; ce qui se joue, désormais, ce n'est plus la forme du monde à venir, mais le fait d'y posséder une place tolérable et tolérée ; ce ne sont plus les règles du jeu qui sont en jeu, mais uniquement l'admission à la table de jeu. C'est là l'enjeu de la « parité », ce nouvel avatar du droit de participer au jeu, de passer un verdict d'exclusion ou de supprimer toute possibilité qu'un tel verdict soit passé à l'avenir.

Enfin, il y a le réseau. Si la « fraternité » impliquait une structure préexistante qui prédéterminait et prédéfinissait les règles régissant la conduite, les attitudes et les principes de l'interaction, les « réseaux », eux, sont dépourvus d'histoire passée : ils naissent en cours d'action et ne sont maintenus en vie (ou plutôt recréés/ressuscités de façon continuelle et répétitive) que grâce aux actes de communication successifs.

Contrairement au groupe ou à toute sorte de « totalité sociale », le réseau est attribué individuellement et concentré sur l'individu – l'individu au centre en constituant la seule partie permanente et inamovible. Chaque individu est présumé porteur, sur lui, de son propre réseau – à l'image de l'escargot portant sa maison sur son dos. La personne A et la personne B peuvent très bien appartenir au réseau de C sans que A appartienne à celui de B, et B à celui de A – circonstance rejetée dans le cas des nations, des églises, des quartiers et autres totalités similaires.

Le trait le plus conséquent des réseaux est cependant l'inhabituelle flexibilité de leur portée, ainsi que l'extraordinaire facilité avec laquelle on peut modifier leur composition : il n'est pas plus difficile d'y ajouter ou d'en retrancher des éléments individuels que d'enregistrer ou de supprimer un numéro dans le répertoire d'un téléphone portable. Des liens éminemment cassables relient les unités du réseau, aussi fluides que l'identité de son « cœur », son unique créateur, propriétaire et manager. À travers les réseaux, l'« appartenance » devient un sédiment (mou et changeant) d'identification. L'appartenance se voit transférée de l'« avant » à l'« après » de l'identité. Elle suit rapidement, et sans grande résistance, les renégociations et redéfinitions successives de l'identité. Du même coup, les relations fixées et soutenues par une connectivité de type « réseau » se rapprochent de l'idéal d'une « relation pure » : une relation fondée sur des liens solubles basés sur un seul facteur, à durée indéterminée, sans conditions, sans engagements à long terme. En net contraste avec les « groupes d'appartenance », attribués ou librement intégrés, un réseau offre à son propriétaire/manager le sentiment réconfortant (mais en définitive erroné) d'exercer un contrôle total et serein de ses obligations et loyautés.

L'une des observatrices et analystes les plus précises et perspicaces des changements intergénérationnels, et en particulier des nouveaux styles de vie, Hanna Swida-Ziemba, a remarqué que, « dans les générations précédentes, les gens se situaient autant dans le passé que dans le futur ». Pour les jeunes d'aujourd'hui, toutefois, seul le présent existe, selon elle : « Les jeunes gens auxquels j'ai parlé durant mes recherches effectuées entre 1991 et 1993 me demandaient : pourquoi y a-t-il autant d'agressivité dans le monde ? Peut-on accéder au bonheur total ? Ces questions n'ont aujourd'hui plus aucune importance [1]. »

Swida-Ziemba parlait de la jeunesse polonaise. Mais dans notre monde en globalisation rapide, elle retrouverait des tendances très proches partout (pays ou continent) où elle mènerait ses recherches. Les données collectées en Pologne, un pays tout juste sorti d'une longue période de domination autoritaire qui lui avait fait conserver des modes de vie abandonnés ailleurs, ces données, donc, ne firent que condenser et télescoper les tendances mondiales, les rendant ainsi plus apparentes et donc plus simples à repérer.

Quand vous demandez « D'où vient l'agression ? » c'est probablement avec le désir d'y apporter un remède, car la situation vous insupporte, et vous voulez éliminer ou combattre l'agression. D'où votre désir de connaître l'origine de celle-ci. Vous voulez sans doute atteindre à la source même des impulsions d'agression ou des projets d'agression, et ce afin de la boucher, de la tarir. Si tel est bien le cas, alors

1. Lire son entretien (en polonais) avec J. Sokoliska dans « Wysokie Obcasy », *Gazeta Wyborcza*, 6 novembre 2006.

l'omniprésence de l'agression dans le monde doit vous être intolérable, vous devez la percevoir comme gênante, voire incompatible avec la vie humaine, et partant inique et indésirable ; cependant, vous devez également croire qu'il est *possible* de rendre ce monde hospitalier pour les hommes – et que, en essayant, *vous-même* pourriez faire partie de la force destinée et apte à opérer cette transformation. Dans le même ordre d'idées, lorsque vous demandez s'il est possible d'atteindre le bonheur plein et entier, vous croyez probablement en la possibilité d'atteindre, seul ou conjointement, un mode de vie plus agréable, plus noble et plus satisfaisant pour votre existence – et vous êtes déterminé à entreprendre l'effort nécessaire pour y arriver (voire à en accepter le sacrifice requis). En d'autres termes, lorsque vous posez ces questions, vous sous-entendez que, plutôt que d'accepter docilement l'état des choses, puisqu'il semble ne présenter à l'heure actuelle peu ou prou aucun signe de changement, vous êtes enclin à comparer votre force et vos aptitudes aux critères, aux tâches et aux buts que vous avez fixés vous-même à votre existence. Et non l'inverse.

Ces idées vous sont certainement déjà passées par la tête, et vous avez dû les suivre. Autrement, ces questions ne vous intéresseraient pas. Pour qu'elles vous viennent à l'esprit, il vous faut commencer par croire que le monde qui vous entoure n'est pas « donné » une fois pour toutes, qu'il peut être modifié, et que vous-même pouvez l'être en vous appliquant à le changer. Vous devez estimer que l'état du monde pourrait être différent de ce qu'il est, et que l'ampleur de la différence pourrait bien, au final, dépendre de ce que vous allez faire ; que l'état du monde – passé, présent et futur – peut dépendre de ce que vous faites ou vous abstenez de faire. Traduction : vous pensez être, simultanément, un artiste capable de créer et de modeler des choses et le produit de votre travail.

Comme nous le suggérait Michel Foucault, une seule conclusion émane de la proposition selon laquelle l'identité n'est pas donnée : nous devons *la créer*, au même titre qu'une œuvre d'art. En pratique, la question « La vie de tout être humain individuel peut-elle devenir une œuvre d'art ? » est une question rhétorique ; inutile de développer un argumentaire. Acceptant d'emblée la réponse positive, Foucault demande : si une lampe ou une maison peuvent être des œuvres d'art, pourquoi la vie humaine ne le pourrait-elle pas [1] ? J'estime, pour ma part, que les « nouveaux jeunes » et les « générations passées » que compare Swida-Ziemba se seraient rangés à l'avis de Foucault. Mais j'imagine aussi que les membres de ces deux catégories n'auraient pas entendu la même chose par « œuvre d'art ».

Les membres des générations passées considéraient sans doute l'œuvre d'art comme quelque chose d'une valeur durable, d'impérissable, de résistant aux outrages du temps et aux caprices du destin. Adoptant les habitudes des vieux maîtres, ils apprêtaient méticuleusement leur toile avant d'y appliquer le premier coup de pinceau et sélectionnaient avec autant de soin les solvants – ceci afin que les différentes couches ne croûtent pas en séchant, et que les couleurs conservent leur fraîcheur pendant plusieurs années, voire éternellement. La jeune génération, elle, chercherait davantage à imiter les pratiques et les modèles des artistes célébrés du moment – dans les « happenings » et les « installations » à la mode de nos jours. Avec les happenings, on sait seulement que personne (pas même leurs producteurs et acteurs) ne peut être sûr de la trajectoire qu'ils vont suivre, celle-ci étant otage du destin (« aveugle », incontrôlable). Dès lors, tout peut arriver, mais rien n'est certain d'arriver. Quant aux

1. Lire « On the Genealogy of Ethics : An Overview of Work in Progress », *The Foucault Reader*, P. Rabinow (dir.), New York, Random House, 1984.

installations – assemblements d'éléments fragiles et périssables, de préférence autodégradables –, chacun sait que les œuvres ne survivront pas à la clôture de l'exposition et que, pour remplir à nouveau la galerie, il faudra commencer par la vider de tous les vestiges (désormais inutiles) de l'installation terminée. Les jeunes peuvent également associer les œuvres d'art aux posters et autres affiches dont ils recouvrent le papier peint de leur chambre. Ils savent que ces posters, de même que le papier peint, ne sont pas censés décorer leurs chambres pour toujours. Tôt ou tard, il faudra les « actualiser » – les arracher afin de les remplacer par de nouvelles idoles.

Ces deux générations (l'ancienne et la nouvelle) conçoivent les œuvres d'art d'après les modèles de leurs mondes particuliers. Mondes dont on escompte que les arts mettront à nu la vraie nature et le vrai sens pour les soumettre à l'examen. On attend du monde qu'il soit rendu plus intelligible, voire qu'il soit entièrement compris, et ce grâce aux travaux des artistes ; mais, bien avant que cela se produise, les générations qui « vivent » ce monde le connaissent pour ainsi dire par « autopsie » : par l'examen de leur expérience personnelle et des récits racontés en commun pour en partager l'expérience et lui conférer du sens. Rien d'étonnant, par conséquent, à ce que, en net contraste avec les générations précédentes, les nouveaux jeunes pensent que personne ne peut vivre sa vie suivant une trajectoire tracée avant le début du voyage, et que, en fin de compte, ce sont les aléas du hasard et des accidents qui décident de l'itinéraire. Ainsi Swida-Ziemba dit-elle de certains des jeunes Polonais qu'elle a interviewés qu'ils « constatent qu'un de leurs amis a gravi les échelons de son entreprise au gré de promotions successives, jusqu'à ce que l'entreprise fasse faillite, et qu'il perde tout ce qu'il avait gagné. Il leur arrive alors de laisser tomber des études qui se déroulaient pourtant bien, pour partir travailler sur des chantiers en Angleterre ».

Les autres ne pensent pas du tout à l'avenir (« Une perte de temps, pas vrai ? ») et n'attendent pas de la vie qu'elle révèle une quelconque logique. Au contraire, ils attendent un coup de chance (possible) et se méfient des peaux de banane (tout aussi probables) – voilà pourquoi ils « veulent que chaque instant soit agréable ». J'insiste : *chaque* instant. Tout instant désagréable est un instant gâché. Puisqu'on ne peut anticiper quelle sorte de profits futurs un sacrifice présent peut rapporter (si tant est qu'il en rapporte), pourquoi renoncer au plaisir instantané que l'on peut tirer du moment présent et goûter sur-le-champ ?

L'« art de vivre » peut signifier diverses choses pour les membres des générations ancienne et présente, mais ceux-ci n'ont d'autre choix que de le pratiquer. Le cours de la vie et la signification de ses épisodes successifs, de même que le « but global » ou la « destination ultime » de la vie sont supposés être affaire de bricolage, quand bien même ils ne consistent qu'à sélectionner et assembler le bon kit Ikea. Chaque praticien de la vie est censé, comme les artistes, supporter la responsabilité des résultats de son travail et être applaudi ou hué en conséquence. De nos jours, chaque homme et chaque femme est un artiste moins *par choix* que, pour ainsi dire, *par décret du destin universel.*

« Être artiste par décret » signifie que l'inaction compte elle aussi comme action ; nager, naviguer mais également se laisser dériver, voilà, a priori, ce que l'on considère comme des actes d'art créatif, ceux qu'on se rappellera rétrospectivement comme tels. Même ceux qui refusent de croire à la succession logique, à la continuité et aux conséquences des choix, des décisions et des entreprises, ainsi qu'à la possibilité réaliste d'une domestication du destin – à la possibilité d'annuler la providence ou le destin, et de maintenir la vie sur une trajectoire conçue à l'avance – ceux-là mêmes ne restent pas les bras croisés ; il leur faut malgré tout « assister le destin » en veillant à accomplir les mille petites tâches que le destin leur a assignées (comme s'ils suivaient les croquis fournis avec le kit prêt à monter). À l'instar de ceux qui ne voient pas l'intérêt de retarder leur satisfaction et décident de vivre « pour le moment », ceux qui se soucient du futur et veillent à ne pas saper les chances à venir sont eux aussi convaincus de la volatilité des promesses de la vie. Tous semblent réconciliés avec l'impossibilité de rendre les décisions infaillibles, de prédire quelle étape suivante sera la bonne, lesquelles des graines éparses du futur donneront les meilleurs fruits, ou encore quels boutons de fleur vont faner avant qu'une bourrasque salutaire ou une guêpe de passage ait le temps de les ravitailler en pollen. Ainsi, quelles que puissent être leurs croyances par ailleurs, tous s'accordent à dire qu'il faut se dépêcher ; qu'on aurait grand tort de ne rien faire, ou d'agir avec lenteur et indolence.

C'est particulièrement vrai pour les jeunes : comme l'a remarqué Swida-Ziemba, ils récoltent des expériences « au cas où ». Les jeunes Polonais disent *moe* ; leurs homologues anglais *perhaps*, les Français *peut-être*, les Allemands *vieilleicht*, les Italiens *forse*, les Espagnols *tal vez* – mais tous ont en tête la même chose : qui peut dire, alors qu'on n'en sait rien, quel numéro va sortir au prochain tirage de la loterie de la vie ?

J'appartiens moi-même à l'une de ces « générations passées ».

Plus jeune, à l'instar de la plupart de mes contemporains, j'ai lu attentivement les instructions de Sartre concernant le choix d'un « projet de vie » – choix censé être le choix suprême, le métachoix qui déterminerait, une fois pour toutes, de A à Z, tous nos autres choix (subordonnés, dérivés, exécutifs). À chaque projet (nous disait Sartre) correspondaient une carte routière et un manuel détaillé sur la façon de suivre l'itinéraire. Nous n'avons eu aucun problème pour saisir le message de Sartre ; nous le jugions compatible avec ce que notre monde semblait annoncer ou sous-entendre. Dans le monde de Sartre, tout comme dans celui de ma génération, les cartes ne vieillissaient pas, ou très lentement (certaines se voulaient même « définitives »), les routes étaient ouvertes une fois pour toutes (on pouvait, cela dit, en refaire à l'occasion le revêtement afin de permettre de plus grandes vitesses) et elles promettaient de toujours conduire à la même destination chaque fois qu'on les empruntait ; les inscriptions des panneaux routiers devaient être repeintes de temps en temps, mais leurs messages ne changeaient jamais.

J'écoutais également (là encore, en compagnie d'autres jeunes gens de mon âge), sans une once de protestation, encore moins de rébellion, des conférences de psychologie sociale fondées sur des expériences en laboratoire sur des rats affamés dans un labyrinthe, cherchant l'unique itinéraire menant à la récompense alimentaire, et ce afin de le mémoriser pour le restant de leurs jours. Nous n'émettions pas la moindre protestation, car, dans le sort de ces rats, comme dans le conseil de Sartre, nous percevions des échos de nos propres expériences de vie.

Aujourd'hui, la plupart des jeunes tendent à considérer la nécessité de mémoriser l'itinéraire permettant de sortir du labyrinthe comme exclusivement réservée aux rats. Ils hausseraient les épaules si Sartre venait leur conseiller de fixer la destination de leur existence à l'avance, et de prévoir les mouvements qui leur permettront à coup sûr de l'atteindre. Leur objection ressemblerait à ceci : Qu'est-ce que je sais de ce que le mois prochain, ou l'année prochaine, va m'apporter ? Je ne peux être sûr que d'une chose, c'est que le mois prochain, ou l'année prochaine, et très certainement les suivantes, ne ressembleront pas à ce que je vis en ce moment ; et cette différence invalidera la plupart des connaissances et des savoir-faire que je mets aujourd'hui en pratique (la plupart, mais lesquelles… ?) ; il me faudra oublier une bonne part de ce que j'ai appris, et me défaire de bien des choses et des penchants (mais lesquels… ?) que je possède et dont je m'enorgueillis ; les choix considérés aujourd'hui comme les plus raisonnables et louables seront décriés demain. Il s'ensuit que le seul talent qu'il me faille acquérir et exercer est celui de la *flexibilité* – se débarrasser rapidement des talents inutiles, oublier fissa et mettre au rebut dans la foulée les avantages passés devenus handicaps, changer de cap et de route au dernier moment et sans regret, éviter les serments de loyauté à vie envers quiconque et quoi que ce soit. Après tout, les bonnes occasions ont tendance à apparaître soudainement, surgissant de nulle part, et à disparaître de la même façon : malheur aux ringards qui, par dessein ou à défaut, agissent comme s'ils devaient leur rester fidèles à jamais.

De nos jours, il semble que bien qu'on puisse encore rêver d'*écrire* à l'avance le scénario de la vie, et même tenter de réaliser ce rêve, il est risqué, voire suicidaire, de *rester fidèle* à ce scénario, quand bien même celui-ci paraît séduisant et infaillible. Les scénarios d'antan peuvent dater avant même les premières répétitions ; et s'ils survivent jusqu'au soir de la première, la durée de la pièce risque de se révéler d'une brièveté abominable. Dès lors, le fait de voir la scène de la vie adaptée à ce scénario pour une longue durée équivaudra à se couper la possibilité d'autres productions (mais combien… ?) plus à la page, et partant couronnées de davantage de succès. Les occasions se succèdent sans que personne puisse prédire à qui elles vont se présenter, ni quand.

Prenons le cas de Tom Anderson. Ancien étudiant en arts, il ne devait pas maîtriser un grand savoir-faire d'ingénieur, ni vraiment savoir comment fonctionnent tous les petits bijoux technologiques. Comme la plupart d'entre nous, c'était un simple utilisateur des produits électroniques modernes, qui n'avait jamais dû se demander ce que contenait la tour de son ordinateur, ni pourquoi telle ou telle fenêtre s'affichait à l'écran quand il appuyait sur telle ou telle touche. Et puis, un beau jour – il en fut sûrement le premier surpris –, Tom

Anderson fut reconnu par la communauté électronique comme le créateur et le pionnier de la « socialisation », le fondateur de ce qui fut bientôt baptisé la « seconde révolution Internet ». Son blog, à la base sans doute un hobby privé, a évolué en deux ans jusqu'à devenir la société MySpace, attirant des nuées de jeunes et très jeunes internautes (les internautes plus âgés, à supposer qu'ils aient entendu parler de MySpace, n'ont pas dû prendre la compagnie au sérieux, ne voyant là qu'une mode de passage, une nouvelle bêtise éphémère). La « compagnie » ne générait pas encore de véritables profits, et Anderson ne voyait pas comment (et ne comptait sans doute pas non plus) la rendre financièrement rentable. C'est alors que, en juillet 2005, Rupert Murdoch offrit (sans sollicitation aucune) la somme de 580 millions de dollars pour acquérir MySpace, dont l'existence ne tenait plus qu'à un (très mince) fil. Les décisions d'achat de Murdoch sont des sésames bien plus efficaces dans notre monde que la plus ingénieuse des formules magiques. Rien d'étonnant à ce que les chasseurs de trésor aient envahi le Web à la recherche de nouveaux diamants bruts. Ainsi Yahoo acheta-t-il un autre site Internet de la catégorie « socialisation » pour 1 milliard de dollars. En octobre 2006, Google débloqua 1,6 milliard de dollars pour acquérir YouTube – ouvert à peine dix-huit mois plus tôt, dans l'amateurisme le plus total, par deux passionnés, Chad Hurley et Steve Chene. Dans son édition du 8 février 2007, le *New York Times* annonçait que Hurley avait touché 345 millions de dollars en actions Google, et Chene des actions d'une valeur marchande de 326 millions, pour leur brillante idée.

Le fait d'être « découvert par le destin », sous les traits d'un puissant protecteur ou d'un riche mécène en quête de talents cachés ou pas reconnus à leur juste valeur, constitue, depuis la fin du Moyen Âge et les premières heures de la

Renaissance, un thème populaire dans le folklore biographique des peintres, des sculpteurs et des musiciens. (Il n'en allait pas de même dans l'Antiquité, où l'art était conçu comme le moyen de représenter fidèlement et docilement la magie de la création divine : les Grecs furent « incapables de concilier l'idée d'une œuvre créée sous les auspices de l'inspiration divine avec une rétribution financière [1] ». Le statut d'artiste était alors davantage associé au renoncement et à la pauvreté [« mourir au monde »] qu'à n'importe quelle sorte de succès matériel, et surtout pécuniaire.) Un mythe étiologique du fait d'être découvert par un personnage puissant fut sans doute inventé à l'aube de l'ère moderne, pour rendre compte des cas sans précédent d'artistes individuels (encore rares) qui connaissaient un succès soudain dans une société où la naissance constituait une sentence de vie sans appel, et qui ne concevait pas l'idée du self-made man (et encore moins de la self-made-woman). Ce mythe servait aussi à rendre compte de ces cas extraordinaires d'une façon qui réaffirmerait la norme plutôt qu'elle la saperait – l'ordre courant du pouvoir, de la puissance et du droit à la gloire. Étant d'origine humble, voire de purs et simples parias, les futurs maîtres des arts constatèrent, en règle générale (du moins à ce que laissait entendre le mythe), que même le plus grand talent, allié à une détermination sans faille, ne suffisait pas à satisfaire leur destinée – à moins qu'une main charitable et puissante ne vienne les tirer de la fange pour les conduire au pays, inaccessible autrement, de la célébrité, de la richesse et de l'admiration.

Avant l'avènement de la modernité, la légende de la « rencontre avec le destin » était presque exclusivement réservée aux artistes ; on ne s'en étonnera pas, puisque les praticiens des beaux-arts, tels les peintres ou les compositeurs, étaient

1. E. Kris et O. Kurz, *L'Image de l'artiste – Légende, mythe et magie. Un essai historique*, trad. M. Hechter, Paris, Rivages, 1987, p. 158.

parmi les seuls individus à pouvoir s'élever au-dessus de leur origine modeste, et espérer souper un soir avec les princes et les cardinaux, voire avec les rois et les papes. Cependant, la modernité progressant, les rangs des briseurs de classes sociales grossirent. Le nombre de parvenus croissant, les histoires inspirées de leurs rencontres avec le destin se répandirent. Ces récits nous renseignent aujourd'hui sur les espoirs de tous les « artistes de la vie », les praticiens ordinaires de l'art ordinaire de la vie ordinaire ; j'entends par là « nous tous », ou presque. Nous avons tous été décrétés détenteurs du droit de « rencontrer le destin », et ainsi de goûter aux joies du succès et d'une vie heureuse. Or il suffit qu'un droit soit décrété universel pour qu'il se change aussitôt en devoir universel.

Certes, ce sont principalement les artistes (ou, pour être précis, les gens dont les pratiques se sont vues rangées, par la grâce de l'acquisition subite du statut de célébrité, et sans aucune autre forme de procès, dans la catégorie des beaux-arts) dont les épreuves personnelles remplissent les fables de l'ascenseur social miraculeux, et que l'on s'empresse de jeter sous les feux de la rampe, d'offrir à l'adoration des foules. (Ainsi du fameux exemple de la jeune fille qui vendait pour 2£ des cendriers en verre au fond desquels elle avait collé des photos de chanteurs à la mode découpées dans des revues, cendriers d'une valeur de 0,50£. Elle passait ses journées dans une petite boutique d'une rue miséreuse de Londres – jusqu'au jour où une limousine s'arrêta devant sa boutique. À l'arrière de la limousine, un grand mécène qui devait transformer le destin de la jeune fille à la manière de la bonne fée transformant des citrouilles en carrosse pour Cendrillon.) Les histoires d'artistes connus (ou, plutôt, de jeunes gens transformés ainsi d'un coup de baguette magique) bénéficient d'une tradition séculaire de récits qui leur ont préparé le terrain ; en outre, elles s'adaptent très bien à notre époque moderne-liquide car, contrairement aux histoires des débuts de la modernité – telle la légende du cireur de chaussures devenu millionnaire –, elles passent sous silence les questions épineuses et décourageantes de la patience, du dur labeur et de l'abnégation que nécessite généralement le succès dans la vie. Les histoires de ces artistes étouffent la question de savoir quel type d'identité choisir et exercer pour devenir digne de l'attention et de l'estime publiques, et comment effectuer ce choix (du moins, dans un monde moderne-liquide, on s'attend, à juste titre, à ce que très rares soient les activités à même de conserver longtemps cette valeur). En revanche, il est un principe général sur lequel se concentrent les histoires modernes-liquides typiques : c'est le principe suivant lequel, dans un mélange contenant un destin bienveillant, tout ingrédient peut entraîner la sédimentation des cristaux du succès à partir de cette solution trouble qu'on appelle la vie. *Tout* ingrédient, j'insiste : pas uniquement, ou nécessairement, la corvée, l'abnégation et le dévouement que les histoires modernes-classiques suggéraient.

Au vu de ces conditions, l'invention des réseaux informatiques se révéla fort pratique. L'une des nombreuses vertus de l'Internet (l'une des principales causes de son rythme de croissance hallucinant) est d'éliminer la désagréable nécessité d'avoir à choisir son camp lorsqu'on se retrouve confronté à l'opposition (désormais démodée et plus vraiment comprise) entre travail et loisir, exercice et repos, action déterminée et oisiveté, voire entre application et paresse. Ces heures que vous passez devant votre écran d'ordinateur à passer d'un site à l'autre – de quoi s'agit-il ? Travail ou divertissement ? Boulot ou plaisir ? Impossible à dire ; vous n'en savez rien ; et pourtant, il faut vous absoudre du péché d'ignorance puisque aucune réponse fiable à ce dilemme n'apparaîtra et ne pourra apparaître avant que le destin ait abattu ses cartes.

Qu'on ne s'étonne pas, alors, que, au 31 juillet 2006, 50 millions de blogs aient été recensés sur le Web, et que, d'après les derniers calculs, ce total se soit accru de 175 000 par jour depuis. Que nous disent ces blogs ? Ils nous informent sur tout ce qui peut arriver à leurs propriétaires/auteurs/webmestres, tout ce qui peut leur passer par la tête – et ce parce que ceux-ci ignorent ce qui peut attirer l'attention de Rupert Murdoch, Charles Saatchi et consorts.

Créer une « page perso », un blog, revient à jouer à la loterie : on achète des tickets au cas où, avec ou sans l'illusion qu'il existe des règles nous permettant de prévoir lesquels seront gagnants – du moins le genre de règles qu'on pourrait apprendre et mémoriser afin de les appliquer fidèlement et efficacement dans notre pratique. Jon Lanchaster, qui a étudié un grand nombre de blogs, nous raconte le cas d'un blogger qui mettait en ligne la composition précise de son petit déjeuner, un autre qui décrivait les émotions qu'avait provoquées en lui le match de la veille, une troisième qui se plaignait des performances de son partenaire au lit, un quatrième qui proposait une horrible photo de son chien, un cinquième qui méditait sur les malheurs de la vie de policier, un autre enfin qui narrait les exploits sexuels d'un Américain en Chine [1]. Lanchaster parvint malgré tout à mettre au jour un trait commun à tous ces blogs : la sincérité et la simplicité non déguisées de cet étalage public des expériences les plus personnelles et des aventures les plus intimes – pour dire les choses plus brutalement, une envie débordante et une absence flagrante d'inhibition à se mettre, soi-même (ou du moins certaines parties de soi), sur le marché. Qui sait ? une de ces broutilles suscitera peut-être l'intérêt d'acheteurs potentiels (riches et puissants, pourquoi pas ?), en stimulant leur imagination ; ou au pire, celui de gens comme vous et moi, mais en nombre suffisamment important pour leur donner envie de faire au blogger une offre qu'il ne pourra

1. J. Lanchaster, « A Bigger Bang », *Guardian Weekend*, 4 novembre 2006.

pas refuser, et de pousser au maximum sa valeur marchande. La confession publique, surtout si elle est croustillante, de nos expériences les plus personnelles et censées-rester-secrètes, constitue une sorte de monnaie de substitution, bien que de moindre valeur : une monnaie à laquelle on a recours lorsqu'on n'a plus les moyens d'utiliser les monnaies qu'utilisent couramment les investisseurs plus « sérieux » (lire : plus riches).

De nombreux et éminents critiques d'art estiment que les arts ont à présent conquis la totalité du monde des vivants. Les rêves prétendument vains de l'avant-garde du siècle dernier se sont réalisés – mais pas nécessairement sous la forme que leurs auteurs espéraient pour cette grande victoire. Comble de frustration, on a aujourd'hui l'impression que, la victoire en poche, les arts n'ont plus besoin d'œuvres d'art pour manifester leur existence.

Il n'y a pas si longtemps que cela, et sans nul doute aux jours heureux de l'avant-garde, les arts luttaient pour prouver leur droit à l'existence en documentant leur utilité envers le monde et ses habitants ; il leur fallait des preuves solides et durables, palpables et si possible indéboulonnables et indestructibles, éternelles, des services précieux qu'ils pouvaient rendre. Désormais, non seulement les arts n'ont plus à laisser après eux de traces solides de leur présence, mais ils semblent en outre éviter de laisser des traces trop profondes, que l'on pourrait avoir du mal à effacer rapidement. Les artistes actuels semblent se spécialiser dans l'assemblage et le démantèlement rapide de leurs créations ; du moins traitent-ils les activités d'assemblage et de démantèlement comme autant de variantes également valides, précieuses et indispensables de la créativité artistique. Le grand artiste américain Robert Rauschenberg a mis en vente des feuilles de papier sur lesquelles un de ses collègues, Willem De Kooning, avait tracé des dessins – dessins qui avaient été entre-temps effacés. La contribution créatrice de Rauschenberg, celle pour laquelle les collectionneurs étaient censés payer, résidait dans les traces laissées sur la feuille. Ainsi Rauschenberg promut-il la *destruction* au rang de *création* artistique ; c'est l'acte d'*annihilation* des traces, et non leur *inscription*, que son acte visait à représenter comme le service que les arts rendaient à leurs contemporains. Rauschenberg ne fut en aucun cas le seul, parmi les artistes les plus éminents et influents, à émettre ce message. La suppression ou la dissimulation des traces étaient, et continuent d'être situées au niveau jusque-là occupé par leurs seules incrustations (éternellement, espérait-on) – et peut-être même à un niveau supérieur, où l'on teste les outils de vie les plus urgemment nécessaires, et où les défis les plus graves de la condition existentielle humaine se situent, sont affrontés et gérés.

Tout ce que nous venons de voir sur la transformation récente des beaux-arts s'applique au genre artistique le plus courant, le plus universellement pratiqué : l'art de la vie. En fait, les changements opérés au sein des beaux-arts semblent avoir résulté des efforts des artistes pour se mettre au niveau de ceux de l'art de la vie, tout au moins de ses variétés les plus évidentes. Comme dans bien d'autres domaines, l'art reproduit la vie ; en général, les changements dans les beaux-arts restent en retard par rapport à ceux des modes de vie, bien que les créateurs artistiques s'efforcent de les anticiper, et qu'il leur arrive d'inspirer ou de faciliter un changement, ainsi que de contribuer à son intégration au sein des pratiques de vie quotidiennes. Avant que les artistes ne l'aient découverte, la « destruction créatrice » était déjà bien pratiquée et enracinée dans la vie courante, en tant qu'un de ses expédients les plus couramment appliqués. Le geste de Rauschenberg peut dès lors s'interpréter comme une tentative d'actualisation de la signification de la « peinture représentative ». Quiconque souhaite mettre à nu, étaler au grand jour et rendre intelligibles les expériences humaines (sous leurs formes d'*Erfahrungen* et d'*Erlebnisse*), quiconque tient à ce que son œuvre compose une représentation fidèle de ces expériences, devrait suivre l'exemple de Rauschenberg, et mettre au jour, afin de les soumettre à l'examen, les liens intimes entre création et destruction.

Pratiquer l'art de la vie, faire de son existence une œuvre d'art, revient, dans notre monde moderne-liquide, à se trouver en état de transformation permanente, de redéfinition perpétuelle de nous-mêmes en *devenant* quelqu'un d'autre ; or « devenir quelqu'un d'autre » revient à *cesser* d'être ce que l'on était, à se défaire de notre ancienne forme, tout comme un serpent opère sa mue – rejeter, et espérer se débarrasser, une à une, des *personae* élimées, usées, trop étroites, ou moins satisfaisantes par rapport aux nouvelles possibilités disponibles. Pour afficher un nouveau moi, et pour l'admirer devant son miroir ainsi que dans le regard d'autrui, il faut commencer par retirer l'ancien moi de notre vue et de celle de nos congénères, voire de notre mémoire et de la leur. L'« autodéfinition » et l'« affirmation de soi » sont des processus de destruction créatrice que nous mettons chaque jour en pratique.

Les gens sont nombreux, en particulier les jeunes (qui ne laissent derrière eux que de rares et peu profondes traces, faciles à effacer), à trouver plaisante cette nouvelle édition de l'art de la vie. Ils ont certes de bonnes raisons de le faire. Cette nouvelle variété offre une ribambelle apparemment infinie de joies. De plus, elle promet que ceux qui recherchent cette vie joyeuse et satisfaisante ne subiront jamais de défaite ultime, définitive et irrévocable ; qu'après chaque revers, ils auront une chance de se refaire ; qu'ils auront le droit de faire la part du feu et de recommencer, de « commencer du (nouveau) début » – et ainsi de regagner, ou d'être dédommagé de ce qu'ils ont perdu au cours de leur « re-naissance » (c'est-à-dire en participant à un autre « unique jeu qui compte ») – de manière à pouvoir oublier facilement les parties destructrices des actes de destruction créatrice successifs ; de sorte aussi que l'arrière-goût amer qu'ils laissent en bouche soit enseveli sous la douceur de la nouveauté et de ses promesses vierges.

Il est particulièrement difficile de résister aux pressions, de les combattre et de les repousser, lorsqu'elles n'ont pas recours à la coercition manifeste et ne menacent pas de violence. Un ordre – « Faites ceci (ou ne faites pas ceci), ou bien... » – génère ressentiment et rébellion. Par comparaison, une suggestion de type « Vous le voulez, vous pouvez l'avoir, alors allez-y » se plie aux exigences de l'*amour de soi* [1] constamment affamé de compliments ; elle nourrit l'estime de soi et encourage l'individu à tenter – suivant sa volonté, et son bon plaisir.

Dans notre société de consommateurs, l'envie d'imiter le style de vie recommandé actuellement par les dernières offres du marché, et encensé par les porte-parole volontaires ou engagés par les marchés (et, par voie de conséquence, l'obligation de continuellement remanier notre identité et notre personne publique) n'est plus associée à la coercition extérieure (et donc agressive et perturbatrice) ; cette envie tend, au contraire, à être perçue comme une nouvelle manifestation et une nouvelle preuve de la liberté personnelle. Ce n'est qu'en essayant de se retirer de la quête de l'identité insaisissable, à jamais inaccomplie – ou si jamais on se fait exclure de cette quête (scénario proprement effrayant), ou refuser l'accès a priori –, que l'on verra toute la puissance des forces qui gèrent le champ de course, en gardent les entrées et maintiennent les coureurs en course. Et l'on constatera alors la sévérité du châtiment réservé aux malheureux et aux indisciplinés. La chose est bien connue de tous ceux qui, ne possédant ni compte en banque ni carte de

1. En français dans le texte (*N.d.T.*).

crédit, ne peuvent se payer le billet d'entrée. Pour de nombreux autres, la chose peut être devinée en prêtant attention aux sombres prémonitions qui hantent les nuits qui suivent des journées de shopping – ou en écoutant l'avertissement qui leur est adressé quand leur compte en banque passe dans le rouge, et quand leur solde atteint le zéro.

De nos jours, les panneaux qui jalonnent la trajectoire de vie apparaissent et disparaissent pour ainsi dire sans prévenir ; les cartes du territoire que la trajectoire est censée traverser à un moment donné sont actualisées presque quotidiennement (mais de façon irrégulière, et sans prévenir). Les éditeurs sont nombreux à imprimer et mettre en vente ces cartes, on les trouve partout, mais aucune n'est « autorisée » par aucun bureau prétendant contrôler le futur ; quelle que soit la carte choisie, vous êtes seul responsable de ce choix, à vos risques et périls. En résumé, la vie des chercheurs/constructeurs/réformateurs d'identité regorge de soucis ; leur art de vie particulier requiert beaucoup d'argent, des efforts acharnés et, en maintes occasions, des nerfs d'acier. On ne s'étonnera donc pas que, malgré toutes les joies et tous les instants de bonheur qu'elle promet et procure, quantité d'individus ne voient pas dans cette existence une vie qu'eux-mêmes, si on leur laissait une véritable liberté de choix, souhaiteraient mener.

On entend souvent dire que ces gens-là sont indifférents, voire carrément hostiles, à la liberté ; ou qu'ils ne sont pas assez adultes pour l'apprécier. Et donc, leur non-participation au style de vie dominant dans la société moderne-liquide des consommateurs tend à s'expliquer soit par un ressentiment idéologique vis-à-vis de la liberté, soit par l'incapacité de la mettre en pratique. Cela dit, cette explication n'est, au mieux, que partiellement vraie. La fragilité de toutes les identités (et même leur solidité pas assez fiable) fait peser sur les épaules des chercheurs d'identité le devoir d'accomplir cette tâche au quotidien et intensément. Ce qui était peut-être au départ une entreprise consciente se transforme, au fil du temps, en routine inconsciente, grâce à quoi l'affirmation (qu'on nous serine à longueur de journée) « vous *pouvez* devenir quelqu'un d'autre » se voit reformulée en « vous *devez* devenir quelqu'un d'autre ».

Or, c'est cette obligation que plus d'un individu a du mal à prendre pour de la liberté. Voilà pourquoi elle leur déplaît, et pourquoi ils la combattent. En outre, cette obligation maintient une pression régulière et irrésistible. Dès lors, que vous possédiez ou non les ressources nécessaires pour « faire ce que vous devez faire », l'obligation prend des accents d'asservissement et d'oppression. Dans un courrier adressé à un grand quotidien britannique, un lecteur se plaignait de ce que les « quatre objets indispensables » pour tout homme respectable au printemps 2007, tels que recommandés dans la section « Mode » dudit journal (trench-coat kaki, chemise col Mao, pull col en V et caban), coûtaient la bagatelle de 1 499£. Simple question de moyens ? Si « être libre » signifie pouvoir agir suivant ses désirs, et chercher à atteindre des objectifs que l'on s'est fixés, alors la version consumériste, moderne-liquide, de l'art de la vie promet peut-être la liberté pour tous, mais elle ne l'offre qu'avec parcimonie, et de façon très sélective.

« Comme le besoin de services publics a augmenté, les électeurs américains en sont venus à se prononcer en faveur d'une réduction des soins que le gouvernement prodigue, et plus d'un se tourne vers la famille assiégée comme source principale de soins », observe Hochschild [1]. Ce faisant, ils tombent de Charybde en Scylla.

Les mêmes pressions consuméristes qui associent l'idée de « soins » à un inventaire de marchandises de consommation

1. Lire A. R. Hochschild, *The Commercialization of Intimate Life*, *op. cit.*

tels le jus d'orange, le lait, la pizza surgelée et les fours à micro-ondes, dépouillent les familles de leurs techniques et ressources socio-éthiques ; elles les désarment dans leur lutte pour faire face aux nouveaux défis ; défis soutenus par les législateurs, qui tentent de réduire les déficits financiers de l'État par le développement des « déficits de soins » (réduire les fonds alloués aux mères célibataires, aux handicapés, aux malades mentaux et aux personnes âgées).

Un État est « social » quand il promeut le principe d'une assurance collective, *endossée en commun*, contre les malheurs individuels et leurs conséquences. C'est avant tout ce principe – déclaré, mis en œuvre et que l'on pense être en ordre de travail – qui repositionne l'idée autrement abstraite de « société » dans l'expérience de la communauté ressentie et vécue, en remplaçant l'« ordre de l'égoïsme » (pour reprendre l'expression de John Dunn), qui ne manquera pas de générer une atmosphère de méfiance et de suspicion, par l'« ordre de l'égalité », inspirant confiance et solidarité. C'est ce même principe qui élève les membres de la société au statut de *citoyens*, c'est-à-dire qui fait d'eux des parties prenantes en plus d'être des actionnaires [1] : des bénéficiaires, mais aussi des acteurs – les tuteurs autant que les pupilles du système de « prestations sociales » –, des individus dotés d'un grand intérêt vis-à-vis du bien commun compris comme un réseau d'institutions partagées dont on peut espérer, et attendre, qu'elles garantissent la solidité et la fiabilité de la « police d'assurance collective » offerte par l'État.

L'application d'un principe comme celui-là peut, et c'est bien souvent le cas, protéger les hommes et les femmes de ce fléau qu'est la *pauvreté* ; mieux encore, ce principe peut se transformer en une généreuse *source de solidarité*, capable de recycler la « société » en un bien commun, partagé,

1. En anglais : « stakeholders in addition to being stockholders » (*N.d.T.*).

détenu et entretenu en commun, et ce grâce à la protection qu'il fournit contre les horreurs jumelles de la *misère* et de l'*indignité* – être exclu, tomber ou être expulsé de l'express du progrès, être condamné à la « redondance sociale », se voir nier le respect dû aux être humains et être catalogué comme « déchet humain ».

L'« État social » était censé, à la base, permettre d'atteindre ces buts. Lord Beveridge, le « père » de l'État-providence en Grande-Bretagne après la Seconde Guerre mondiale, croyait que sa vision d'une assurance complète, endossée collectivement pour *tout le monde*, était la conséquence inévitable, ou plutôt le complément indispensable, de l'idée libérale de la liberté individuelle, mais aussi une condition nécessaire de la *démocratie libérale*. Quand Franklin Delano Roosevelt déclara la guerre à la peur, il se fondait sur la même supposition. Hypothèse raisonnable : après tout, la liberté de choix doit s'accompagner de risques innombrables d'échec. Risques que plus d'un trouvera insupportables, craignant qu'ils dépassent sa capacité de gestion. Pour de nombreuses personnes, la liberté de choix restera un fantôme insaisissable, un vain rêve, tant que la peur de la défaite ne sera pas atténuée par une police d'assurance promulguée au nom de la communauté, une police à laquelle on peut se fier en cas d'échec personnel ou de coup du sort.

Si la liberté de choix est accordée en théorie mais inaccessible en pratique, alors les affres du *désespoir* seront dépassées par l'ignominie de l'*infortune* – parce que la capacité de faire face aux défis de la vie constitue l'atelier même dans lequel la confiance en soi des individus, mais aussi leur sentiment de dignité humaine et leur estime personnelle, sont moulés ou fondus. En outre, sans assurance collective, on peut douter qu'interviennent des stimuli d'engagement politique – et surtout pas pour la participation au rituel démocratique des élections, puisque le salut n'a guère de chances de venir d'un État politique qui n'est pas, et refuse d'être, *social*. Sans droits sociaux *pour tous*, un grand nombre d'individus (et selon toute probabilité, un nombre croissant d'individus) jugeront leurs droits inutiles, sans grand intérêt pour eux. Si les droits politiques sont nécessaires à l'établissement des droits *sociaux*, ces derniers sont pour leur part indispensables au bon fonctionnement des droits *politiques*. La survie de chacun dépend de l'autre. Survie qu'ils ne peuvent donc réaliser qu'en commun.

L'État social est l'incarnation moderne ultime de l'idée de communauté : l'incarnation de cette idée sous sa forme moderne d'une totalité imaginée, abstraite, tissée d'un ensemble de dépendances, engagements et solidarités réciproques. Les droits sociaux – droits au respect et à la dignité – relient cette totalité imaginée aux réalités quotidiennes de ses membres, et enracinent cette imagination dans l'expérience de vie ; ces droits certifient, simultanément, la véracité et le réalisme de la confiance mutuelle *et* de la confiance dans le réseau institutionnel commun qui approuve et valide la solidarité collective.

Le sentiment d'« appartenance » se traduit par la confiance dans les bienfaits de la solidarité humaine et dans les institutions qui en naissent, qui promettent de l'entretenir et d'en assurer la fiabilité. Toutes ces vérités, le programme du parti social-démocrate suédois les énonçait en 2004 :

> Un jour ou l'autre, tout le monde est fragile. Nous avons besoin les uns des autres. Nous vivons nos vies dans l'instant présent, avec les autres, dans le tourbillon du changement. Nous nous enrichirons tous si nous permettons à tout le monde de participer, et si nous ne laissons personne de côté. Nous serons plus forts s'il y a de la sécurité pour tous, et pas seulement pour quelques-uns.

De même que la force d'un pont ne se mesure pas à la force moyenne de ses piles mais à celle de la plus faible, et qu'elle s'accroît en fonction de celle-ci, la confiance et les ressources d'une société se mesurent à la sécurité, aux ressources et à l'assurance de ses sections les plus faibles – et s'accroissent avec elles. Contrairement à ce qu'avancent les avocats de la « troisième voie », la justice sociale et l'efficacité économique, la fidélité envers la tradition de l'État social et la capacité de se moderniser rapidement (et surtout, sans trop endommager la cohésion sociale et la solidarité) n'ont pas à être, et ne sont pas, en désaccord. Au contraire, ainsi que le démontre et le confirme la pratique démocratique sociale des pays nordiques, « la recherche d'une société plus cohésive au point de vue social est la condition nécessaire à sa modernisation consentie [1] ».

Contrairement aux nécrologies largement prématurées que rédigèrent les fondateurs et les hérauts de la « troisième voie », le modèle scandinave n'est pas une relique d'espoirs passés à présent frustrés, pas plus qu'un plan que l'on rejette car dépassé. L'actualité de ses principes sous-jacents, la puissance de sa capacité à embraser l'imagination humaine et à inspirer des actions aux gens, se voient aux récents triomphes des États sociaux émergents ou ressuscités au Venezuela, en Bolivie, au Brésil ou au Chili. États qui modifient peu à peu, mais inlassablement, le paysage politique et l'humeur populaire de la partie latine de l'Occident. On reconnaît en outre là toutes les marques de ce « crochet du gauche » par lequel ont tendance, ainsi que l'observa Walter Benjamin, à être portés tous les coups décisifs dans l'histoire de l'Homme. On aura peut-être du mal à percevoir cette vérité dans le flot quotidien des routines consuméristes, mais elle n'en est pas moins réelle pour autant.

Pour éviter toute méprise, disons tout de suite que l'« État social », dans la société des consommateurs, n'est ni conçu ni pratiqué comme une alternative au principe de la liberté

1. Lire *Sweden's New Social Democratic Model*, Compass, 2005, p. 32 ; http ://www.compassonline.org.uk/publications/.

du consommateur – de même qu'il n'était pas conçu comme alternative et qu'il ne faisait pas office d'alternative à l'éthique du travail dans la société des producteurs. Les pays dotés des principes et institutions, solidement établis, d'un État social, dans la société des consommateurs, se trouvent également être ceux qui ont les niveaux de consommation les plus élevés – tout comme les pays dotés des principes et institutions, solidement établis, d'un État social, dans la société des producteurs étaient ceux dont l'industrie prospérait.

Le but de l'État social dans la société des consommateurs, à l'instar de ce qu'il était dans celle des producteurs, est de défendre la société contre les « dommages collatéraux » qu'engendrerait le principe directeur de la vie s'il était livré à lui-même. Il vise à protéger la société contre la multiplication des « victimes collatérales » du consumérisme : les exclus, les parias, l'*underclass*. Il lui incombe d'empêcher l'érosion de la solidarité humaine et le déclin des sentiments de responsabilité éthique.

Chapitre 4

La vie pressée. Ou les défis modernes-liquides à l'éducation

Un catalogue de mode influent, au vaste lectorat, proposait, pour la saison automne-hiver 2005, « une demi-douzaine de looks-clés » « pour les mois à venir » « qui vous placeront en tête du peloton du style ». Cette promesse était adroitement calculée pour attirer l'attention, et ce d'autant plus qu'elle parvint, en une courte phrase, à traiter quasiment toutes les angoisses engendrées par la société des consommateurs et nées de la vie de consommation.

Première angoisse, celle d'« être et de rester en tête » (en tête du « peloton du style » – c'est-à-dire des « partenaires », de « ces autres qui comptent » et dont l'approbation ou le rejet trace la frontière entre échec et succès [1]). *Être* en tête constitue la seule recette fiable pour l'acceptation du peloton du style, tandis que *rester* en tête est la seule façon de s'assurer que le respect apparaît en quantité suffisamment ample et

1. Petite correction : concernant l'approbation ou le rejet du « peloton du style », on ne peut parler (pour reprendre l'expression de J. Derrida) que *sous rature* – en revenant aux mécanismes désormais inopérants de régulation normative, de pression sociale et de contrôle du groupe. Il serait plus juste de parler de la différence entre échec et succès telle que déterminée par la conformité ou la non-conformité avec les modèles établis et promus par le peloton du style.

continue. L'offre nous promet donc une garantie de sécurité reposant sur la confiance en soi, sur la certitude ou la quasi-certitude d'« être dans le vrai » – le type de sensation que la vie de consommation rate manifestement, bien qu'elle soit guidée par le désir de l'obtenir. La référence au fait d'être et de rester en tête du peloton du style promet l'appartenance – le fait d'être approuvé et intégré. « Être en tête » implique la sécurité par rapport à l'échec : éviter l'exclusion, l'abandon, la solitude.

Deuxième point, la promesse s'accompagne d'une date limite d'utilisation : attention, lecteurs, le message ne vaut que « pour les mois à venir ». Sous-entendu : « Pressons, pas une seconde à perdre. » Ce message comprend donc un avertissement, qu'on aurait grand tort d'ignorer : les bénéfices qu'on retire d'une réponse rapide à l'appel, pour mirifiques qu'ils puissent être, ne sont pas éternels. Toute assurance de sécurité acquise devra être *renouvelée* une fois les « mois à venir » passés. Dans son roman *La Lenteur*, Milan Kundera révèle le lien intime qui unit vitesse et oubli : « le degré de la vitesse est directement proportionnel à l'intensité de l'oubli ». Pourquoi ? Parce que si la conquête de la scène implique d'en tenir à l'écart d'autres personnes, alors la conquête de la scène connue sous le nom d'« attention publique » (plus exactement, l'attention du public désigné pour être recyclé sous la forme de consommateurs) exige d'en écarter d'autres objets d'attention. Les scènes, nous rappelle Kundera, ne sont inondées de lumière que les premières minutes.

Troisième angoisse : comme il y a non pas un seul mais « une demi-douzaine » de choix disponibles, on est libre (enfin, libre de *choisir* parmi *ces* six). On peut se sélectionner un look. Le choix n'est pas mis en cause ici (choisir en soi, et assumer les responsabilités de votre choix, on ne peut l'éviter), pas plus que les options à partir desquelles le choix doit être effectué (il n'en existe pas d'autres ; toutes les possibilités ont été découvertes et présélectionnées). Mais oublions les pressions du temps, la nécessité de chercher à gagner les faveurs du peloton du style, et le nombre limité de choix que l'on peut faire (une demi-douzaine, pas plus). Ce qui compte, c'est que *vous ayez, vous-même, les choses en main à présent*. Il n'y a pas à discuter : le choix vous appartient, mais il est obligatoire de choisir, et les limites du domaine sur lequel porte votre choix ne sont pas négociables.

Ces trois messages annoncent l'état d'urgence. L'urgence, en soi, n'a certes rien de nouveau (à ceci près que, cette fois, afin de rassurer les anxieux, on affirme que la vigilance, la détermination constante à aller où l'on doit aller, l'argent dépensé et les travaux accomplis sont tous justes et appropriés). Les signaux d'alerte (orange ? rouge ?) sont déclenchés, ils annoncent la présence, droit devant, de nouveaux départs pleins de promesses, mais aussi de risques pleins de menaces. Aujourd'hui comme hier, il importe de ne jamais rater le début de l'action, de crainte de se retrouver à la queue, et non en tête, du peloton du style. Et de prendre conscience de ce qu'il est inutile d'agir en s'appuyant sur les instruments et les routines qui fonctionnaient autrefois. La vie de consommation est une vie d'*apprentissage rapide – et de prompt oubli*.

Il est aussi important, si ce n'est plus, d'oublier que d'apprendre. À tout « il faut » correspond un « il ne faut pas », et personne ne sait lequel des deux révèle le véritable objectif du rythme haletant du renouveau/déplacement, et lequel n'est qu'une mesure auxiliaire visant à garantir que l'objectif sera atteint. Le type d'information et d'instruction qu'on a le plus de chances de rencontrer dans ce type de revue de mode ressemble à : « la destination de *cet automne* est le Carnaby Street des sixties » ou « la tendance gothique actuelle est parfaite *ce mois-ci* ». Cet automne n'a bien entendu rien à voir avec l'été précédent, ni *ce mois-ci* avec les *précédents* ; si bien que ce qui convenait au mois dernier ne convient plus pour celui-ci, de même que la destination de l'été dernier se trouve à des années-lumière de celle de cet automne. Les « ballerines » ? « C'est le moment de vous en débarrasser. » Les « lanières » ? « Pas de ça cette saison. » L'appel à « jeter un œil dans [sa] trousse de maquillage » a toutes les chances d'être suivi d'une information de type « *la saison* sera aux couleurs riches », puis de cet avertissement : « le beige et ses cousins tranquilles mais ternes ont fait leur temps… Dégagez-les, *tout de suite* ». Évidemment, personne n'irait mêler, sur un même visage, du « beige terne » et des « couleurs riches ». L'une de ces palettes doit céder sa place.

Mais doit-on réellement « dégager » le beige pour préparer son visage aux riches couleurs ? Ou bien sont-ce les riches couleurs qui jaillissent des rayons de supermarchés et des boutiques spécialisées pour s'assurer que les restes de beige dégagent bien des trousses de maquillage ? Les millions de femmes à opérer ce remplacement diraient sans doute que la mise au rebut du beige est un triste effet secondaire, ou « victime collatérale », du progrès du maquillage. Et pourtant certains parmi les milliers de responsables chargés de remplir les rayons des supermarchés pourraient bien admettre, dans un moment de vérité, que l'avalanche de riches couleurs leur a été imposée par le besoin de raccourcir la durée de vie du beige, pour mieux faire tourner l'économie. Ces deux explications seraient correctes. Après tout, le PNB, l'index officiel du bien-être d'une nation, ne se mesure-t-il pas à la quantité d'argent échangé ? La croissance économique n'est-elle pas entraînée par l'énergie et l'activité des *consommateurs* ? Le « consommateur traditionnel », celui qui n'achète que ce dont il a besoin, ne constitue-t-il pas le plus grand danger qui guette les marchés de la consommation ? Le but majeur et le principal volant de la prospérité consumériste n'est-il pas le soutien de la *demande*, plutôt que la satisfaction des besoins ? Dans une société de consommateurs, à une époque où les politiques de vie prennent la place de la Politique avec un grand *P*, le véritable cycle économique, celui qui fait réellement tourner l'économie, est le cycle du « j'achète, j'utilise, je dégage ».

Le fait que deux réponses aussi manifestement contradictoires puissent être simultanément correctes constitue le plus grand exploit de la société des consommateurs, ainsi que la clé de son ahurissante capacité à se reproduire et à s'étendre.

La vie de consommation ne consiste pas à acquérir et à posséder. Ni même à se débarrasser de ce qu'on a acquis avant-hier et dont on se vantait hier. Non, elle consiste avant tout à *être en mouvement*. Si Max Weber avait vu juste, et si le principe éthique de la vie de production était bien (et devait toujours être, si l'on recherchait une vie de production) la satisfaction différée, alors le principe éthique d'une vie de consommation (à compter que l'éthique d'une telle vie puisse être présentée de façon claire et franche) devrait concerner le *caractère fallacieux d'une satisfaction permanente*. La plus grande menace qui pèse sur une société qui proclame « la satisfaction du consommateur » comme sa motivation et son but, est précisément le consommateur satisfait. À n'en pas douter, le « consommateur satisfait » serait une catastrophe aussi grave pour lui-même que pour l'économie consumériste. Plus rien à désirer ? Plus rien à rechercher ? Relégué à ce que l'on possède (et donc à ce que l'on est) ? Plus rien ne tente d'obtenir une place sur la scène de l'attention, et par conséquent plus rien ne fait sortir de scène la mémoire afin de préparer le terrain pour de « nouveaux départs ». Une telle situation – brève, si tout se passe bien – ne pourrait être baptisée que d'un nom : ennui. Les cauchemars qui hantent l'*Homo consumens* sont le souvenir de choses qui menacent de s'incruster et d'encombrer la scène.

Ce n'est pas la création de *nouveaux besoins* (si certains parlent de « besoins artificiels », c'est à tort, puisque l'« artificialité » n'est pas une caractéristique propre aux « nouveaux » besoins ; quand ils se servent des prédispositions humaines naturelles comme d'une matière première, tous les besoins de toutes les sociétés prennent forme par l'« artifice » de la pression et des modèles socioculturels) qui constitue la préoccupation majeure (et, comme le dirait Talcott Parsons, la « condition nécessaire fonctionnelle ») de la société des consommateurs. C'est le fait de minimiser, d'attaquer, de tourner en ridicule et d'enlaidir les *besoins d'hier* (le maquillage beige, signe d'audace la saison dernière, est désormais non seulement démodé, mais aussi terne et honteux, puisque symbole de couardise : « Ce n'est pas du maquillage, c'est un doudou »), et plus encore le fait de discréditer l'idée que la vie de consommation devrait être guidée par la satisfaction des besoins. Dans la société des consommateurs, ceux qui ne se fient qu'aux besoins qu'ils croient avoir, et ne sont mus que par l'envie de les satisfaire, sont des *consommateurs défectueux* et par conséquent des *parias sociaux*.

Le secret de tout système social durable (c'est-à-dire, qui réussit son autoreproduction) consiste à transférer ses « conditions nécessaires fonctionnelles » aux motivations comportementales des acteurs. Autrement dit : le secret de toute « socialisation » réussie consiste à faire en sorte que les individus *souhaitent faire* ce qu'il *faut faire* pour permettre au système de se reproduire. Or cela peut se faire – comme au temps de la phase solide de la modernité, dans la société des producteurs – de façon explicite, en soutenant résolument les intérêts d'un « tout », comme un État ou une nation, au moyen d'un processus tour à tour appelé « mobilisation spirituelle », « éducation civique » ou « endoctrinement idéologique ». Cela peut aussi se faire de façon indirecte, par l'application ouverte ou non et l'inculcation de certains modèles de comportement, ainsi que de certains modèles de résolution des problèmes, qui, à condition de les observer (puisqu'ils doivent être observés, dans la mesure où les choix alternatifs disparaissent, de même que les techniques nécessaires à leur pratique), soutiendront le système – comme il en va dans la phase liquide de la modernité, dans la société des consommateurs.

Cette façon de lier les conditions préalables systémiques et les motivations individuelles caractéristiques d'une société de producteurs exigeait la dévaluation de l'« instant présent ». En particulier celle de la satisfaction immédiate, et plus généralement celle de la *jouissance*. Du même coup, il fallait également introniser le précepte de la satisfaction retardée – à savoir, le sacrifice de récompenses présentes spécifiques au nom de bénéfices futurs imprécis, ainsi que le sacrifice des récompenses individuelles au bénéfice du « tout » (société, nation, classe, sexe, ou tout « nous » délibérément sous-spécifié) –, précepte qui devait assurer, en temps voulu, une vie meilleure à tous. Dans une société de producteurs, le long terme a priorité sur le court terme, et donc les besoins du tout sur ceux de ses parties – par conséquent, les joies et les satisfactions tirées de valeurs « éternelles » et « supra-individuelles » sont considérées comme supérieures aux extases individuelles fugaces, et le bonheur du plus grand nombre est placé au-dessus des malheurs d'une minorité. Ces satisfactions sont, en fait, considérées comme les seules satisfactions *authentiques* et *valables* dans la foule des « plaisirs du moment », tous aussi faux, trompeurs, *forcés* et *dégradants* les uns que les autres.

Sages à contretemps, nous (hommes et femmes dont les vies se mènent dans le cadre moderne-liquide) sommes enclins à rejeter cette façon de raccorder la reproduction systémique aux motivations individuelles. Nous voyons en effet là une opération incroyablement coûteuse et, par-dessus tout, abominablement oppressive – puisqu'elle va à l'encontre des inclinations humaines « naturelles ». Freud fut l'un des premiers penseurs à le remarquer, bien que ce penseur fort imaginatif lui-même, se fondant sur des données provenant d'une existence vécue sur la pente ascendante de la société de l'industrie de masse et de la conscription de masse, ait été incapable de concevoir une alternative à la suppression coercitive des instincts [1]. Dès lors, il attribua à ce qu'il observait le statut générique de traits nécessaires et inévitables de toute civilisation : la civilisation « en tant que telle ».

Freud conclut que la demande de renonciation à l'instinct ne sera pas acceptée de bon cœur. Une grande majorité d'êtres humains, précisait-il, n'obéissent que sous la pression de la coercition extérieure à plus d'un des préceptes ou interdictions culturels. « On peut reculer effrayé à la pensée du colossal effort de contrainte qu'il faudra inévitablement déployer » pour promouvoir, instiller et sécuriser les choix civilisateurs nécessaires telles, par exemple, l'éthique du travail (c'est-à-dire une condamnation en bloc des loisirs, alliée au commandement de travailler pour travailler, quelles que soient les récompenses matérielles), ou l'éthique de la cohabitation pacifique proposée par le commandement « Tu aimeras ton prochain comme toi-même » (« À quoi bon, s'interroge de façon rhétorique Freud, cette entrée en scène si solennelle d'un précepte que, raisonnablement, on ne saurait conseiller à personne de suivre ? »). Le reste de l'argumentation freudienne est trop célèbre pour que je le répète ici en détail : la civilisation doit être soutenue par la répression, puisque apparaissent inévitablement certaine quantité de dissentiment frémissant et de rébellion sporadique mais répétitive, ainsi qu'un effort continu visant à les mater ou à les anticiper. Mécontentement et révoltes sont inévitables dans la mesure où toute civilisation est synonyme de contrainte, et où toute contrainte est repoussante. « En opérant cette

1. Toutes les citations suivantes sont extraites de *L'Avenir d'une illusion*, trad. M. Bonaparte, PUF, 1991, et de *Malaise dans la civilisation*, trad. Ch. et J. Odier, PUF, 1992.

substitution de la puissance collective à la puissance individuelle, la civilisation fait un pas décisif. Son caractère essentiel réside en ceci que les membres de la communauté limitent leurs possibilités de plaisir alors que l'individu isolé ignorait toute restriction de ce genre. »

Laissons de côté l'avertissement selon lequel « l'individu » qui n'est pas déjà un « membre de la communauté » est peut-être une figure encore plus mythique que le sauvage présocial hobbesien du *bellum omnium contra omnes*, ou n'est qu'un outil rhétorique pour l'argumentation, à l'instar du « parricide original » que Freud devait inventer par la suite. Toutefois, quelle que soit la raison de la formulation particulière du message, la substance du message est qu'il est peu probable que la populace reconnaisse, adopte et respecte de gaieté de cœur le commandement lui enjoignant de placer les intérêts d'un groupe supra-individuel au-dessus des penchants et impulsions individuels, et de placer les effets à long terme au-dessus des satisfactions immédiates (comme dans le cas de l'éthique du travail) ; et que la civilisation (ou, pour dire les choses simplement, tout type de cohabitation humaine pacifique et coopérative, avec tous ses bénéfices) qui déploie ces principes pour légitimer ses exigences doit reposer sur la coercition. Ou du moins sur une menace réaliste affirmant que la coercition sera appliquée si les restrictions imposées aux envies instinctives ne sont pas scrupuleusement respectées. Il convient de garantir, coûte que coûte, que le « principe de réalité » l'emportera sur le « principe de plaisir », si l'on veut que perdure l'unité humaine civilisée.

Freud re-projette cette conclusion sur tous les types d'unité humaine (rebaptisés rétrospectivement « civilisations »), la présentant comme une loi universelle de la vie en société. Toutefois, quelle que soit la réponse apportée à la question de savoir si, oui ou non, la répression des instincts était limitrophe avec l'histoire de l'humanité, on peut suggérer de façon crédible que ce principe apparemment intemporel n'aurait pu être découvert, nommé, consigné ou théorisé à aucune autre période que l'aube de la période moderne ; à aucun autre moment, pour être tout à fait précis, qu'au sortir de la désintégration de l'*ancien régime*[1] qui la précéda immédiatement, et qui soutenait la reproduction globalement monotone (de fait, suffisamment « facile à vivre » pour passer inaperçue, voire pour être impossible à apercevoir) des droits et devoirs coutumiers. C'est l'échec de cette reproduction qui mit à nu l'artifice qui se cachait derrière l'idée d'ordre « naturel » ou « divin », et imposa ainsi un déplacement du phénomène de l'ordre de la catégorie du « donné » à celle des « tâches », re-présentant par là même la *logique* de la création *divine* comme une *réalisation* de la puissance *humaine*[2].

Le « pouvoir de la communauté » n'avait pas à *remplacer* « le pouvoir de l'individu » pour rendre réalisable et viable la cohabitation ; le pouvoir de la communauté était en place bien avant que sa nécessité, sans parler de son urgence, ne soit découverte. De fait, l'idée qu'un tel remplacement reste une tâche à accomplir par un détenteur de pouvoir – collectif ou individuel – n'avait guère de chances de venir à l'esprit de l'individu ou de la communauté tant que c'était le cas. La communauté détenait en quelque sorte le pouvoir sur l'individu (un pouvoir total, de type « sans exception ») tant qu'elle demeurait *non problématique*, et non une *tâche* qui (comme toutes les tâches) pouvait être accomplie *ou* échouer

1. En français dans le texte (*N.d.T.*).

2. Le fait est, cependant, que même si, avant l'avènement de l'époque moderne, la place réservée à la coercition n'était pas moins ample que ce qu'elle serait durant la construction de l'ordre moderne, il n'y avait pas là beaucoup de place pour l'assurance et le prosaïsme avec lesquels J. Bentham assimila l'obéissance à la loi, à une situation de type « Travaille ou crève » dans laquelle il situa les sujets visés par la loi, barrant toute issue à leur internement obligatoire et affectant des gardes aux miradors pour s'assurer qu'aucun autre choix ne s'infiltrerait.

à l'être. En résumé, la communauté tenait les individus en son pouvoir tant que ceux-ci vivaient dans *l'ignorance* d'« être une communauté ».

La transformation de la subordination des pouvoirs individuels à ceux d'une communauté en un besoin à satisfaire eut pour effet de renverser la logique du développement moderne. Cependant, en « naturalisant » ce qui était en fait un processus historique, elle engendra d'un seul coup sa propre légitimation ainsi que le mythe étiologique de l'ensemble ancien, présocial, d'individus solitaires et sans attaches qui, un beau jour, se virent métamorphosés, par l'effort civilisateur, en une communauté capable d'obtenir l'autorité nécessaire pour rogner et réprimer ces prédispositions individuelles qui se révélèrent et furent déclarées contraires aux exigences d'une cohabitation sûre.

La communauté est peut-être aussi vieille que l'humanité, mais l'idée de « communauté » comme condition *sine qua non* de l'humanité ne pouvait naître qu'avec l'expérience de sa crise. Cette idée fut conçue à partir des peurs émanant de la désintégration des cadres sociaux autoreproducteurs antérieurs – désignés par la suite, et rétrospectivement, sous l'appellation d'*ancien régime* [1], et intégrés au vocabulaire des sciences humaines sous la rubrique « société traditionnelle ». Le « processus civilisateur » *moderne* (le seul processus à s'appeler par ce terme) fut déclenché par l'état d'incertitude, dont on attribue l'origine, entre autres, à l'effondrement et à l'impuissance de la « communauté ».

La « nation », cette innovation éminemment moderne, était visualisée sous les traits de la communauté : elle devait être « pareille à la communauté », ou constituer une nouvelle communauté – mais une communauté-à-dessein, une communauté étendue à l'extrême, à la mesure du réseau nouvellement étendu des interdépendances et échanges humains.

1. En français dans le texte (*N.d.T.*).

Ce que l'on baptisa par la suite « processus civilisateur » (à une époque où les développements que cette expression désignait étaient au point mort, voire en marche arrière !), c'est une tentative de re-régulariser et de remodeler, par de nouveaux moyens appliquant de nouvelles stratégies, la conduite humaine dès lors qu'elle n'était plus soumise aux pressions homogénéisantes des institutions prémodernes autoreproductrices. Manifestement, ce processus se concentrait sur les individus : la nouvelle capacité d'auto-contrôle de l'*individu* nouvellement autonome devait prendre le relais des contrôles *sociaux*, désormais indisponibles. Or l'enjeu véritable était le déploiement de la capacité d'auto-contrôle des individus au service de la remise en vigueur ou de la reconstitution de la « communauté » à un nouveau niveau, nettement supérieur.

De même que le spectre de l'Empire romain perdu avait plané au-dessus de la formation de l'Europe féodale, le spectre de la communauté perdue plana au-dessus de la constitution des nations modernes. La construction de la nation devait avoir pour principale matière première le patriotisme, un empressement provoqué (enseigné/appris) au sacrifice des intérêts individuels au profit d'intérêts partagés avec d'autres individus prêts à en faire de même. Ernest Renan résuma cette stratégie d'une formule restée célèbre : une nation est (ou plutôt ne peut vivre que par) le plébiscite quotidien de ses membres.

Se proposant de rendre de l'historicité à l'intemporel modèle freudien de civilisation, Norbert Elias expliqua la naissance du moi moderne (cette conscience de posséder une « vérité intérieure », alliée à l'acceptation de la responsabilité personnelle de chacun pour son affirmation) par l'intériorisation de contraintes extérieures et de leurs pressions. Le processus de construction-de-la-nation s'inscrivait dans l'espace séparant les pouvoirs panoptiques supra-individuels et la capacité de l'individu à s'adapter aux nécessités que ces pouvoirs mettaient en place. La *liberté de choix* individuelle nouvellement acquise (choix d'auto-identité compris), résultant de la sous-détermination sans précédent du placement social, causée, elle, par la fin ou l'affaiblissement des liens traditionnels, devait, paradoxalement, être mise au service de la *suppression des choix* jugés néfastes pour la « nouvelle totalité » : l'État-nation aux allures de communauté.

Quels que soient ses mérites pragmatiques, cette façon (de type panoptique) d'accomplir – par la discipline, la punition et l'ordre – la manipulation et la routinisation nécessaires/voulues des probabilités comportementales était à la fois lourde, coûteuse et ravagée de conflits. Elle s'avérait en outre peu pratique ; elle imposait des contraintes strictes et non négociables à la liberté de manœuvre des détenteurs de pouvoir ; toutefois, il apparut par la suite que d'autres stratégies, moins perturbantes, pouvaient être élaborées, grâce auxquelles la stabilité systémique, plus connue sous l'appellation « ordre social », pouvait être mise en place et sécurisée. Ayant identifié dans la « civilisation » un système de coercition et d'endoctrinement centralisé (pour le réduire plus tard, sous l'influence de Michel Foucault, à son aile coercitive), les spécialistes des sciences humaines n'avaient guère d'autre choix que de décrire, de façon trompeuse, l'avènement de la « condition postmoderne » (concomitant avec l'établissement de la société des consommateurs) comme un produit du « processus dé-civilisateur ». Or ce qui se produisit en fait, c'est la découverte, l'invention ou l'émergence d'une méthode *alternative* de civilisation (moins lourde, moins coûteuse et relativement moins ravagée de conflits, mais qui offrait surtout plus de liberté, et donc de pouvoir, aux détenteurs de pouvoir) – une autre façon de manipuler les probabilités comportementales nécessaires au soutien du système de domination représenté comme ordre social. Une nouvelle variété du « processus civilisateur », méthode alternative et apparemment plus pratique, fut découverte et mise en place.

Cette nouvelle variété du processus civilisateur, utilisée par la société moderne-liquide des consommateurs, ne provoque pour ainsi dire aucun dissentiment, aucune résistance ou rébellion. Et ce parce qu'elle représente l'*obligation* de choisir comme une *liberté* de choix. Ce faisant, elle passe outre l'opposition entre les principes de « plaisir » et de « réalité ». La soumission envers les exigences strictes de la réalité peut être vécue comme un exercice de la liberté, voire comme un acte d'affirmation de soi. La force punitive, quand on l'applique, est rarement nue ; elle apparaît sous les atours du résultat d'un faux pas ou d'une occasion perdue (ou ratée). De plus, loin de mettre en lumière les limites de la liberté individuelle, elle les dissimule davantage encore en enracinant, indirectement, le choix individuel dans son rôle de principale, si ce n'est d'unique, « différence qui fait la différence » entre victoire et défaite dans la quête individuelle du bonheur.

La « totalité » envers laquelle les individus doivent rester loyaux et obéissants ne s'immisce plus dans leur vie sous la forme d'un sacrifice obligatoire (telle la conscription universelle, ou le devoir d'abandonner nos intérêts individuels, y compris notre propre survie, pour la survie et le bien-être d'un « tout », du pays et de la cause nationale). Au contraire, la « totalité » se présente sous la forme de festivals – divertissants et invariablement agréables – d'unité communautaire et d'appartenance communautaire. Festivals organisés à l'occasion d'une Coupe du monde de football ou d'un match international de cricket. Capituler devant la « totalité » n'est plus un devoir que l'on accepte à contrecœur, un devoir lourd et bien souvent onéreux, mais un divertissement très couru, et éminemment agréable.

Les carnavals, pour reprendre l'inoubliable suggestion de Mikhaïl Bakhtine, ont tendance à être des interruptions de la routine quotidienne ; de brefs intervalles exaltants entre deux épisodes d'une quotidienneté terne ; des pauses durant lesquelles la hiérarchie des valeurs est provisoirement renversée, les aspects les plus pénibles de la réalité brièvement suspendus, et les types de conduite interdits et considérés comme honteux dans la vie « normale » pratiqués avec délice et ostentation. Les carnavals à l'ancienne permettaient aux gens de goûter avec extase aux libertés individuelles ; aujourd'hui, ils permettent aux gens d'alléger leurs charges et d'oublier les angoisses de l'individualité en diluant leur moi dans un « tout supérieur », et de s'abandonner joyeusement à ses règles en se noyant dans une identité indifférenciée. La fonction (et le pouvoir de séduction) des carnavals modernes-liquides réside dans la résurrection momentanée de l'unité tombée dans le coma. Pour les individus, ces carnavals sont comme des « danses de la pluie », des séances de spiritisme lors desquelles ils se réunissent pour rappeler des enfers le fantôme de la communauté décédée. Or le charme de ces carnavals tient en grande partie à ce que chacun a conscience que le fantôme ne s'éternisera pas, et qu'il disparaîtra sitôt la séance terminée.

Tout cela ne signifie pas que la conduite « normale », durant la semaine, des individus soit devenue aléatoire, sans organisation ni coordination. Il faut simplement entendre par là que le caractère non aléatoire, la régularité et la coordination des actions entreprises individuellement peuvent être, et sont en général, obtenus par des moyens autres que les techniques modernes-solides de mise en application, de contrôle et de hiérarchie appliquées par une totalité se prétendant « supérieure à la somme de ses parties » et cherchant à inculquer la discipline à ses « unités humaines ».

Le renouvellement des marchandises est essentiel à l'économie consumériste. Cette dernière ne se porte jamais aussi bien que lorsque de l'argent est échangé ; et chaque fois qu'on échange de l'argent, des produits de consommation finissent à la poubelle. De même, dans une société de consommateurs, la recherche du bonheur tend à être déplacée de la *fabrication* de choses, ou de leur *appropriation*, à leur *mise au rebut* – élément essentiel si l'on veut que le PNB croisse. Pour l'économie consumériste, l'ancien centre d'intérêt (l'appel aux besoins), désormais abandonné, annonce les pires des ennuis : la suspension des achats. Le nouveau centre d'intérêt (l'appel à un bonheur à jamais insaisissable), lui, se porte bien : il annonce de nouveaux achats.

Les grandes compagnies spécialisées dans la vente de « biens durables » l'ont accepté. À l'heure actuelle, rares sont celles qui font payer la *livraison* à leurs clients. En revanche, elles facturent bien souvent la *mise au rebut* des biens « durables » que l'apparition de biens « durables » nouvelle version a fait passer du statut de source de plaisir à celui d'horreur, véritable stigmate de honte. C'est aujourd'hui la disparition de ces stigmates qui conditionne le bonheur ; bonheur qui, tout le monde en conviendra, n'est pas gratuit. Pensez simplement au coût des déchets en transit depuis le Royaume-Uni, dont le volume, nous apprend Lucy Siegle, va bientôt franchir la barre du million et demi de tonnes [1].

Les grandes sociétés spécialisées dans la vente de services destinés au corps de leurs clients font de même. Ce qu'elles mettent le plus en avant dans leurs publicités, et ce qu'elles vendent avec le plus de profit, c'est le service d'excision, de retrait et d'enlèvement. Opérations affectant les rondeurs, les rides, l'acné, l'odeur corporelle, les dépressions post-ci ou post-ça, et tout un tas de fluides mystérieux ou de restes non encore digérés de festins passés qui se sont incrustés illégitimement dans le corps et n'en sortiront que par la force. Quant aux grandes firmes spécialisées dans la mise en contact des gens, par exemple le service de rencontres d'AOL, elles ont tendance à souligner la facilité avec laquelle

1. Lire L. Siegle, « Is Recycling a Waste of Time ? », *Observer Magazine*, 15 janvier 2006.

leurs clients peuvent se débarrasser de partenaires non désirés, ou empêcher leurs partenaires de devenir des boulets car trop difficiles à rejeter. Lorsqu'elles offrent leurs services d'intermédiaires, ces compagnies mettent en avant le fait que les rencontres en ligne sont *sûres* – non sans ajouter que « si un membre vous met mal à l'aise, il vous suffit de ne plus le contacter. Pour ce faire, vous avez la possibilité de bloquer ses messages. » AOL a même toute une liste de « dispositions pour de vraies rencontres en toute sécurité ». Ces appels et ces promesses sont clairement en phase avec l'esprit contemporain : Helen Haste, professeur de psychologie à l'Université de Bath, a ainsi découvert qu'un tiers des garçons qu'elle avait interrogés, et près d'un quart des filles, ne voyaient rien de mal à mettre un terme à une relation par SMS [1]. On imagine facilement que ces chiffres ont augmenté depuis : au Royaume-Uni, le nombre de SMS, qui évitent la corvée des négociations en tête à tête, est passé de zéro à 2,25 millions par mois en à peine cinq ans. Ces messages ont de plus en plus tendance à être reconnus comme le moyen le plus pratique d'empêcher la corvée de la rupture de devenir trop gourmande en temps et en travail, trop âpre.

Il semble qu'il n'y ait qu'un petit pas pour l'homme, mais un pas de géant pour l'humanité, entre le présent auquel nous a conduits la culture de la société consumériste (culture de l'urgence, culture pressée) et l'exportation des déchets *humains* (ou, pour ainsi dire, les « vies perdues ») : transporter les indésirables – c'est-à-dire les hommes accusés de la culpabilité ou du crime de l'indésirabilité – en des endroits lointains où l'on pourra les torturer à loisir, jusqu'à ce qu'ils confessent leur culpabilité [2].

---

1. Lire H. Haste, « Joined Up Texting : The Role of Mobile Phones in Young Peoples' Lives », Nestlé Social Research Programme Report 3, 2005.

2. Lire Z. Bauman, *Vies perdues : La modernité et ses exclus*, trad. M. Bégot, Paris, Payot, 2006.

Dans son ouvrage au titre on ne peut plus éloquent, Thomas Hylland Eriksen présente la « tyrannie de l'instant » comme le trait le plus flagrant de la société contemporaine, et peut-être sa nouveauté la plus importante : « Les conséquences de la précipitation extrême sont écrasantes : tant le passé que le futur en tant que catégories mentales sont menacés par la tyrannie de l'instant [...]. [L]'"instant présent" lui-même est menacé dans la mesure où l'instant suivant arrive si vite qu'il devient difficile de vivre au présent [1]. »

Un paradoxe, un vrai. Mais aussi une inépuisable source de tension : plus l'instant devient volumineux (plus sa capacité augmente), plus il se fait bref ; au fur et à mesure que ses contenus potentiels se dilatent, ses dimensions se contractent. « Des signes importants indiquent que nous sommes sur le point de créer un type de société dans lequel plus aucune pensée ou presque n'a plus de quelques centimètres de long [2]. » Sauf que, contrairement aux espoirs populaires promus par les promesses du marché de la consommation, tout changement d'identité, s'il était plausible, nécessiterait plus qu'une simple pensée de quelques centimètres de long.

Lorsqu'il subit le traitement de « ponctuation », l'instant se retrouve isolé des deux côtés. Ses interfaces avec le passé *et* le futur se changent en gouffres – gouffres sans passerelles. Ironie de l'histoire, en cette époque de connexions faciles et instantanées, époque de la promesse d'être constamment « en contact », la communication entre l'expérience de l'instant et tout ce qui peut la précéder ou la suivre doit être rompue de façon permanente et irréparable. Le gouffre d'arrière devrait veiller à ce que le passé ne puisse jamais rattraper le moi dans sa course. Quant au gouffre d'avant, il conditionne

1. T. H. Eriksen, *Tyranny of the Moment : Fast and Slow Time in the Information Age*, Londres, Pluto Press, 2001.

2. *Ibid.*

le fait de vivre l'instant à fond, de s'abandonner totalement et sans réserve à son charme et à son pouvoir de séduction (certes fugaces) : acte que l'on aurait peu de chances d'accomplir si l'instant vécu s'angoissait à l'idée d'hypothéquer l'avenir. Dans l'idéal, chaque instant serait façonné d'après le modèle de l'utilisation des cartes de crédit, un acte radicalement dépersonnalisé : en l'absence de rapport direct, il est plus facile d'oublier, ou plutôt de ne pas penser une seule seconde au caractère désagréable des remboursements que l'instant de plaisir peut entraîner. Les banques étant soucieuses de maintenir l'argent en mouvement, pour qu'il rapporte ainsi davantage que s'il restait immobile, on ne s'étonnera pas qu'elles préfèrent que leurs clients manipulent des cartes de crédit plutôt qu'ils viennent rendre visite à leurs directeurs d'agence.

Reprenant la terminologie de Bertman, la grande chronosociologue Elbieta Tarkowska a développé le concept d'« humains synchroniques » qui « ne vivent qu'au présent » et sans prêter aucune « attention aux expériences passées ou aux conséquences futures de leurs actions ». Cette stratégie se « traduit par l'absence de liens avec les autres ». La « culture présentiste » « fait grand cas de la vitesse et de l'efficacité, sans jamais favoriser ni la patience ni la persévérance [1] ».

On pourrait ajouter que c'est cette fragilité et cette jetabilité apparemment facile des identités individuelles et des liens entre les hommes que la culture contemporaine représente comme la substance de la liberté individuelle. Il existe cependant un choix que cette liberté se refuserait à reconnaître, accorder ou permettre : c'est la résolution (ou la capacité) à s'accrocher à une identité déjà construite. Or c'est là un type d'action qui suppose, et impose nécessairement, la

1. E. Tarkowska, « Zygmunt Bauman o czasie i procesach temporalizacji », *Kultura i Społeczestwo*, n° 3, 2005.

préservation et la sécurité du réseau social sur lequel cette identité repose tout en le reproduisant activement.

Pour répondre à tous ces nouveaux besoins, toutes ces nouvelles soifs, contraintes et addictions, mais aussi pour entretenir les nouveaux mécanismes de motivation, de conseils et de contrôle du comportement humain, l'économie consumériste doit se reposer sur l'*excès* et le *déchet*.

La vitesse à laquelle les nouveautés défilent dans le but de dépasser toute cible conçue à la mesure de la demande déjà consignée doit être suffisamment élevée pour déplacer la perspective d'une domestication et d'une assimilation des innovations bien au-delà de la capacité des hommes ordinaires. Dans l'économie consumériste, en général, les produits apparaissent, et ce n'est qu'ensuite qu'ils cherchent leurs applications ; plus d'un se retrouve à la poubelle sans en avoir trouvé. Certains produits parviennent tout de même à se trouver ou à se créer un besoin, un désir ou un souhait qu'ils peuvent satisfaire. Mais ces chanceux-là eux-mêmes ont bientôt tendance à succomber à la pression de nouveaux produits « nouvelle version » (qui promettent de faire tout ce que les précédents faisaient déjà, mais en mieux, et en plus rapide – avec en bonus quelques applications dont aucun consommateur n'avait jusque-là ressenti le besoin, et pour lesquelles personne n'avait songé à débourser un centime) bien avant que leur capacité de travail ait atteint son terme prévu. La plupart des aspects de la vie, et la plupart des gadgets qui entretiennent la vie, se multiplient, comme nous le fait remarquer Thomas Hylland Eriksen, à un *rythme exponentiel*. Or, à chaque occurrence de croissance exponentielle, on finit toujours par atteindre un point où l'offre excède la capacité de la demande authentique ou contrainte. En général, ce point intervient avant un autre, plus dramatique encore : celui où est atteinte la limite naturelle de l'offre.

Ces tendances pathologiques (et éminemment dilapidatrices) de la croissance exponentielle de la production de biens et de services pourraient être repérées à temps – être reconnues pour ce qu'elles sont et peut-être même parvenir à inspirer des mesures curatives ou préventives. Mais ce serait compter sans un autre processus, à bien des égards spécial, de croissance exponentielle, qui se traduit par un *excès d'information*. Ignacio Ramonet a estimé qu'on a produit davantage d'informations au cours des trente dernières années qu'au cours des cinq derniers millénaires. En outre, « [u]n seul exemplaire de l'édition dominicale du *New York Times* contient plus d'informations que ne pouvait en acquérir, durant toute sa vie, une personne cultivée au XVIIIe siècle [1] ». Pour se faire une idée de la difficulté, voire de l'impossibilité, qu'il y aurait à absorber et assimiler un tel volume d'informations (le gaspillage endémique que cela représente, au final), il n'est qu'à observer avec Eriksen que « plus de la moitié des articles de sciences humaines publiés ne sont jamais cités » ; ce qui suggère que plus de la moitié des informations produites par les chercheurs n'est jamais lue, sauf par des « relecteurs » et des secrétaires d'édition anonymes [2]. Qui peut dire, alors, quelle infime part de leur contenu parvient à s'immiscer dans le débat des sciences humaines ?

« Il y a nettement trop d'informations en circulation », conclut Eriksen. « Dans la société de l'information, il est essentiel de savoir se protéger contre les 99,99 % d'informations qu'on nous offre et dont nous ne voulons pas [3]. » On pourrait ajouter qu'entre le message sensé, le prétendu objet

---

1. Lire I. Ramonet, *La Tyrannie de la communication*, Galilée, 1999, p. 184.

2. T. H. Eriksen, *Tyranny of the Moment*, *op. cit.*

3. *Ibid.*

de la communication et l'arrière-plan de vacarme, son adversaire désigné et plus dangereux obstacle, la frontière n'a en aucun cas été effacée. Dans la concurrence acharnée qui vise la plus rare des ressources – l'attention des consommateurs potentiels –, les fournisseurs de biens de consommation potentiels recherchent désespérément la moindre miette de temps encore libre des consommateurs, le plus petit interstice entre deux instants de consommation qu'ils pourraient remplir d'infos. Ils espèrent (vainement) que, à l'autre bout du canal d'information, une fraction des internautes qui recherchent désespérément l'information dont ils ont besoin tomberont par hasard sur les petits bouts dont ils n'ont que faire, mais que les fournisseurs veulent leur faire absorber. Après quoi ces mêmes fournisseurs espèrent que les individus en question seront suffisamment impressionnés ou fatigués pour faire une pause, ou ne serait-ce que ralentir la cadence, le temps d'absorber ces infos au lieu de celles qu'ils cherchaient.

En conséquence, le fait de collecter des fragments de bruit et de les convertir en messages sensés devient un processus globalement aléatoire. Les « hypes », ces produits de l'industrie des relations publiques censés séparer les objets d'attention désirables du bruit non productif (lire : non rentable) – ainsi des publicités qui annoncent sur une page entière la première d'un film, la parution d'un livre, la diffusion d'une émission de télévision sponsorisée par les annonceurs, ou bien l'ouverture d'une exposition –, les « hypes », donc, concentrent l'attention pendant quelques minutes ou quelques jours sur un certain objet de désir de consommation. Un bref instant, elles parviennent à détourner, canaliser et condenser la quête de « filtres ». Quête acharnée et continue, mais généralement libre et éparpillée.

Les instants sont cependant rares, par rapport aux participants dont le nombre, selon toute probabilité, se multiplie lui aussi à un rythme exponentiel. D'où le phénomène de *vertical stacking* [1], notion créée par Bill Martin afin de rendre compte de l'incroyable accumulation de styles musicaux provoquée par les efforts des promoteurs de nouveautés. Du reste, on constate en effet que les rares zones libres du marché de la musique se font prendre d'assaut par un véritable raz-de-marée d'offres [2]. Les images du « temps linéaire » et du « progrès » furent parmi les principales victimes du déluge d'informations. Dans le cas de la musique populaire, tous les styles rétro imaginables, ainsi que toutes les formes imaginables de recyclage et de plagiat, comptant sur la brève espérance de vie de la mémoire publique, et se faisant passer pour la dernière nouveauté, se retrouvent entassés dans l'envergure limitée de l'attention des fans de musique. Cela dit, le cas de la musique populaire n'est qu'une manifestation d'une tendance quasi universelle et qui affecte à parts égales tous les secteurs de la vie entretenus par l'industrie de la consommation. Citons à nouveau Eriksen : « Au lieu de hiérarchiser le savoir, la société de l'information offre des cascades de signes décontextualisés connectés de façon plus ou moins aléatoire les uns aux autres [...]. Autrement dit : plus on distribue rapidement des quantités croissantes d'informations, plus on a de mal à créer des récits, des ordres, des séquences de développement. Les fragments menacent de devenir hégémoniques. Ce qui n'est pas sans conséquences sur nos relations au savoir, au travail et au mode de vie au sens large [3]. »

La tendance à adopter une « attitude blasée » vis-à-vis du « savoir, du travail et du mode de vie » (de fait, vis-à-vis de la vie en tant que telle, et de tout ce qu'elle contient), Georg Simmel l'avait déjà repérée, avec une prévoyance stupéfiante,

1. Littéralement, « Empilement vertical » (*N.d.T.*).

2. Lire B. Martin, *Listening to the Future : The Time of Progressive Rock 1968-1978*, Chicago, Open Court, 1997.

3. T. H. Eriksen, *Tyranny of the Moment, op. cit.*

au début du siècle dernier, alors qu'elle commençait d'apparaître chez les [résidents] de « la grande ville », l'immense cité moderne, tentaculaire et surpeuplée : « L'essence de cet état d'esprit blasé est que la notion de la différence entre les choses s'émousse. Non qu'elles ne soient pas perçues, comme ce serait le cas pour quelqu'un d'inerte, mais la signification et la valeur des différences entre les choses, et par là les choses elles-mêmes, sont ressenties comme négligeables. Pour l'être blasé, elles apparaissent sous des couleurs uniformément ternes et grises, aucune ne valant la peine d'être préférée à l'autre. [...] Dotées du même poids spécifique, elles baignent toutes dans le flot perpétuellement en mouvement de l'argent [1]. »

Autre phénomène, encore plus saillant, d'une ressemblance frappante avec celui que Simmel découvrit et analysa sous l'étiquette d'« attitude blasée » : la mélancolie. Il ne s'agit là que d'une version aboutie de la tendance dont ce penseur si perspicace avait repéré puis consigné les prémices. Les auteurs qui utilisent aujourd'hui ce terme ont tendance à ignorer la prédiction et le pressentiment de Simmel pour remonter plus loin encore, jusqu'aux points où les anciens (tel Aristote) l'avaient laissé, et où les penseurs de la Renaissance (tels Ficin et Milton) le redécouvrirent et le réexaminèrent. Tel que le conçoit Rolland Munro, le concept de « mélancolie », dans son acception actuelle, « désigne moins un état d'indécision, une hésitation entre deux voies à emprunter, que le fait de se retirer des divisions mêmes » ; ce concept désigne l'état de qui « n'est attaché à rien en particulier ». Être mélancolique, c'est « ressentir l'infinité des connexions, sans être accroché à quoi que ce soit ». Pour résumer : la « mélancolie » renvoie à « une forme dépourvue de contenu, un refus

1. G. Simmel, *Les Grandes Villes et la vie de l'esprit*, trad. F. Ferlan, Paris, Éditions de l'Herne, 2007, p. 19-21.

de savoir *juste* ceci ou *juste* cela [1] ». Je suggérerais pour ma part que l'idée de « mélancolie » désigne en fin de compte l'affliction générique du consommateur (l'*homo eligens*, par décret de la société de consommation) ; une perturbation résultant de la rencontre fatale entre l'obligation de choisir/ l'addiction au choix et l'incapacité de choisir. Dans la terminologie de Simmel, ce terme désigne la nature éphémère et l'insignifiance forcée des objets qui surfent avec la même gravité spécifique sur la vague de la stimulation. Il désigne l'insignifiance qui se traduit dans le comportement des consommateurs par une gloutonnerie omnivore et aveugle – forme ultime et radicale de stratégie de vie de dernier recours, qui permet de « se couvrir » dans un cadre de vie marqué par la « pointillisation » du temps ainsi que par la non-disponibilité de critères à même de distinguer le pertinent de l'impertinent et le message du bruit.

On n'apprendra rien à personne en affirmant que les êtres humains ont toujours préféré le bonheur au malheur. C'est même un pléonasme, puisque le concept de « bonheur », dans son acception la plus courante, renvoie à des états ou à des événements dont les gens désirent l'avènement. Le « malheur », lui, désigne des états ou des événements qu'ils désirent éviter. Ces deux concepts marquent une distance entre la réalité telle qu'elle est et la réalité souhaitée. Aussi a-t-on toujours tort de vouloir comparer les degrés de bonheur que connaissent des gens adoptant des modes de vie distincts sur le mode spatial ou temporel.

En effet, si les gens du groupe A passent leur vie dans un cadre socioculturel différent de celui dans lequel vivent ceux du groupe B, il serait vain de déclarer les uns « plus heureux » que les autres. Les sentiments de bonheur, comme

1. R. Munro, « Outside Paradise : Melancholy and the Follies of Modernization », *Culture and Organization*, n° 4, 2005.

leur absence, découlent d'espoirs et d'attentes autant que d'habitudes acquises qui, tous, diffèrent d'un cadre social à l'autre – ainsi les gens du groupe B peuvent-ils considérer dégoûtante et malsaine la viande de prédilection de ceux du groupe A. Si les membres du groupe B étaient soumis aux conditions qui font le bonheur du groupe A, peut-être se sentiraient-ils atrocement mal. Et vice versa. En outre, comme nous l'a appris Freud, le simple fait de voir une rage de dents disparaître suffit à nous rendre heureux – ce dont une dent en parfaite santé est en général incapable... Le mieux que l'on puisse tirer de comparaisons qui ignorent le facteur du non-partage de l'expérience, ce sont des renseignements sur la propension à se plaindre et la résistance à la souffrance (et leur sujétion au lieu ou au temps).

La question de savoir si la révolution consumériste moderne-liquide a rendu les gens plus heureux ou moins heureux que, par exemple, ceux qui passèrent leur vie dans la société moderne-solide des producteurs, ou à l'époque prémoderne, est donc des plus discutables (et au final controversées). Et rien n'indique qu'il en sera autrement à l'avenir. Quoi que l'on dise, cette affirmation ne sera convaincante que dans le contexte de préférences spécifiques à ceux qui les énoncent (les experts), puisque les registres des bienfaits et des fléaux doivent être composés suivant les notions de félicité et de malheur dominants à l'époque où sera établi l'inventaire.

Les relations entre les deux populations comparées sont absolument et irréparablement asymétriques. Les experts n'ont jamais vécu, pas plus qu'ils *n'accepteraient de vivre*, dans les conditions qui sont normales pour ceux qu'ils jugent (*vivre*, et pas faire une brève visite sans renoncer à leur statut particulier de visiteurs/touristes le temps du voyage). Quant aux individus jugés, jamais ils n'auront l'occasion de répondre au jugement porté sur eux. Quand bien même ils en auraient la possibilité (posthume), ils seraient incapables de juger les vertus relatives d'un cadre totalement étranger, et dont ils ne possèdent aucune expérience de première main. Les jugements prononcés sur les avantages relatifs (fréquents) ou les inconvénients (rares) de la capacité de la société des consommateurs à générer du bonheur sont ainsi dépourvus de valeur cognitive (sauf à les traiter en aperçus des valeurs tranchées ou implicites de leurs auteurs). On a donc tout intérêt à se concentrer sur les données capables d'éclairer la capacité de cette société à tenir *sa propre* promesse ; en d'autres termes, évaluons sa performance d'après les valeurs qu'elle-même défend tout en promettant de faciliter leur acquisition.

La valeur la plus caractéristique de la société des consommateurs, sa métavaleur, sa valeur suprême par rapport à laquelle toutes les autres doivent justifier leur prix, est la *vie heureuse*. Notre société des consommateurs est peut-être la seule, dans toute l'histoire de l'humanité, à promettre le bonheur dans *la vie terrestre*. Le bonheur *ici et maintenant*, et dans tous les « maintenant » suivants. Un bonheur instantané et perpétuel. Elle est aussi la seule société qui refuse de justifier toute variété de malheur, la seule à refuser de les tolérer et à les présenter comme une abomination exigeant punition et compensation. Quand on demande « Êtes-vous heureux ? » aux membres de la société moderne-liquide des consommateurs, la question n'a donc pas le même statut que si elle s'adresse aux membres de sociétés qui n'ont rien promis de tel, ni pris pareil engagement. Plus que toute autre société, la société des consommateurs dépend du bonheur de ses membres. Les réponses que les membres de la société des consommateurs font à la question « Êtes-vous heureux ? » peuvent légitimement être considérées comme le test ultime du succès ou de l'échec de ladite société.

Les réponses sont désormais prévisibles. Quant au verdict qu'elles émettent, il n'a rien de flatteur. Et ce sur deux points.

Premier point : comme le suggèrent les preuves réunies par Richard Layard dans son livre sur le bonheur, ce n'est que jusqu'à un certain seuil que le sentiment déclaré de bonheur croît avec les échelons de revenus. Seuil qui coïncide avec le point de satisfaction des « besoins de survie » « naturels » ou « essentiels » – c'est-à-dire avec les motifs de consommation que la société des consommateurs dénigre, auxquels elle a déclaré la guerre dans le but de les remplacer par des désirs et des souhaits impulsifs. Au-dessus de ce seuil relativement modeste, la corrélation entre richesse (associée sans doute au niveau de consommation) et bonheur disparaît. Le volume de bonheur ne s'accroît plus avec les échelons supplémentaires de revenus. Ces découvertes suggèrent que, contrairement à son plaidoyer [1] officiel et le plus fréquemment répété, la « consommation pour la consommation », la consommation en tant qu'activité autotélique et promesse de bonheur (le « manège hédoniste » dont parle Layard), ne parvient pas à accroître la somme totale de satisfaction éprouvée par ses praticiens. La capacité de la consommation à augmenter le bonheur est plutôt limitée ; on aura du mal à l'étendre au-delà du niveau de la satisfaction des « besoins de base » (tels que définis par Abraham Maslow).

Second point : rien, absolument rien, n'indique que la croissance du volume de consommation entraîne l'augmentation du nombre d'individus déclarant « se sentir heureux ». Andrew Oswald, du *Financial Times*, nous suggère que la tendance inverse a plus de chances d'être enregistrée [2]. Il en conclut que les habitants des pays riches et développés, dont l'économie se base sur la consommation, ne sont pas devenus plus heureux en s'enrichissant, ni à mesure que se sont développées les préoccupations et activités consuméristes. On peut également noter que les phénomènes négatifs et les sources de malaise et de malheur tels le stress, la dépression,

1. En français dans le texte (*N.d.T.*).

2. Citation tirée de G. Monbiot, « How the Harmless Wanderer in the Woods became a Mortal Enemy », *The Guardian*, 31 janvier 2006.

les longues heures de travail désocialisantes, la détérioration des relations, le manque de confiance en soi et une incertitude éprouvante quant au fait d'« être dans le vrai » ont tendance à croître en fréquence et en volume.

L'argument qu'avance la consommation croissante lorsqu'elle réclame le statut de voie royale vers le plus grand bonheur du plus grand nombre d'individus n'a pas encore été vérifié. Au fur et à mesure que l'on étudie les faits, les preuves en faveur du plaignant se font plus douteuses et plus minces. Le procès se poursuit, des preuves plus sérieuses s'accumulent contre le plaignant, démontrant qu'une économie axée sur la consommation promeut activement le mécontentement, sape la confiance et creuse le sentiment d'insécurité – les grands facteurs de l'insécurité et de la peur ambiante qui saturent la vie moderne-liquide et les causes principales de la variété moderne-liquide de malheur.

Alors que la société de consommation fonde son argumentation sur la promesse de satisfaire les désirs humains à un niveau qu'aucune société antérieure n'a jamais pu atteindre, ni même rêvé d'atteindre, cette promesse ne garde son charme que tant que le désir demeure *insatisfait* ; plus important encore, tant que le client n'est pas « entièrement satisfait » ; autrement dit, tant qu'on ne croira pas que les désirs qui poussèrent les consommateurs à davantage d'expériences de consommation auront été véritablement et pleinement satisfaits. L'« ouvrier traditionnel » facile à satisfaire – qui refusait de travailler plus qu'il n'était nécessaire pour assurer la pérennité de son mode de vie courant – était le cauchemar de la société des producteurs naissante. De même, la société des consommateurs, l'industrie de la consommation et les bourses de marchandises ont tout à craindre du consommateur traditionnel. Celui-ci est en effet guidé par les besoins de la veille, immunisé contre toute notion de séduction. Un seuil de rêves peu élevé, un accès facile aux biens permettant d'atteindre ce seuil et une croyance en des limites objectives aux désirs « authentiques » et « réalistes » : voilà les plus redoutables adversaires de l'économie axée sur la consommation. Quant aux véritables volants de l'économie axée sur le consommateur, ils sont au nombre de deux : la *non*-satisfaction des désirs ; la conviction inébranlable, constamment renouvelée, de ce que chaque tentative visant leur satisfaction *laisse beaucoup à désirer et pourrait être améliorée.*

La société de consommation prospère tant qu'elle réussit à rendre permanente l'insatisfaction (et donc le malheur). Elle peut y parvenir en dénigrant et en dévaluant les produits de consommation peu après les avoir intégrés, par la « hype », à l'univers des désirs des consommateurs. Un autre moyen, plus efficace, consiste à se retirer des feux de la rampe : satisfaire chaque besoin/désir/manque de cette façon ne peut qu'engendrer de nouveaux besoins/désirs/manques. Et ce qui, au départ, n'était qu'un besoin doit se transformer en obligation, ou en addiction. Et c'est le cas : l'envie d'aller chercher dans des magasins, et nulle part ailleurs, la solution à nos problèmes et le soulagement de nos peines et angoisses devient un comportement non seulement permis, mais fortement encouragé à se muer en habitude.

Le domaine d'hypocrisie s'étendant entre les croyances populaires et les réalités de la vie des consommateurs est donc une condition nécessaire au bon fonctionnement de la société des consommateurs. Si l'on veut poursuivre la quête de satisfaction, et si de nouvelles promesses veulent avoir du charme, alors les promesses déjà faites doivent être rompues et les espoirs de satisfaction frustrés. Chaque promesse doit être fourbe, ou du moins exagérée, au risque que la quête perde en intensité, ou, pis, s'interrompe. Sans cette frustration répétitive des désirs, la demande de consommation s'assécherait bien vite, et l'économie axée sur le consommateur s'essoufflerait. C'est l'excès du total des promesses qui neutralise la frustration née du caractère excessif de chacune.

C'est lui aussi qui empêche les expériences frustrantes accumulées de saper la confiance des consommateurs en l'efficacité ultime de la quête.

En plus d'être une économie de l'excès et du déchet, le consumérisme est aussi, pour cette raison même, une économie de la tromperie. À l'instar de l'excès et du déchet, la tromperie n'est pas le signe d'un dysfonctionnement de l'économie de consommation. Au contraire, elle est un symptôme de sa bonne santé, de ce qu'elle se maintient sur la bonne voie. C'est la marque distinctive du seul régime sous lequel une société des consommateurs peut voir sa survie assurée.

La mise au rebut des offres de consommation successives dont on espérait (d'après leur promesse) qu'elles satisferaient les désirs s'accompagne d'une montagne croissante d'attentes déçues. Le taux de mortalité des attentes est élevé ; dans une société de consommation en bon état de marche, il doit augmenter régulièrement. L'espérance de vie des espoirs est minuscule ; seul un décuplement insensé de leur taux de fertilité peut leur épargner la diminution de leurs effectifs et l'extinction. Si l'on veut maintenir en vie de nouvelles attentes, et si l'on tient à ce que de nouveaux espoirs viennent vite remplir les vides laissés par les espoirs déjà discrédités et rejetés, il convient de raccourcir le trajet menant du magasin à la poubelle. Le raccourcir et le faciliter.

Un autre trait crucial de la société des consommateurs la distingue de toutes les autres dispositions connues visant au « maintien des modèles culturels » et à la « gestion des tensions » (pour reprendre les conditions préalables que Talcott Parsons affectait à un système autoéquilibrant). Y compris les plus ingénieuses de celles-là. La société des consommateurs a développé, à un degré sans précédent, la capacité d'absorber tous les dissentiments qu'elle engendre inévitablement (au même titre que d'autres types de société). Elle les absorbe, puis elle les recycle pour en faire une ressource majeure de ses propres bien-être et expansion. La société des consommateurs tire son animosité et sa vitesse du *mécontentement* qu'elle produit avec maestria. Elle fournit un bel exemple d'un processus que Thomas Mathiesen décrivait récemment : la « silencieuse réduction au silence ». Mathiesen désigne ainsi l'utilisation du stratagème d'« absorption » pour tuer dans l'œuf le dissentiment et la protestation générés par le système. En d'autres termes, « les attitudes et les actions qui, à l'origine, sont transcendantes [qui menacent le système d'explosion ou d'implosion] sont intégrées dans l'ordre dominant, de sorte que les intérêts dominants sont toujours servis. C'est ainsi qu'on les rend inoffensives vis-à-vis de l'ordre dominant [1]. »

Stephen Bertman désigne par les expressions « *nowist culture* [2] » et « *hurried culture* [3] » la façon dont nous vivons dans notre type de société [4]. Ces expressions particulièrement justes s'avèrent notamment pratiques pour qui veut saisir la nature de la condition humaine moderne-liquide. J'estime que cette condition a ceci de remarquable qu'elle *renégocie la signification du temps* (chose qu'elle est jusqu'à présent seule à faire).

Le temps, dans la société moderne liquide des consommateurs, n'est pas plus cynique que linéaire (contrairement à ce qu'endurèrent les membres d'autres sociétés de l'histoire moderne ou prémoderne). Il est en fait *pointilliste* – morcelé en une multitude de segments distincts, chacun davantage rapproché de son idéal géométrique de non-dimensionnalité. Rappelons-nous nos leçons de géométrie : un point n'a ni

1. T. Mathiesen, *Silently Silenced : Essays on the Creation of Acquiescence in Modern Society*, Winchester, UK, Waterside Press, 2004.

2. En français : « Culture du maintenant », « culture de l'instant » (*N.d.T.*).

3. En français : « Culture pressée. » (*N.d.T.*).

4. Lire S. Bertman, *Hyperculture : The Human Cost of Speed*, Westport, CT, Praeger, 1998.

longueur, ni largeur, ni profondeur. Il existe, pourrait-on dire, *avant* le temps et l'espace ; le temps et l'espace n'ont pas commencé. Cependant, tel ce point unique dont la cosmogonie nous dit qu'il précéda le big bang, chaque point est censé contenir un potentiel infini d'expansion et une infinité de possibilités qui n'attendent que d'exploser. N'oublions pas que rien dans l'« avant » qui précéda l'apparition de l'univers ne pouvait laisser penser que l'instant du big bang approchait. Les spécialistes en cosmogonie connaissent bien les premières fractions de la seconde qui *suivit* le big bang ; mais rien des secondes, minutes, heures, jours, années ou millénaires qui le précédèrent.

On croit désormais que chaque instant (mais lequel ? on ne sait le prédire) peut porter en lui la possibilité d'un nouveau big bang – à l'échelle nettement plus modeste, cette fois-ci, de l'« univers individuel ». Quant aux points successifs, on les en croit également porteurs, malgré tout ce qui est arrivé à leurs prédécesseurs, et malgré toute l'expérience qui s'accumule et démontre que l'essentiel des occasions a tendance à être mal anticipé ou raté, que la plupart des points se révèlent stériles et la plupart des frémissements mort-nés. Une carte de la vie pointilliste, si on l'avait établie, ressemblerait à un cimetière de possibilités imaginaires ou frustrées. Mais peut-être évoquerait-elle, suivant le point de vue, un cimetière d'occasions gâchées : dans un univers pointilliste, les taux de mortalité infantile, d'avortement et de fausse-couche des espoirs sont très élevés.

Voilà précisément pourquoi la vie « *nowist* » tend à être « *hurried* ». La possibilité que chaque point peut contenir le suivra jusqu'au tombeau ; pas de « seconde chance » pour *cette* possibilité unique. On aura beau avoir vécu chaque point comme un nouveau départ, le plus souvent, la ligne d'arrivée tombera juste devant les starting-blocks, sans que rien ou presque ne se soit passé entre-temps. Seule une multitude de nouveaux départs en expansion irrépressible a une chance – mais pas plus – de contre-balancer la profusion des faux départs. Seules les vastes étendues de nouveaux départs que l'on croit voir à l'horizon, seule une multitude espérée de points dont le potentiel de « big bang » n'a pas encore été mis à l'épreuve, et n'a donc pas été (jusqu'ici) discrédité peuvent sauver l'espoir au milieu des décombres des fins prématurées et des départs mort-nés.

Comme je le disais plus haut, dans la vie « *nowist* » du consommateur avide de nouvelles *Erlebnisse*, s'il faut se dépêcher, ce n'est pas pour *acquérir* et *collecter* le plus possible, mais pour *mettre au rebut* et *remplacer* autant qu'on le peut. « Ce qui est fait est fait », tel est le message subliminal de toute publicité promettant une occasion nouvelle de bonheur. De deux choses l'une : soit un big bang se produit ici et maintenant, dès le premier essai, soit il ne sert plus à rien de traîner dans les parages, et il est grand temps de quitter ce point-ci pour un autre.

Dans la société des producteurs, qui, à présent (du moins dans notre partie du globe), se voit reléguée au passé, on conseille dans ce cas-là d'« essayer encore ». Dans la société des producteurs, peut-être, mais pas dans celle des consommateurs. Dans cette dernière, il convient d'abandonner les outils qui ont échoué, et non de les aiguiser pour les utiliser ensuite avec plus d'habileté, plus de dévouement, afin d'en tirer de meilleurs effets. Ainsi, quand des objets n'ont pas su fournir l'« entière satisfaction » promise, on devrait les dégager – eux et toutes les relations qui ont produit un « bang » pas aussi « big » qu'attendu. La précipitation devrait être la plus intense au moment de courir d'un instant (qui a échoué, va échouer ou est soupçonné d'échec) à un autre (non encore testé). Méditons le drame de Faust, condamné à passer l'éternité en enfer à un moment où il souhaitait que sa situation demeure en l'état pour toujours (précisément parce qu'elle était des plus agréables).

Étant donné l'infinité des occasions promises et supposées, la pulvérisation du temps sous forme de « points » est une nouveauté des plus séduisantes, une nouveauté dont on peut être sûr qu'elle sera adoptée et explorée avec zèle. Et ce en raison d'une double promesse : anticiper le futur et retirer toute puissance au passé. Cet acte double est, après tout, l'idéal de la liberté.

Une fois combinées, la promesse d'émanciper les acteurs des contraintes de choix imposées par le passé (les types de contraintes fortement réprouvés en raison de leur manie de croître en volume et de se durcir au fur et à mesure que le « passé » s'étend et dévore des pans toujours plus grands de la vie), et la promesse de nier au futur sa propension tout aussi gênante à dévaluer les succès actuels et de ruiner les espoirs actuels, présagent une liberté complète, sans entraves et quasi « absolue ». Cette liberté, la société moderne-liquide l'offre à un degré sans précédent et tout à fait inconcevable dans toute autre société connue.

Commençons par examiner la faculté d'invalider le passé. Elle se résume à un seul changement – unique mais véritablement miraculeux – dans la condition humaine : la facilité de « renaître ». Grâce à cette invention, les chats ne sont plus les seuls à disposer de neuf vies. Au sein d'un seul et même séjour terrestre abominablement court (brièveté déplorée il n'y a pas si longtemps encore, et qui n'a pas été radicalement allongée depuis), les hommes se voient aujourd'hui offrir la possibilité d'insérer plusieurs autres vies : une série infinie de « nouveaux départs ». « Renaître » signifie que la/les naissance(s) précédente(s), et ses/leurs conséquences ont été annulées ; on a l'impression d'assister à l'avènement de la toute-puissance divine, toujours rêvée mais jusqu'ici jamais vécue [1]. La puissance de détermination causale peut être

1. Le philosophe existentialiste russo-français Leon Chestov estimait que le pouvoir d'annuler le passé (de modifier l'histoire, par exemple, de

désarmée, le pouvoir que possède le passé de réduire les choix du présent peut être radicalement limité, voire aboli. Ce que l'on était hier ne nous empêchera plus de devenir quelqu'un de tout à fait différent aujourd'hui.

Puisque, rappelons-le, chaque point du temps regorge de potentiels, et que chaque potentiel est original et unique, le nombre de façons par lesquelles chaque individu peut se modifier est tout bonnement incalculable : ce nombre va jusqu'à éclipser l'ahurissante multitude de permutations et l'invraisemblable variété de formes et de ressemblances que les rencontres aléatoires de gènes ont réussi jusqu'à présent, et ont de grandes chances de réussir encore à l'avenir, à produire chez l'espèce humaine. Il se rapproche de l'impressionnante capacité de l'*éternité* dans laquelle, étant donné sa durée infinie, tout peut/doit tôt ou tard se produire, et tout peut être fait/sera fait tôt ou tard – à présent que la formidable puissance de l'éternité semble avoir été ramenée à la durée pas-du-tout-éternelle d'une vie humaine.

Par conséquent, l'exploit qui consiste à priver le passé de sa faculté de réduction des choix, et ainsi de limitation des possibilités de « nouvelle naissance », prive l'éternité de son plus grand charme. Dans le temps pointilliste de la société moderne-liquide, *l'éternité n'est plus ni une valeur ni un objet de désir*. Ou plutôt, ce qui lui conférait sa valeur unique et faisait d'elle un objet de désir a été excisé, puis *greffé sur l'instant*. Par conséquent, la « tyrannie de l'instant » (de la modernité tardive) et son précepte du *carpe diem* remplacent (de façon progressive mais régulière et peut-être irrépressible) la tyrannie prémoderne de l'éternité et sa devise *memento mori*.

Cette transformation sous-tend le nouveau rôle central accordé, dans la société actuelle, à la préoccupation de

sorte que Socrate n'ait jamais été obligé de boire la ciguë) était le signe ultime de l'omnipotence de Dieu.

l'« identité ». Bien qu'elle constitue, depuis le passage, au début de l'ère moderne, de la société d'« attribution » à la société de « réalisation », une question importante et une tâche passionnante, l'identité partage désormais le sort d'autres activités de vie. Elle a subi le processus de « pointillisation ». Autrefois projet de toute une vie, projet limitrophe de la durée de la *vie*, elle s'est changée en attribut de l'*instant*. L'identité n'est plus conçue et construite dans la perspective de durer à jamais : on l'assemble et la désassemble désormais de façon intermittente, toujours en repartant de zéro. Ces deux opérations, d'apparences contradictoires, sont toutes deux dotées d'une importance égale et sont l'une comme l'autre captivantes. Plutôt que de demander le paiement anticipé et l'abonnement à vie sans clause d'annulation, l'identité (ou, plus exactement, l'identification) est aujourd'hui une activité analogue au fait de regarder des films à la carte à la télévision (ou en utilisant le pay-as-you-go par téléphone portable). Elle demeure une préoccupation constante mais elle se voit à présent morcelée en une multitude d'efforts excessivement brefs (et les progrès des techniques de marketing n'arrangent rien à l'affaire), tous intégrés à la capacité d'attention même la plus volatile ; une série de sursauts frénétiques se succèdent de façon pas plus préconçue que prédéterminée ou prévisible – au contraire, leurs effets suivent de très près les commencements, et libèrent ce faisant les joies du désir de la geôle de l'attente.

Les talents nécessaires pour affronter le défi de la manipulation moderne-liquide de l'identité sont proches de ceux du célèbre *bricoleur* [1] de Lévi-Strauss, du jongleur, voire de l'habileté et de la dextérité du prestidigitateur. La pratique de ces talents a été mise à la portée du consommateur ordinaire, banal, par le biais du *simulacrum* – phénomène proche, dans la fameuse description qu'en donna

1. En français dans le texte (*N.d.T.*).

Baudrillard, des troubles psychosomatiques qui annulent la distinction entre les « choses telles qu'elles sont » et les « choses telles qu'elles prétendent être », entre la réalité et l'illusion, la véritable situation actuelle et sa simulation. Ce que l'on considérait et endurait jadis comme une interminable corvée nécessitant la mobilisation onéreuse de toutes les ressources « intérieures » de l'individu peut désormais s'accomplir à l'aide de gadgets prêts à l'emploi, dont l'acquisition ne demande ni beaucoup de temps, ni beaucoup d'argent. Certes, le charme des identités rapiécées à partir d'ornements achetés croît proportionnellement à la somme dépensée ; depuis peu, il s'accroît aussi avec la durée d'attente, car les boutiques de mode ont recours aux listes d'attente – et ce manifestement dans l'unique but d'accroître la distinction dont les signes d'identité attendus parent leur acheteur. Georg Simmel nous le faisait remarquer il y a de cela fort longtemps, les valeurs se mesurent au volume et à la douleur du sacrifice d'autres valeurs requises pour les obtenir (or l'attente est le plus grand sacrifice que l'on puisse exiger des membres de la société des consommateurs).

Annuler le passé, « renaître », acquérir un autre moi, se réincarner en « quelqu'un de complètement différent » : difficile de résister à ces tentations. Pourquoi s'échiner à s'améliorer, avec tous les efforts et toute l'abnégation que cela implique ? Pourquoi dépenser de l'argent en pure perte ? N'est-il pas plus avantageux, plus rapide, plus abouti, plus pratique et plus facile de faire la part du feu et de repartir de zéro, de se défaire de son ancienne peau – boutons et verrues compris – pour en acheter une neuve ? Il n'y a rien de nouveau à vouloir s'enfuir quand la situation devient périlleuse. La nouveauté tient à la possibilité désormais offerte de chasser le naturel sans qu'il revienne au galop, au rêve d'*échapper à soi-même*, allié à la conviction de pouvoir réaliser ce rêve ; ce n'est en outre pas qu'une option parmi d'autres, mais la plus facile de toutes, celle qui a le plus de chances de fonctionner en cas de souci – un raccourci moins fâcheux, moins gourmand en temps et en énergie, une option plus avantageuse, en résumé.

Joseph Brodsky, philosophe et poète russo-américain, a décrit le type de vie guidé par la confiance placée en ce genre de fuite. Pour les perdants reconnus, tels les « consommateurs défectueux » (les pauvres, éliminés du jeu de la consommation), la variété moderne-liquide des parias sociaux, la seule forme d'échappatoire au moi est l'alcool ou la drogue : « En règle générale, l'homme qui s'injecte de l'héroïne le fait globalement pour la même raison qui vous pousse à acheter une cassette vidéo », annonça Brodsky à ses étudiants du Dartmouth College, en 1989 ; voilà le cadre auquel sont restreints les consommateurs défectueux, les individus rejetés par la société, à qui l'accès est interdit aux itinéraires de fuite plus raffinés et plus efficaces (mais aussi plus onéreux). Quant aux riches potentiels, que les étudiants du Dartmouth College aspiraient à devenir, ils n'ont pas à s'arrêter à l'achat de vidéos. Ils peuvent tenter de réaliser leur rêve. « Vous vous lasserez de votre travail, de votre épouse, de votre maîtresse, de ce que vous voyez par la fenêtre, des meubles ou du papier peint de votre chambre, de vos pensées, de vous-même, les prévenait Brodsky. En conséquence, vous chercherez à imaginer des moyens de vous échapper. Mis à part les gadgets vaniteux mentionnés plus haut, vous pouvez changer de travail, de lieu de résidence, de compagnie, de pays, de climat, ou bien vous plonger dans la promiscuité, l'alcool, les voyages, les cours de cuisine, la drogue, la psychanalyse [1]. »

Les riches peuvent en effet choisir un moyen de s'échapper parmi les innombrables options mises en vente. Et ils ont toutes les chances d'être tentés d'en essayer autant qu'ils peuvent se le permettre, l'une après l'autre ou toutes en

1. J. Brodsky, *On Grief and Reason*, *op. cit.*

même temps, puisqu'il est tout à fait improbable que l'un des moyens choisis les émancipe de l'« ennui de soi » qu'ils promettent tous d'abolir : « En fait, vous pouvez même faire un peu de tout ça ; et cela risque de marcher, un temps. Jusqu'au jour où, naturellement, vous vous réveillez dans votre chambre au sein d'une nouvelle famille, face à un nouveau papier peint, dans un nouvel État, sous un nouveau climat, près d'un monceau de factures envoyées par votre agent de voyages et votre psy, mais toujours avec le même sentiment vis-à-vis de la lumière du jour qui entre par votre fenêtre [1]. »

Le remarquable romancier polonais Andrzej Stasiuk est également un analyste particulièrement perspicace de la condition humaine contemporaine. Ainsi suggère-t-il que « la possibilité de devenir quelqu'un d'autre » est aujourd'hui un substitut au salut ou à la rédemption (désormais globalement abandonnés et négligés). « Il est fort probable que la masse d'êtres digitaux, analogues ou en Celluloïd que l'on rencontre au cours d'une vie se rapproche du volume que peuvent offrir la vie éternelle et la résurrection. Diverses techniques nous permettent de modifier notre corps et de le remodeler suivant un autre modèle [...]. Quand on feuillette des magazines de luxe, on a l'impression que ceux-ci ne nous disent plus ou moins qu'une chose : comment reconstruire notre personnalité, à commencer par nos régimes, notre quartier, notre maison, et jusqu'à une reconstruction de notre structure psychologique, souvent désignée par l'expression codée "être soi-même" [2]. »

Sławomir Mrozek, écrivain polonais mondialement connu, et excellent connaisseur de plusieurs pays, compare notre monde à « une vitrine remplie de déguisements, devant

1. *Ibid.*

2. A. Stasiuk, *Tekturowy samolot*, Sekowa, Pologne, Wydawnictwo Czarne, 2000.

laquelle se massent des foules à la recherche de leur “moi” [...]. Comme on peut changer de déguisement sans fin, les chercheurs jouissent d'une liberté infinie [...]. Continuons de chercher nos vrais moi, on s'y amuse tellement – à condition de ne jamais les trouver. Dans le cas contraire, on ne s'amuserait plus du tout [1]. »

Si le bonheur est constamment à portée de main, et s'il ne faut que quelques minutes pour l'atteindre (autant que pour feuilleter les pages Jaunes, ou pour sortir sa carte de crédit), alors il est évident qu'un moi qui ne parvient pas à atteindre le bonheur ne peut être « réel » – il ne saurait être celui qui a poussé le chercheur-de-moi à se lancer dans son voyage de découverte de soi. Ce moi frauduleux doit être rejeté au motif de son « inauthenticité » ; la quête du vrai moi, elle, doit se poursuivre. En effet, pourquoi l'interrompre, si l'on peut être sûr que dans un instant un autre instant va arriver, porteur de nouvelles promesses, plein d'un nouveau potentiel ?

Blaise Pascal estimait que « tout le malheur des hommes vient d'une seule chose, qui est de ne savoir pas demeurer en repos dans une chambre ». Pascal rédigea ses *Pensées* il y a près de quatre siècles, mais quand bien même il ne les aurait écrites qu'il y a un demi-siècle, il n'aurait pu se douter qu'un jour viendrait où les hommes *et* les femmes seraient malheureux globalement pour cette même raison, et que, en outre, ils ont beau s'efforcer de garder leurs chambres respectives à ce moment-là, ils n'arriveront pas à demeurer en repos puisque leurs chambres, montées sur roulettes plutôt que sur des fondations solides et durables, seront extrêmement mobiles ; de plus, ces hommes et ces femmes de *notre* époque n'ont pas la moindre idée, dès lors que leurs chambres se mettront à bouger, de la direction qu'elles suivront et de la vitesse qu'elles prendront. Gardons-nous de crier haro

1. S. Mrozek, *Male listy*, Varsovie, Noir sur Blanc, 2000.

sur Pascal : il a vécu longtemps avant l'avènement de notre monde moderne-liquide.

C'est au sein de ce monde moderne-liquide que nous sommes amenés à examiner le destin, la valeur et les perspectives de la mémoire. Rien d'étonnant à ce que nous voyions là, de nos jours, des questions dignes de notre plus grande attention. Comme l'observa Heidegger, nous, êtres humains, réfléchissons à l'essence d'une chose uniquement lorsque celle-ci nous désarçonne : si nous ne pouvons la trouver à l'endroit où elle « a toujours été », ou si elle commence à se comporter d'une façon que nous ne savons décrire que comme étrange, surprenante, déroutante et fascinante. Hegel l'avait constaté un siècle plus tôt, la chouette de Minerve, déesse de la sagesse, ne déploie ses ailes qu'au crépuscule – en fin de journée.

La mémoire s'est récemment retrouvée casée dans cette catégorie des « choses » dont on prend soudainement conscience – des choses qui ont fait faillite, ou que l'œil de la sagesse n'a pas repérées puisqu'elles ont commencé à se dissoudre dans le noir et ont par conséquent cessé de se dissimuler dans la lumière du jour. Si nous nous intéressons de nouveau – de façon compulsive et obsessionnelle – à la question de la mémoire, c'est parce que nous avons été transportés d'une civilisation de la durée (et donc de l'*apprentissage et de la mémorisation*) à la civilisation de l'éphémère, et donc de l'*oubli*. La mémoire est la grande victime – maquillée en victime collatérale – de cette transition.

Il aura fallu attendre plus de deux mille ans depuis l'invention de la notion de *paidea* par les sages de la Grèce antique pour que l'idée d'« éducation tout au long de la vie » passe du statut d'oxymoron (contradiction dans les termes) à celui de pléonasme (comme le « fer métallique »). Cette remarquable transformation est assez récente – les dernières décennies –, conséquence du rythme radicalement accéléré du changement du cadre social dans lequel les deux principaux acteurs de l'éducation – enseignants et élèves – se sont retrouvés contraints d'agir.

À l'instant où un projectile est tiré par une arme balistique, sa direction et la distance qu'il va parcourir ont déjà été décidées par la forme et la position du canon, ainsi que par la quantité de poudre présente dans l'obus ; on peut calculer avec une très grande précision l'endroit où le missile s'écrasera, et donc choisir ce lieu en modifiant le canon ou la quantité de poudre. Ces qualités font des missiles balistiques les armes idéales dans les guerres de position – lorsque les cibles restent enterrées dans leurs tranchées ou leurs bunkers et que les missiles sont les seuls corps en mouvement.

Ces mêmes qualités les rendent toutefois inutiles dès lors que les cibles, invisibles pour le canonnier, se mettent à bouger – surtout si elles bougent plus vite que les missiles, et si leurs mouvements, imprévisibles, annulent le calcul préliminaire de la bonne trajectoire. Il faut alors recourir à un « missile intelligent » (capable de modifier sa direction en plein vol suivant les circonstances, de détecter instantanément les mouvements de la cible, d'apprendre d'eux tout ce qu'il y a à tirer concernant la direction et la vitesse de la cible, et d'extrapoler à partir des informations collectées le point exact où leurs trajectoires se couperont). Ces missiles intelligents ne peuvent suspendre la collecte et le traitement des renseignements pendant leur vol, et encore moins les terminer : leurs cibles ne cessent jamais de bouger, de changer de direction et d'allure, si bien que le repérage du point de rencontre doit être constamment actualisé et corrigé.

On pourrait affirmer que les missiles intelligents suivent la stratégie de la « rationalité déterminante », mais dans une version fluide, liquéfiée, pour ainsi dire : ils abandonnent l'idée selon laquelle la fin est donnée, à jamais fixe, et que seuls les moyens sont variables, peuvent et doivent être calculés et manipulés. Des missiles encore plus intelligents ne seront pas limités à une cible présélectionnée, ils choisiront leur cible en cours de route. Ils ne seront guidés que par deux considérations : quel est l'impact maximal qu'ils peuvent avoir en fonction de leurs capacités techniques, et quelles cibles potentielles sont-ils le mieux à même de frapper ? On pourrait voir là un argument en faveur de la rationalité déterminante à l'envers : les cibles sont sélectionnées pendant que le missile se déplace, et c'est le moyen disponible qui décide quelle « fin » sera choisie. En pareils cas, l'« intelligence » du missile et son efficacité ont à gagner d'un équipement de nature « généraliste », « non engagée », pas concentrée sur une catégorie spécifique de fins, pas trop ajustée à un type particulier de cible.

Les missiles intelligents, contrairement à leurs aînés balistiques, *apprennent en cours de route*. Il convient donc de les équiper au départ de la *capacité* d'apprendre, et d'apprendre rapidement. C'est une évidence. Ce qui est en revanche moins visible, mais non moins crucial que cette capacité-là, c'est la capacité à *oublier* instantanément ce qui a été appris. Les missiles intelligents seraient stupides s'ils ne pouvaient « changer d'avis » ou annuler leurs « décisions » précédentes sans y réfléchir, sans un regret. Ils ne doivent pas trop chérir le renseignement obtenu l'instant d'avant, et en aucun cas prendre l'habitude de se comporter suivant les indications de celui-ci. Tous les renseignements qu'ils recueillent vieillissent vite et, s'ils ne les rejettent pas sur-le-champ, ceux-ci risquent de les induire en erreur au lieu de leur fournir des conseils fiables. Ce que le « cerveau » d'un missile intelligent ne doit jamais oublier, c'est que le savoir qu'il acquiert est éminemment *jetable*, valable uniquement jusqu'à nouvel ordre, utile seulement à titre provisoire, et que la garantie du succès tient à ce que l'on ne laisse pas passer l'instant où le savoir acquis perd son utilité et doit être mis au rebut, oublié et remplacé.

Les philosophes de l'éducation de l'époque moderne-solide considéraient les enseignants comme des lanceurs de missiles balistiques, et leur apprenaient à faire en sorte que leurs produits ne dévient pas de la trajectoire déterminée par la vitesse d'origine. Or, étant donné la nature « praxéomorphique » de la connaissance humaine, cela n'a rien d'étonnant, puisque les missiles balistiques étaient, aux premiers temps de l'ère moderne, le summum de l'invention technique des hommes [1]. Ils rendaient parfaitement service à quiconque souhaitait conquérir et dominer le monde tel qu'il était ; comme Hilaire Belloc le confia, en référence aux indigènes d'Afrique, « Quoi qu'il arrive, nous possédons/des mitrailleuses Maxim, et eux non » (la mitrailleuse Maxim, rappelons-le, pouvait tirer un grand nombre de fois en un bref laps de temps, et n'était efficace qu'à condition de disposer d'assez de munitions). Mais, en fait, cette vision de la tâche des enseignants et de la destinée des élèves était bien plus vieille que l'idée du « missile balistique » et l'époque moderne qui l'inventa – un vieux proverbe chinois, bien qu'antérieur de deux mille ans à l'avènement de la modernité, est malgré tout encore cité par la Commission des communautés européennes en soutien de son programme pour l'« apprentissage tout au long de la vie », à l'aube du XXIe siècle : « Si tu veux une année de prospérité, cultive du riz. Si tu veux dix années de prospérité, cultive des arbres. Si tu veux cent ans de prospérité, éduque des hommes. » Ce n'est qu'avec l'entrée dans la période moderne-liquide que cette antique sagesse a perdu sa valeur pragmatique et que les personnes concernées par l'apprentissage et la promotion du savoir connus sous le nom d'« éducation » ont dû se détourner des missiles balistiques vers les missiles intelligents.

1. La « nature praxéomorphique de la connaissance humaine » désigne la priorité qu'a la praxis humaine sur la perception du monde – autrement dit, elle renvoie au fait que la vision humaine du monde est façonnée, à tous les stades de l'histoire humaine, par ce que les hommes sont capables de faire à un stade particulier de leur histoire, par ce qu'ils font, et par ce qu'ils sont enclins à faire.

John Kotter, professeur à la Harvard Business School, conseille à ses lecteurs de ne pas s'empêtrer dans l'emploi à long terme, de type « avec possibilité de titularisation » ; en effet, il est malavisé de gagner en loyauté envers l'institution, de trop se plonger ou de trop s'engager émotionnellement envers un travail, de prêter serment à long terme, sans parler de s'engager pour la vie avec qui ou quoi que ce soit. Et ce, nous explique Kotter, parce que les « concepts d'affaires, les schémas de produits, l'intelligence concurrentielle, l'équipement capital et *tout type de savoir* ont une durée de vie crédible raccourcie [1] ».

Si la vie prémoderne était une répétition quotidienne de l'infinie durée de toute chose mis à part la vie mortelle, la vie moderne-liquide, elle, est une répétition quotidienne de l'éphémère universel. Les citoyens du monde moderne-liquide découvrent bien vite que rien, dans ce monde, ne dure, et surtout pas éternellement. Les objets que l'on recommande aujourd'hui comme utiles et indispensables ont tendance à « dater » bien avant de s'être ancrés assez longtemps pour se transformer en besoins et en habitudes. On ne croit pas que quoi que ce soit puisse durer à jamais ; rien ne paraît irremplaçable. Tout ce qui naît porte une marque de mort imminente, et sort de la ligne de production avec une date limite d'utilisation imprimée ou présumée. La construction de nouveaux immeubles ne commence pas avant qu'ait été délivré le permis de les démolir quand viendra le temps de les abattre (et ce temps arrivera, c'est certain) ; et l'on ne signe pas les contrats avant d'avoir fixé leur durée, ou facilité leur abrogation à la demande. Rares sont les engagements à durer assez de temps pour atteindre le point de non-retour ; quant aux décisions et aux jugements, tous *ad hoc* et censés lier « pour l'instant », ils ne peuvent

1. J. Kotter, *The New Rules*, New York, Dutton, 1995. Les italiques ont été rajoutés.

conserver leur puissance longtemps que par accident. Rien de ce qui naît ou est fabriqué, de ce qui est humain ou non, n'est indispensable. Toute chose, née ou fabriquée, humaine ou non, est de type jusqu'à nouvel ordre.

Un spectre plane au-dessus des citoyens du monde moderne-liquide, ainsi que de leurs œuvres et créations : le spectre de la surabondance. La modernité liquide est une civilisation de l'excès, de la redondance, du déchet et du traitement des déchets. Pour reprendre la formule de Ricardo Petrella, les tendances globales actuelles entraînent « les économies vers des structures de production de l'éphémère, du volatile – par la réduction massive et généralisée de la durée de vie des produits et des services – et du précaire (travail intérimaire, flexible, à temps partiel subi) [1] ». Par ailleurs, comme le disait le sociologue italien Alberto Melucci, « nous sommes tourmentés par la fragilité du présent qui exige une fondation solide là où il n'en existe aucune [2] ». Et Melucci d'ajouter : « Quand nous envisageons le changement, nous sommes toujours déchirés entre le désir et la peur, entre l'anticipation et l'incertitude. » Or l'incertitude, c'est le *risque* : l'indissociable compagnon de toute action, le sombre spectre qui hante les décideurs compulsifs et les praticiens du choix par nécessité que nous sommes tous devenus depuis que, nous explique Melucci, « le choix est devenu une destinée ».

En fait, il n'est pas entièrement correct de dire qu'il « est devenu » une destinée : l'homme fait des choix depuis qu'il est homme. En revanche, on peut affirmer que jamais la

1. R. Petrella, « Une machine infernale », *Le Monde diplomatique*, juin 1997.

2. A. Melucci, *The Playing Self : Person and Meaning in the Planetary Society*, Londres, Cambridge University Press, 1996. Version développée d'un texte paru à l'origine en Italie sous le titre *Il gioco dell'io*.

nécessité de faire des choix n'a été aussi profondément ressentie, et que le choix a pris conscience de son existence depuis qu'il se fait dans des conditions d'incertitude aussi douloureuse qu'incurable, de menace permanente de « se faire distancer », de se faire exclure du jeu et de se voir interdire de retour parce qu'on n'aura pas su se porter au niveau des nouvelles exigences. Ce qui distingue le supplice du choix des malaises qui tourmentaient l'*Homo eligens*, c'est la découverte, ou le soupçon, de ce qu'il n'existe ni règles préétablies, ni objectifs universellement approuvés que l'on puisse suivre et ainsi se prémunir contre les conséquences négatives de nos choix. Les points de référence et les conseils qui semblent fiables aujourd'hui ont toutes les chances d'être discrédités demain – jugés erronés ou corrompus. Les compagnies soi-disant solides sont démasquées : elles ne sont que le produit de l'imagination de leurs comptables. Tout ce qui est « bon pour vous » aujourd'hui peut être reclassé demain comme toxique. Les engagements apparemment fermes, et les accords signés de façon solennelle, ou du moins la plupart d'entre eux, semblent n'être faits que pour être trahis et rompus. Aucun îlot de stabilité et de sécurité ne semble poindre au milieu des vagues. Pour citer une dernière fois Melucci, « Nous ne possédons plus de chez-nous ; on nous demande continuellement de nous en construire un nouveau, puis un autre, tels les trois petits cochons, ou bien on nous force à le porter sur notre dos, tels des escargots [1]. »

Dans ce monde, on se retrouve donc contraint de prendre la vie un fragment à la fois, comme elle vient, en s'attendant à ce que chaque fragment soit différent des précédents et nécessite des connaissances et des talents différents. Une amie à moi, résidante d'un pays de l'Union européenne, personne fort intelligente, d'une grande érudition et d'une créativité sans égale, polyglotte, une femme qui réussirait haut la main la plupart des

1. *Ibid.*

tests d'aptitude et entretiens d'embauche, cette amie, donc, se plaignait récemment à moi, dans un courrier, de ce que le « marché du travail [était] aussi fragile que du tulle, que de la porcelaine ». Après deux ans passés comme traductrice et conseillère judiciaire free-lance, elle avait connu les hauts et les bas que la fortune réserve au marché. Mère célibataire, elle rêvait d'un revenu plus régulier et se tourna donc vers un emploi stable, salarié, avec bulletin de salaire mensuel. Elle travailla un an et demi dans une société pour laquelle elle était chargée d'éclairer des entrepreneurs sur la législation européenne. Toutefois, l'humeur n'étant pas à la création d'entreprises aventureuses, sa société fit banqueroute, et mon amie se retrouva employée dix-huit mois au ministère de l'Agriculture. Elle dirigeait une section consacrée au développement de contacts avec les nouveaux États baltes indépendants. C'est alors qu'une nouvelle élection porta aux affaires une nouvelle coalition gouvernementale qui décida de « filialiser » ce problème à l'initiative privée, et démantela donc son département. Mon amie occupa ensuite un autre emploi pendant six mois, avant que le State Board of Ethnic Equality ne soit à son tour déclaré redondant.

Jamais la mémorable formule de Robert Louis Stevenson – « L'important n'est pas d'arriver à destination, mais de voyager avec espoir » – n'avait paru plus juste que dans notre monde moderne fluide et liquéfié. Quand les destinations permutent, et quand celles qui restent en place perdent leur charme en un clin d'œil, alors l'important n'est plus d'arriver, mais de rester en mouvement. Ne pas changer en habitude une pratique actuelle, ne pas se retrouver prisonnier de son passé, ne porter une identité que comme on porte une chemise dont on se débarrassera fissa une fois la mode passée, mépriser les leçons et les talents du passé sans inhibitions ni regrets : tels sont les marques de la politique de vie moderne-liquide actuelle et les attributs de la rationalité moderne-liquide. La culture moderne-liquide ne fait plus l'effet d'une culture de l'apprentissage et de l'accumulation, contrairement à celles recensées par les historiens et les ethnographes. Elle ressemble et fait au contraire l'effet d'une culture du *désengagement, de la discontinuité et de l'oubli*.

Dans ce que George Steiner appelait la « culture de casino », tout produit culturel est calculé pour avoir un impact maximal (ruiner, dégager et mettre au rebut les produits culturels de la veille) et une obsolescence instantanée (soucieux de ne pas durer plus que de raison, car la distance se raccourcit entre le doux parfum de la nouveauté et la puanteur de la poubelle, le produit culturel se hâte de quitter la scène pour la laisser aux produits culturels du lendemain). Les artistes, qui identifiaient autrefois la valeur de leur travail avec sa durée éternelle, et donc s'efforçaient d'atteindre une perfection qui rendrait impossible toute modification ultérieure, les artistes, donc, organisent aujourd'hui des installations censées être détruites sitôt l'exposition terminée, ou des happenings qui prendront fin dès que les acteurs décideront de se retirer ; ils emballent des ponts jusqu'à ce que le trafic reprenne, ou ils créent des bâtiments inachevés jusqu'à ce que le chantier reprenne ; ils érigent et gravent des « sculptures spatiales » qui invitent la nature à faire son œuvre pour fournir de nouvelles preuves (si nécessaire) de la vanité et de la brièveté ridicules des actions humaines, et du peu de profondeur des traces qu'elles laissent. Hormis les candidats des jeux télévisés, personne n'est censé, ni encouragé à se rappeler la mode de la veille ; mais dans le même temps, personne n'a le droit d'échapper à celle du jour. Le marché de la consommation est adapté à la culture de casino moderne-liquide, culture elle-même adaptée aux pressions et aux charmes dudit marché. Les deux vont bien ensemble, se nourrissent l'un de l'autre. Qu'en est-il alors pour les élèves et leurs enseignants ?

Pour être d'une quelconque utilité dans notre cadre moderne-liquide, l'éducation et l'apprentissage doivent être continus, s'étaler sur toute la vie. Aucun autre type d'éducation et d'apprentissage ne se conçoit ; la « formation » des moi et des personnalités est inimaginable autrement que par le processus de re-formation continue, perpétuellement inachevée et à durée indéterminée.

Au vu des écrasantes tendances qui façonnent les relations de pouvoir et la stratégie de domination de notre époque moderne-liquide, les perspectives sont, au mieux, minces de voir s'opérer le redressement des itinéraires tortueux et capricieux des développements du marché et de voir les calculs des « ressources humaines » devenir plus réalistes – vraisemblablement, ces perspectives sont nulles. Dans le cadre moderne-liquide, l'« incertitude manufacturée » est l'instrument de domination par excellence, tandis que la politique de « précarisation » (pour reprendre le terme de Bourdieu) devient rapidement le noyau dur de la stratégie de domination [1]. Le marché et la « planification pour la vie » sont antagonistes. Une fois que la politique d'État cède aux conseils de l'« économie », saisie comme le libre jeu des forces du marché, alors la balance des pouvoirs entre les deux penche de façon décisive du côté de la première.

Tout cela est de mauvais augure pour le but de se « responsabiliser », dont la Commission européenne a fait l'objectif premier de l'apprentissage tout au long de la vie. Par consentement quasi général, cet objectif est atteint lorsque les gens acquièrent la capacité de contrôler, ou du moins d'influencer de manière significative, les forces personnelles, politiques, économiques et sociales qui autrement malmèneraient leur trajectoire de vie ; en d'autres termes, cela revient à être *capable de faire des choix et d'agir efficacement en fonction de*

1. Précarisation : Pierre Bourdieu désigne par ce terme les stratagèmes délibérément utilisés par les directeurs pour mettre leurs subordonnés en situation d'insécurité et de vulnérabilité, et par là même de moindre prévisibilité et contrôlabilité.

ceux-ci, ce qui signifie alors la *capacité d'influencer la portée des choix disponibles et les cadres sociaux dans lesquels ces choix sont effectués et mis en pratique*. Disons les choses plus nettement, se responsabiliser nécessite d'acquérir non seulement les compétences nécessaires pour participer avec succès à un jeu conçu par d'autres, mais aussi les *pouvoirs* pour influencer les objectifs, les enjeux et les règles du jeu ; les compétences pas seulement personnelles, mais aussi *sociales*.

Le fait de se responsabiliser implique de construire et reconstruire les liens entre les hommes, de posséder la volonté et la capacité de s'engager avec d'autres dans un effort continu visant à mettre en place la cohabitation humaine dans un cadre accueillant et amical pour la coopération mutuellement enrichissante des hommes et des femmes qui se battent pour leur amour-propre, pour développer leur potentiel et pour utiliser à bon escient leurs capacités. En résumé, l'un des enjeux décisifs de l'éducation tout au long de la vie cherchant à permettre aux gens de se responsabiliser est la reconstruction de l'espace public de plus en plus déserté de nos jours où des hommes et des femmes pourraient s'engager dans une traduction continue entre les intérêts, droits et devoirs individuels communs, privés et communautaires.

« À la lumière des processus de fragmentation et de segmentation, ainsi que de la diversité individuelle et sociale croissante, écrit Dominique Simone Rychen, le renforcement de la cohésion sociale et le développement d'un sentiment de conscience et de responsabilité sociales sont devenus deux buts sociétaux et politiques importants [1]. » Sur notre lieu de travail, dans notre voisinage immédiat et dans la rue, nous nous mélangeons chaque jour avec d'autres qui, comme l'observe Rychen, « ne parlent pas forcément la même langue (littéralement ou métaphoriquement) ou ne partagent pas la

1. D. S. Rychen, « Lifelong Learning – But Learning for What ? », *LLinE* 1, p. 26-33, 2004.

même mémoire et la même histoire que nous ». En de telles circonstances, les compétences dont nous avons le plus besoin pour offrir à la sphère publique une chance raisonnable de résurrection sont les compétences d'interaction avec les autres – mener un dialogue, une négociation, obtenir la compréhension mutuelle, gérer ou résoudre les conflits inévitables à chaque instant de la vie partagée.

Au risque de me répéter : dans le cadre moderne-liquide, l'éducation et l'apprentissage, pour être d'une quelconque utilité, doivent être continus et se prolonger tout au long de la vie. J'espère avoir clairement démontré que l'une des raisons – peut-être la raison décisive – pour lesquelles l'apprentissage *doit* être continu et se prolonger tout au long de la vie tient à la nature de la tâche qui nous attend sur la route commune menant à la « responsabilisation » – tâche qui correspond exactement à ce que devrait être l'éducation : continue, sans fin, se prolongeant tout au long de la vie.

Mais le consommateur est l'ennemi du citoyen. À travers la partie « développée » et riche de la planète abondent les signes indiquant que les gens s'intéressent de moins en moins à l'acquisition et à l'exercice de compétences sociales, qu'ils tournent le dos à la politique, manifestent de plus en plus d'apathie politique et de perte d'intérêt dans le fonctionnement du processus politique. Or la politique démocratique ne saurait survivre longtemps à la passivité des citoyens née de leur ignorance et de leur indifférence vis-à-vis de la politique. Les libertés des citoyens ne constituent pas des biens acquis une fois pour toutes ; ces biens ne sont pas en sécurité une fois enfermés dans les coffres-forts privés. Ils sont plantés et enracinés dans le substrat sociopolitique, substrat qui nécessite un arrosage et des apports d'engrais quotidiens, et se dessèche si les actions fondées d'un public connaisseur et engagé ne s'occupent pas de lui chaque jour. Ce ne sont pas seulement les compétences *techniques* qu'il convient de rafraîchir continuellement, pas seulement l'éducation *concentrée sur l'emploi* qui doit se prolonger tout au long de la vie. Tout cela est aussi nécessaire, et peut-être avec une plus grande urgence, pour l'éducation à la *citoyenneté*.

La plupart des gens s'accorderaient aujourd'hui d'eux-mêmes à dire qu'ils ont besoin de rafraîchir leurs connaissances professionnelles et de digérer de nouvelles informations techniques s'ils souhaitent éviter de « se faire distancer » et de se faire jeter par-dessus bord par le « progrès technique » en accélération rapide. Néanmoins, ainsi que Henry Giroux l'a mis au jour dans une longue série d'études passionnantes, un sentiment similaire d'urgence fait manifestement défaut lorsqu'il s'agit de suivre le rythme impétueux des développements politiques et les changements de règles rapides du jeu politique. Les résultats d'études témoignent de la vitesse à laquelle se creuse le fossé séparant l'opinion publique des faits centraux de la vie politique. Ainsi, peu après l'invasion de l'Irak, le *New York Times* publia une étude indiquant que 42 % des Américains interrogés tenaient Saddam Hussein pour directement responsable dans les attaques du 11 septembre contre le World Trade Center et le Pentagone. CBS News fit également état d'un sondage selon lequel 55 % des personnes interrogées croyaient que Saddam Hussein soutenait directement l'organisation terroriste Al-Qaida. Un sondage Knight Ridder/Princeton Research révéla que 44 % des personnes interrogées affirmaient penser que « la plupart » ou « certains » des pirates de l'air du 11 septembre 2001 étaient des citoyens irakiens. Une majorité d'Américains croyaient en outre déjà que Saddam Hussein détenait des armes de destruction massive, que certaines avaient été découvertes, qu'il s'apprêtait à construire une bombe atomique et qu'il comptait la larguer sur un public américain sans méfiance. Toutes ces allégations étaient en fait dépourvues de fondement, puisque aucune preuve n'existait capable de venir les confirmer le moins du monde. Un sondage effectué par le *Washington Post* à l'approche du deuxième anniversaire de la tragédie du 11 septembre indiqua que 70 % des Américains croyaient toujours que l'Irak avait joué un rôle direct dans la préparation des attaques.

Face à une telle ignorance, on se sent facilement perdu et dépourvu – il est toutefois encore plus facile d'être perdu et dépourvu sans le sentir. Pour reprendre la célèbre remarque de Pierre Bourdieu, quiconque n'a aucune emprise sur le présent ne peut même pas rêver de contrôler le futur – or la plupart des Américains n'ont sans doute qu'une perception floue du présent. Ce soupçon est confirmé par des observateurs incisifs et perspicaces. « Nombre d'Américains, déclare Brian Knowlton, de l'*International Herald Tribune*, affirment qu'avec le côté “douche écossaise” des récentes alertes ils ne savent plus s'ils doivent réagir dans l'urgence ou dans la peur, et à quel point [1]. »

L'ignorance entraîne la paralysie de la volonté. Nous ne savons pas ce qui nous attend, et n'avons aucun moyen d'évaluer les risques. Pour des autorités intolérantes quant aux contraintes imposées aux détenteurs du pouvoir par une démocratie active et résistante, ce type d'impuissance de l'électorat produit par l'ignorance, allié à la croyance en l'inefficacité de la différence d'opinion ainsi que de l'engagement politique, constituent des sources – nécessaires et bienvenues – de capital politique : la domination par l'ignorance et l'incertitude délibérément cultivées est plus fiable, et moins onéreuse, qu'une autorité fondée sur un débat sérieux des faits et un effort prolongé visant à s'accorder sur la vérité de la question et les moyens d'action les moins risqués. L'ignorance politique se perpétue d'elle-même, et un bâillon composé d'ignorance et d'inaction se révèle bien utile chaque fois que la voix de la démocratie doit être étouffée, ou ses mains ligotées.

---

1. B. Knowlton, « Hot-Cold-Hot : Terror Alert Left America Uncertain », *International Herald Tribune*, 5 août 2004.

L'éducation tout au long de la vie sert à nous donner le choix. Mais nous en avons encore plus besoin pour préserver les conditions qui rendent le choix disponible et accessible.

Chapitre 5

De Charybde en Scylla.
Ou les arts entre l'administration et les marchés

L'idée de « culture » fut créée et baptisée, entre 1750 et 1775 environ, comme nom de code représentant la gestion de la pensée et du comportement humains.

À l'origine, le mot se voulait une déclaration d'*intention*. Son usage actuel de terme descriptif, de nom générique désignant les régularités déjà réalisées, observées et consignées d'un comportement à l'échelle de la population, n'est apparu qu'un siècle plus tard environ – quand les gestionnaires de la culture jetèrent un coup d'œil à ce qu'ils tenaient déjà pour leur création, et quand, à l'exemple de Dieu ayant créé le monde, ils la déclarèrent « bonne ». Depuis, le mot « culture » signifie, dans son acceptation la plus courante, la manière dont un type de conduite humaine régulière, « régulée de façon normative », diffère d'un autre type, soumis à une gestion distincte.

Lorsqu'il fit son apparition dans le vocabulaire, le terme « culture » désignait une activité *réfléchie*. Au seuil de l'époque moderne, les hommes et les femmes (considérés jusque-là comme des « faits bruts », les maillons non négociables, avec-lesquels-on-ne-doit-pas-badiner, de la chaîne de la création divine, indispensables quoique mesquins, misérables et laissant beaucoup à désirer) furent perçus comme malléables et, dans le même temps, nécessitant d'urgence des réparations ou une amélioration.

Le terme « culture » fut conçu au sein de la famille des concepts incluant des mots comme « culture » (au sens agricole), « agriculture » et « élevage » – signifiant tous amélioration, que ce soit dans la prévention de l'affaiblissement ou dans l'arrêt et l'annulation de la détérioration. Ce que l'agriculteur faisait à la graine, grâce aux grands soins qu'il lui prodiguait du semis à la récolte, on pouvait et l'on devait le faire aux êtres humains par l'éducation et la formation. « Être humain » n'avait plus rien d'évident, ce n'était plus un cadeau du Ciel ou de la Nature : il s'agissait d'une tâche à laquelle les hommes devaient s'atteler. Une tâche dont il fallait surveiller le bon déroulement si l'on tenait à ce qu'elle soit accomplie. Les humains ne *naissaient* pas, on les *fabriquait*. Il leur fallait encore *devenir* humains – et ce faisant, ils devaient être guidés par des êtres humains déjà accomplis : des hommes éduqués et formés à l'art d'éduquer et de former d'autres hommes.

Le terme « culture » fit son entrée dans le vocabulaire moins d'un siècle *après* un autre concept moderne crucial, celui de la « gestion » censé, selon l'*Oxford English Dictionary*, « entraîner (les personnes, les animaux, etc.) à se soumettre au contrôle d'autrui », « exploiter », « réussir à accomplir » ; et plus d'un siècle *avant* l'apparition d'un autre sens de « gestion » : « s'arranger pour faire avec ou s'en tirer ». En résumé, « gérer » signifiait exécuter une tâche d'une manière qu'elle n'aurait pu suivre de son propre chef ; *re*diriger les événements suivant nos propres dessein et volonté. En d'autres termes, « gérer » (contrôler le cours des événements) en vint à désigner la *manipulation des probabilités* : faire en sorte qu'une certaine conduite (actions ou réactions) de « personnes [ou d'] animaux » ait plus de chances d'être adoptée qu'elle n'en aurait autrement, tout en se débrouillant pour que d'autres mouvements aient moins de chances, voire absolument aucune, d'être choisis. Au final, « gérer » signifie *limiter la liberté de ceux que l'on gère.*

Si l'« agriculture » représente la vision du champ de blé du point de vue de l'agriculteur, comme l'objet d'activités agricoles, alors l'idée de « culture », appliquée métaphoriquement aux hommes, était la vision d'un monde *social* tel que le percevaient les gestionnaires, ces « agriculteurs d'humains » : un objet de gestion. Le postulat ou la présomption tacite (mais axiomatique) de la gestion n'est pas un ajout tardif : dès le départ, et tout au long de son histoire, il fit partie intégrante du concept de « culture ». Au cœur même de ce concept se trouve la prémonition et/ou l'acceptation d'une *relation sociale asymétrique*, inégale : le schisme entre les acteurs et les victimes de l'action, entre les gestionnaires et ceux qu'ils gèrent, entre les puissants et les soumis, les savants et les ignorants, les sophistiqués et les grossiers.

Theodor Wiesengrund Adorno faisait remarquer que « l'inclusion de l'esprit objectif d'une époque dans le mot "culture" trahit dès le départ l'opinion administrative, dont la tâche consiste, du sommet vers la base, à assembler, distribuer, évaluer et organiser [1] ». Adorno analyse les traits définitoires de cet esprit : « Ce que l'administration exige de la culture est essentiellement hétéronome : la culture – sous quelque forme qu'elle prenne – doit être mesurée par des normes qui ne lui sont pas inhérentes et qui n'ont rien à voir avec la qualité de l'objet, mais plutôt avec certain type de critères abstraits imposés de l'extérieur [...]. »

Un spectacle assez différent (le genre de spectacle auquel on ne peut s'attendre que dans le cas d'une relation sociale

1. T. W. Adorno, « Culture and administration », *The Culture Industry : Selected Essays on Mass Culture by Theodor W. Adorno*, trad. W. Blomster, Routledge, 1991. J'insisterais quant à moi sur le fait que le terme « gestion » traduit mieux qu'« administration » l'essence du *Verwaltung* allemand utilisé par Adorno.

asymétrique) tend à s'offrir à la vue de ceux qui observent la relation de l'autre bout de l'action administrative, du côté des victimes (c'est-à-dire ceux qui subissent la gestion) ; et le verdict prononcé (ou qui le serait si ces gens-là se trouvaient une voix) est alors bien différent : il s'agit du spectacle d'une répression injustifiée et déplacée, porteuse d'un verdict d'illégitimité et d'injustice. Dans cette autre version du récit de la relation, la culture apparaît « opposée à l'administration », puisque, pour citer Oscar Wilde (qu'Adorno jugeait provocateur sur ce point), la culture est inutile (du moins, semble-t-il, tant que les gestionnaires détiennent le monopole sur le tracé de la frontière entre ce qui est en service et ce qui ne l'est plus). Elle représente les revendications du *particulier* contre la pression homogénéisante du *général*, et « implique une impulsion irrévocablement critique envers le statu quo et toutes ses institutions ».

Impossible d'éviter le conflit entre ces deux récits. On ne peut pas plus le prévenir que le résoudre une fois qu'il est déclenché. La relation entre les gestionnaires et ceux qu'ils gèrent est intrinsèquement agoniste ; les deux parties poursuivent des buts opposés et ne savent cohabiter que sur le mode du conflit, infesté de soupçon et prêt au combat.

Ce conflit est particulièrement marqué, plus féroce et plus fécond en conséquences morbides dans le cadre des arts. Après tout, ceux-ci forment l'avant-garde de la culture – ils sont engagés dans des batailles de reconnaissance dont le but est d'explorer, de paver et de cartographier les routes que la culture humaine pourra (ou non) suivre. (« L'art, disait Joseph Brodsky, n'est pas une existence meilleure, mais une existence alternative. Ce n'est pas une tentative d'échapper à la réalité, mais, au contraire, une tentative de l'animer [1]. »)

1. J. Brodsky, « The Child of Civilization », *Less than One : Selected Essays*, New York, Farrar, Straus and Giroux, 1987.

Les artistes sont soit adversaires soit concurrents dans la tâche que les gestionnaires désirent accaparer.

Plus ils s'éloignent des réalités du jour, et résistent ainsi à toute influence qu'elles pourraient avoir sur eux, moins ils ont de pertinence pour l'entretien du *statu quo* ; dès lors, du point de vue des gestionnaires, ils pourraient bien être perçus comme inutiles, si ce n'est nuisibles. Artistes et gestionnaires sont en relation d'antagonisme : l'esprit de gestion fait la guerre à l'imprévu, imprévu qui se trouve être l'habitat naturel des arts. Par ailleurs, occupés à concevoir des alternatives imaginées au *statu quo*, les arts sont, bon gré mal gré, en concurrence avec les gestionnaires, dont le contrôle de la conduite des hommes et la manipulation des probabilités reviennent au final, à vouloir contrôler le futur. Les raisons abondent pour que la haine règne entre la gestion et les arts.

Évoquant la culture, mais songeant principalement aux arts, Adorno reconnaît le caractère inévitable de ce conflit. Mais il remarque en outre que les adversaires *ont besoin l'un de l'autre* ; mieux encore, les arts ont besoin de la gestion, car leur mission ne saurait être accomplie sans elle. Pour gênant et désagréable que puisse être l'état d'une hostilité déclarée ou clandestine, le plus grand malheur qui puisse s'abattre sur la culture (ou plus précisément sur les arts) serait qu'elle remporte une victoire totale sur son adversaire : « La culture subit des dommages quand elle est planifiée et administrée ; livré à lui-même, toutefois, tout ce qui est culturel risque de perdre non seulement sa possibilité d'effet, mais jusqu'à son existence même [1]. » Adorno ne fait là que répéter la triste conclusion à laquelle il était arrivé (avec Max Horkheimer) durant ses travaux sur la *Dialectique de la raison* : « L'histoire de ces religions et de ces écoles philosophiques anciennes nous enseigne, comme l'histoire des partis et des révolutions modernes, que le

1. T. W. Adorno, « Culture and Administration », *op. cit.*

prix de la survie est [...] la transformation des idées en domination [1] ». Cette leçon de l'histoire devrait être étudiée avec une diligence toute particulière, digérée et mise en pratique par les « créateurs de culture » professionnels, qui portent le lourd fardeau de la propension transgressive de la culture et en font leur vocation (embrassée consciemment), pratiquant la critique et la transgression comme leur propre mode d'existence : « Demander aux créateurs de culture de se retirer du processus d'administration et de s'en tenir à l'écart n'a pas de sens. Non seulement cela les priverait de la possibilité de gagner leur vie, mais ils y perdraient aussi tout effet, tout contact entre œuvre d'art et société, chose dont ne peut se passer une œuvre de la plus grande intégrité, si elle veut subsister [2]. »

Un paradoxe, c'est certain. Ou un cercle vicieux... D'un côté, la culture ne peut vivre en paix avec la gestion, surtout avec une gestion gênante et insidieuse, et en particulier avec une gestion visant à modifier la soif d'exploration/expérimentation de la culture afin qu'elle entre dans le cadre de rationalité que les gestionnaires ont créé – cette même rationalité que l'exploration artistique du « pas encore » et du « juste possible » doit transgresser et ne peut que transgresser ; tandis que les gestionnaires, décidés (puisque telle est leur inclination professionnelle) à défendre farouchement la cause de cette rationalité, doivent considérer les arts comme des adversaires – et plus ce sera le cas, mieux les arts pourront accomplir leur mission. Le complot de la gestion contre la liberté endémique des arts constitue, pour les artistes, un *casus belli* perpétuel. D'un autre côté, les créateurs de culture ont besoin des gestionnaires s'ils souhaitent (c'est le cas de la plupart d'entre eux, décidés à « améliorer le monde ») être vus, entendus et écoutés, s'ils veulent avoir une chance de

1. T. W. Adorno et M. Horkheimer, *Dialectique de la raison*, trad. É. Kaufholz, Paris, Gallimard, 1974, p. 224.

2. T. W. Adorno, « Culture and Administration », *op. cit.*

mener à bonne fin leur mission/tâche/projet. Faute de quoi ils encourent la marginalité, l'impuissance et l'oubli.

Les créateurs de culture n'ont d'autre choix que de vivre avec ce paradoxe. Ils ont beau protester avec véhémence contre les prétentions et l'ingérence des gestionnaires, ils doivent chercher un *modus co-vivendi* avec l'administration, au risque sinon de sombrer dans l'inadaptation. Ils ont le choix entre des gestionnaires poursuivant des buts différents et qui rognent la liberté de création culturelle suivant diverses intentions – mais certainement pas entre *accepter* ou *rejeter* la gestion en tant que telle. Pas de façon réaliste, en tout cas.

Tout cela parce que le paradoxe en question provient du fait que, malgré tous les conflits d'intérêts, toutes les médisances mutuelles, créateurs de culture et gestionnaires sont destinés à partager la même maisonnée et prendre part à la même aventure. Leur *rivalité* est *fraternelle*. Tous visent la même cible, partagent le même but : changer le monde par rapport à ce qu'il pourrait être, ou à ce qu'il deviendrait s'il était livré à lui-même. Tous sont cruciaux pour la capacité du *statu quo* à s'entretenir, à se diriger et à s'affirmer. S'ils se querellent, ce n'est pas pour savoir si le monde devrait être un objet d'intervention constante ou bien livré à ses tendances internes, mais plutôt au sujet de la direction que devrait prendre cette intervention. La plupart du temps, ils se chamaillent uniquement pour savoir qui tient les rênes, et comment rendre efficace cette conduite. Créateurs de culture et gestionnaires réclament le droit de décider de la direction de l'intervention, et de choisir les outils de contrôle, ainsi que les moyens d'en mesurer les progrès.

Hannah Arendt exprima à la perfection l'essence de ce conflit :

> Un objet est culturel selon la durée de sa permanence ; son caractère durable est l'exact opposé du caractère fonctionnel, qualité qui le ferait disparaître à nouveau du monde phénoménal par utilisation et par usure. [...]
> La culture se trouve menacée quand tous les objets et choses du monde, produits par le présent ou par le passé, sont traités comme de pures fonctions du processus vital de la société, comme s'ils n'étaient là que pour satisfaire quelque besoin. Et pour cet utilitarisme de la fonction, cela ne joue pratiquement pas que les besoins en question soient d'un ordre élevé ou inférieur [1].

La culture vise au-dessus des réalités. Elle ne se soucie pas de ce qui se trouve être à l'ordre du jour, défini comme l'impératif du moment ; du moins s'évertue-t-elle à transcender l'impact limiteur de l'« actualité » ainsi définie, et s'efforce-t-elle de se libérer de ses exigences.

Être utilisé ou consommé sur-le-champ et se dissoudre dans le processus de consommation instantanée, voilà qui ne constitue pas la destination des produits culturels, ni leur critère de valeur. Arendt affirmerait que la culture recherche la *beauté* – je suggère quant à moi qu'Arendt a choisi de donner ce nom aux préoccupations de la culture parce que l'idée de « beauté » est la quintessence d'une cible fuyante, défiant toute explication rationnelle ou causale, n'ayant ni but ni usage visible, ne servant rien et ne pouvant se légitimer en référence à aucun besoin déjà ressenti, défini et en lice pour la satisfaction ; quels que soient les besoins qu'elle pourrait satisfaire au final, tous viennent au monde par l'acte de création artistique. Un objet est culturel en ceci qu'il survit à tout usage qui aurait pu servir sa création.

Cette image de la culture est à l'opposé de l'opinion commune, qui dominait aussi jusque récemment dans la littérature universitaire ; une opinion qui range la culture parmi

1. H. Arendt, *La Crise de la culture*, Paris, Gallimard, 1968, p. 266-267.

les appareils homéostatiques censés préserver la reproduction monotone de la réalité sociale, sa *mêmeté*, et du même coup contribuer à garantir la continuation de sa similarité dans le temps. La notion de culture commune aux écrits classés dans la rubrique des sciences humaines (globalement acceptée jusque récemment) fit partie d'un mécanisme d'entretien et de stabilisation entraînant routine et répétition, un instrument d'inertie – en aucune façon un instrument du ferment qui empêche la réalité sociale de s'immobiliser et la contraint à l'autotranscendance perpétuelle, contrairement à ce qu'affirmaient Adorno et Arendt.

La notion classique de culture, dont la domination coïncidait avec la phase solide de la modernité guidée par la raison gestionnaire, était un élément d'un ordre qui se renouvelait automatiquement, plutôt que de sa perturbation et de sa refonte éternelles. Dans les descriptions anthropologiques orthodoxes (une société = une culture), la culture fait figure d'outil efficace de « l'entretien du modèle », de servante de la structure sociale – d'une distribution permanente des probabilités comportementales qui conserve sa forme dans le temps et combat efficacement tout manquement à la norme, toute perturbation, toute déviation menaçant de faire perdre son équilibre au système. Cette conception de la culture était, à n'en pas douter, à la fois une extrapolation et l'horizon utopique d'une totalité sociale bien gérée (ou, pour reprendre la formule de Talcott Parsons, « principalement coordonnée »), caractérisée par une distribution stable des probabilités, sous le contrôle étroit d'un ensemble d'appareils homéostatiques parmi lesquels la culture occupait la place d'honneur ; le genre de totalité au sein duquel les mauvaises manières ou les actions déviantes des unités humaines individuelles sont rapidement repérées et isolées avant qu'elles aient pu causer des dommages irréparables, et enfin désamorcées ou éliminées en vitesse. Dans cette vision d'une société comme système s'autoéquilibrant (demeurant obstinément le même en dépit des pressions de forces compensatoires), la *« culture » représente la réalisation du rêve des gestionnaires : le rêve d'une résistance efficace au changement* – et avant tout, le rêve d'une résistance, ou mieux d'une lutte efficace contre le changement ni prévu ni conçu, le changement causé par toute autre chose que la volonté du gestionnaire et sa définition de ce qui est utile, sensé et approprié.

Ce rêve, s'il se réalisait, nous ferait entrer dans le monde que Joseph Brodsky décrivit par le terme de « tyrannie » (il désignait par là un arrangement de l'unité humaine qui « structure votre monde à votre place. Et ce le plus méticuleusement possible, et certainement mieux que la démocratie [...]. Ce rêve consiste à faire de chaque homme son propre bureaucrate [1] ». Milan Kundera affirme pour sa part, en appelant « totalitarisme » cette tyrannie, que dans un « monde de répétitions » qui « exclut la relativité, le doute et le questionnement », il n'y a pas de place pour les arts [2]. « [L]'histoire du roman (de la peinture, de la musique) est née de la liberté de l'homme, de ses créations entièrement personnelles, de ses choix » – elle s'est développée en improvisant et en créant ses propres règles en chemin [3].

Cela dit, c'est dans l'esprit du *managerialism* que le rôle de la culture était le plus couramment perçu il y a de cela ne serait-ce que vingt ou trente ans, à une époque où la culture était annexée, ou allait l'être, par le projet gestionnaire qui maîtrisait (ou s'efforçait de maîtriser) la perception du monde humain.

Cependant, en vingt ou trente ans, il s'en est passé, des choses. À commencer par la « révolution de gestion n°2 »,

1. J. Brodsky, « On Tyranny », *Less than One : Selected Essays*, *op. cit.*
2. M. Kundera, *Sztuka powieci*, Varsovie, Czytelnik, 1998.
3. M. Kundera, *Les Testaments trahis*, Paris, Gallimard, 1993, p. 28.

menée subrepticement sous la bannière du « néolibéralisme ». Les gestionnaires de la culture passèrent de la « régulation normative » à la « séduction », de la surveillance et de la police quotidiennes aux relations publiques, et du modèle de pouvoir panoptique, fondé sur la routine, sur-régulé, impassible, à la domination par l'incertitude diffuse, vague, la *précarité*[1] et une perturbation incessante, aléatoire, des routines. Puis vint le démantèlement progressif du cadre assuré par l'État dans lequel les parties primordiales de la politique de vie étaient d'ordinaire conduites, ainsi qu'un déplacement de la politique de vie dans le domaine présidé par les marchés de la consommation. En net contraste avec la bureaucratie étatique, les marchés de la consommation sont connus pour prospérer grâce à la *fragilité* des routines et à leur *remplacement* rapide : suffisamment rapide pour les empêcher de se changer en habitudes ou en normes.

Dans ce nouveau cadre, il n'y a guère de demande visant à réfréner et à apprivoiser le besoin transgressif et cette expérimentation compulsive baptisée « culture » dans le but de la mettre au service de l'autoéquilibrage et de la continuité. Du moins les porteurs traditionnels et les plus robustes de cette demande – prétendus gestionnaires des États bâtisseurs de nations – ont-ils perdu tout intérêt dans cette mise au service. Quant aux nouveaux scénaristes et réalisateurs du drame culturel, qui les ont rejoints ou remplacés, ils prient pour que la conduite des êtres humains, à présent transformés en consommateurs avant tout, ne soit ni apprivoisée, ni régulière, ni esclave de la routine, ni inflexible.

Puisque les principaux personnages du drame de la modernité solide quittent la scène ou sont réduits au rôle quasi muet de figurants, et dans la mesure où leurs remplaçants rechignent à sortir des coulisses, nos contemporains se

1. En français dans le texte (*N.d.T.*).

retrouvent à jouer dans ce que l'on peut fort justement qualifier, comme Hannah Arendt et Bertolt Brecht, de « sombres temps ». Voici comment Arendt analyse la nature et les origines de ces ténèbres :

> S'il appartient au domaine public de faire la lumière sur les affaires des hommes en ménageant un espace d'apparition où ils puissent montrer, pour le meilleur et pour le pire, qui ils sont et ce dont ils sont capables, alors l'obscurité se fait lorsque cette lumière est éteinte par des « crises de confiance » et un « gouvernement invisible », par une parole qui ne dévoile pas ce qui est mais le recouvre d'exhortations – morales ou autres – qui, sous prétexte de défendre les vieilles vérités, rabaissent toute vérité au niveau d'une trivialité dénuée de sens [1].

Voici à présent sa description des conséquences :

> [L]e domaine public a perdu le pouvoir d'illuminer qui appartient originellement à son essence même. Un nombre sans cesse croissant d'hommes dans les pays du monde occidental où, depuis la fin de l'Antiquité, la liberté de ne pas faire de politique a été pensée comme une des libertés fondamentales, a fait usage de cette liberté en se retirant du monde et de ses obligations. [...] Mais avec chaque retrait de ce genre, se produit une perte en monde presque démontrable ; ce qui est perdu, c'est l'intervalle spécifique et habituellement irremplaçable qui aurait dû se former entre cet homme et ses semblables [2].

Ce retrait de la politique et du domaine public devient donc, d'après Hannah Arendt, le « meilleur représentant de cette conception conforme à l'aliénation de l'individu

---

1. H. Arendt, « De l'humanité dans de "sombres temps" », *Vies politiques*, trad. B. Cassin, P. Lévy et J. Bontemps, Paris, Gallimard, 1974, p. 8.
2. *Ibid.*, p. 12-13.

moderne qui ne peut se révéler vraiment qu'à l'écart de toute vie publique, dans l'intimité et le face-à-face [1] ».

Ce sont cette intimité nouvellement gagnée, appliquée, et « l'intimité et le face-à-face » – compagnons inséparables, à la fois résultats et causes, des « sombres temps » – qu'entretient le marché de la consommation, promouvant la contingence universelle de la vie du consommateur, tout en exploitant la fluidité des placements sociaux et la fragilité croissante des liens entre les hommes ; tout en exploitant également le statut litigieux, instable et imprévisible des droits, obligations et engagements ; exploitant encore un présent inaccessible à ses habitants et un futur obstinément incontrôlable et incertain. Mis sous pression, et en raison de leur impuissance, les gestionnaires étatiques abandonnent (sans grande résistance, toutefois, voire même volontairement) les ambitions de régulation normative dont les accusaient autrefois Adorno et d'autres critiques qui craignaient la perspective par trop réelle d'une « société de masse entièrement administrée ». Les gestionnaires étatiques se mettent au contraire en « état d'agent » et assument le rôle de « courtiers honnêtes » des besoins du marché (lire : les exigences des promoteurs de marchandises). Autrement dit, ils filialisent ou sous-traitent aux forces du marché les risques, les corvées et les responsabilités de l'« entretien de la machine », les transférant au jeu de la demande, et offrant le droit autrefois jalousement gardé de commander, mais aussi d'avoir à gérer les sous-fifres. Les agents-gestionnaires déclarent à présent leur neutralité sur la question brûlante des choix culturels – mais aussi artistiques. La culture n'étant plus nécessaire comme outil de conception, de construction et de maintien de l'ordre, mais aussi comme outil de la mobilisation de masse que ces étapes requièrent, les objets culturels ont été retirés de la circulation, proposés à la vente aux acheteurs

1. *Ibid.*, p. 34

individuels, sous la forme de versions actualisées des surplus de l'armée.

Les créateurs de culture sont sans doute encore contrariés par l'intervention gênante des gestionnaires qui, tous – politiques et commerciaux –, tendent à insister pour mesurer la performance culturelle selon des critères *extrinsèques*, étrangers à l'irrationalité, à la spontanéité ainsi qu'à la liberté inhérente à la créativité, et qui usent des pouvoirs et des ressources dont ils disposent pour garantir le respect des règles et des critères qu'ils décrètent. Ce faisant, ils rognent les ailes à l'imagination artistique et ébranlent les principes qui guident la créativité des artistes. Rappelons que la principale objection formulée par les arts à l'encontre de l'interférence des gestionnaires n'est pas un nouveau départ, mais bien un nouveau chapitre dans la longue histoire de leur « rivalité fraternelle ». Rivalité dont le terme n'apparaît toujours pas à l'horizon. Pour le meilleur ou pour le pire, pour le meilleur *et* pour le pire, les créateurs culturels ont besoin des gestionnaires – de crainte qu'ils ne meurent à l'écart de la foule exaspérante, dans la tour d'ivoire même où ils furent conçus.

Ce qui est tout à fait original, en revanche, ce sont les critères que les gestionnaires d'aujourd'hui, dans leur nouveau rôle d'agents des forces du marché plutôt que des pouvoirs de l'État constructeur de la nation, déploient pour estimer, auditer, contrôler, juger, critiquer, récompenser et punir leurs pupilles. Il s'agit naturellement là de critères du *marché de la consommation*, de ceux dont la préférence va à la consommation *instantanée*, à la satisfaction *instantanée* et au profit *instantané*. Un marché de la consommation qui pourvoirait aux besoins à long terme, sans parler d'éternité, constituerait une contradiction dans les termes. Le marché de la consommation promeut la circulation rapide, une distance raccourcie entre l'usage, la mise au rebut et le traitement des déchets ; le tout pour le bien du remplacement immédiat des biens qui ne sont plus profitables. Tout cela s'oppose radicalement à la nature de la création artistique et au message des arts qui, pour citer Kundera, « se voit réduit au silence dans le tumulte des réponses faciles et rapides qui anticipent et annulent les questions [1]. » Ainsi l'originalité forme-t-elle une séparation des mœurs des frères toujours engagés dans leur rivalité.

L'enjeu du nouveau chapitre de cette lutte séculaire n'est pas seulement de savoir qui tient les rênes, mais encore de déterminer la substance même de ce que suppose cette position – son but et ses conséquences. Nous pouvons aller un peu plus loin (pas trop non plus, du reste) et affirmer que l'enjeu est la survie des arts tels que nous les connaissons depuis l'époque où les peintures d'Altamira furent réalisées. La culture peut-elle survivre à la fin de la durabilité, de l'infinité, ces premières « victimes collatérales » du triomphe du marché de la consommation ? La réponse à cette question est que nous n'en savons rien – encore que nous ayons de bonnes raisons de pencher pour le « non » et, écoutant le conseil qu'Hans Jonas adressa aux habitants de l'« ère de l'incertitude », de faire davantage confiance aux sombres prémonitions des « prophètes du destin » qu'aux paroles rassurantes des promoteurs de la nouvelle vie de consommation.

Subordonner la créativité culturelle aux critères des marchés de la consommation revient à demander aux créations culturelles d'accepter la condition préalable de tout produit de consommation : se légitimer en termes de valeur marchande (de leur valeur marchande *actuelle*, à n'en pas douter) ou mourir.

La première question posée aux offres culturelles qui prétendent à la reconnaissance de leur valeur (marchande) est celle de la demande du marché (est-elle déjà suffisante, ou devra-t-elle être très vite renforcée ?), suivie par la question

1. M. Kundera, *Sztuka powieci*, *op. cit.*

de savoir si la demande est soutenue par la juste capacité de paiement. Notons au passage qu'en raison de la nature notoirement capricieuse, anormale et volatile de la demande de consommation, les registres du règne du marché de la consommation sur les produits artistiques sont bourrés de pronostics erronés, d'évaluations à côté de la plaque et de décisions tout à fait incorrectes. Dans la pratique, ce règne se réduit à compenser l'absence d'analyse *qualitative* par un bombardement *quantitatif* des cibles potentielles ainsi que par la dérobade ; en d'autres termes, par un excès gaspilleur et d'excessifs déchets (George Bernard Shaw, grand professionnel de la scène, mais photographe amateur enthousiaste, conseillait aux photographes de suivre l'exemple de la morue, qui doit pondre des milliers d'œufs pour qu'un seul nouveau poisson parvienne à maturité ; à croire que l'ensemble de l'industrie de consommation, et des gestionnaires du marketing qui la maintiennent en vie, suivent le conseil de Shaw). Cette stratégie garantit parfois contre les pertes exorbitantes causées par l'analyse erronée des coûts et des conséquences ; elle ne fera cependant rien, ou peu s'en faut, pour garantir aux artistes que leurs créations auront une chance de révéler leur vraie qualité en l'absence totale de demande de marché les concernant (absence à court terme, puisque c'est là un paramètre endémique aux calculs du marché).

Ce sont à présent les clients potentiels, leur nombre et le volume de liquide dont ils disposent, qui décident (à leur insu, cela dit) du sort des créations culturelles. La frontière entre des produits culturels « réussis » (ceux qui disposent dès lors de l'attention publique) et les produits culturels ratés (c'est-à-dire incapables d'accéder à la notoriété qui ne s'obtient que dans les galeries d'art) est tracée par les ventes, les classements et les recettes au box-office. D'après la définition spirituelle de Daniel J. Boorstin, « une célébrité est une personne connue pour être célèbre », tandis qu'un « best-seller » est un livre qui s'est bien vendu « tout bonnement parce qu'il se vendait bien ». On peut en dire autant des best-sellers dans la catégorie objets d'art. Mais les théoriciens et les critiques d'art contemporain n'ont pas réussi à établir d'autre corrélation que la définition de Boorstin entre les vertus artistiques intrinsèques d'une création et le statut de célébrité de son auteur. La cause réelle de la célébrité de l'artiste, c'est dans le statut de célébrité de la marque (de la galerie, de la revue) qu'on a le plus de chances de la trouver. Cette marque (galerie, revue) qui, par la promotion qu'elle assure à l'œuvre, arrache le jeune artiste à l'obscurité pour le mettre sous les feux de la rampe.

L'équivalent contemporain du coup de chance – facteur indispensable au succès mondial d'un artiste – est le suivant : Charles Saatchi garant sa voiture devant une petite boutique de bric-à-brac dont la petite personne qui le fabriquait cherchait en vain à convaincre ses rares et accidentels visiteurs de sa valeur artistique. Ce bric-à-brac se change en œuvre d'art sitôt installé dans une galerie dont les portes séparent le bon art du mauvais (et, pour les connaisseurs, l'art du non-art). Le nom de la galerie passe de sa gloire sur le nom des artistes exposés. Dans l'univers moderne-liquide des normes flexibles et des valeurs fluctuantes, c'est là – on s'en doutait – une tendance universelle, plutôt qu'une lubie spécifique aux artistes. Naomi Klein estime que « nombre des sociétés les plus connues ne fabriquent plus de produits et n'en font plus la réclame, mais les achètent et en font le branding [1] ». La marque et le logo (c'est le sac orné du nom de la galerie qui confère son sens aux achats qu'il renferme) n'ajoutent aucune valeur, ils *sont* la valeur, la valeur *marchande*, et partant la seule qui compte, la valeur *en tant que telle*.

Les sociétés ne sont pas les seules à conférer de la valeur à des produits artistiques par le *branding*, ou à en dévaluer

1. N. Klein, *No Logo : La tyrannie des marques*, trad. M. Saint-Germain, Paris, J'ai lu, 2004, p. 28.

d'autres en leur retirant leur logo ; le *branding* s'accompagne en règle générale d'un *événement* – une « hype » multimédia éphémère, certes, mais colossale. Les événements semblent être les sources de valeur les plus importantes : les événements promotionnels, de type « hype », sont extraordinairement courus, naturellement, du fait qu'ils sont connus pour être extraordinairement courus, et ils font vendre des quantités de billets, car les billets sont connus pour créer de longues files d'attente.

Ces événements se détournent des risques liés à la simple exposition des produits artistiques dans des galeries même huppées. Contrairement aux galeries, ils ne comptent pas sur la loyauté douteuse de clients fidèles dans un monde mis au diapason de la brièveté notoire de la mémoire publique et de la concurrence acharnée que se livrent mille et un charmes cherchant à attirer l'attention des consommateurs. En bons produits de consommation sérieux, les événements comportent une date « limite d'utilisation » ; leurs concepteurs et leurs gestionnaires n'ont pas à se soucier des questions à long terme (avec le double bénéfice de faire d'énormes économies et d'adhérer à l'esprit actuel). Les producteurs d'événements cherchent à obtenir (pour reprendre la formule de George Steiner) « un impact maximal et une obsolescence instantanée ».

La carrière spectaculaire d'un événement fixé dans le temps (c'est-à-dire d'un événement dont la durée de vie n'excède pas l'espérance de vie de l'intérêt du public) comme forme la plus prolifique de valeur marchande se marie bien avec la tendance universelle du cadre moderne-liquide. Les produits culturels – objets inanimés autant qu'humains éduqués – tendent aujourd'hui à être enrôlés au service de « projets », autant d'entreprises uniques et éphémères. Et, pour reprendre la conclusion d'une équipe de chercheurs citée par Naomi Klein, « on peut [...] donner une marque au sable, mais aussi au blé, au bœuf, à la brique, aux métaux, au béton, aux produits chimiques, à la semoule de maïs et à une infinie variété de produits de base que l'on a toujours cru immunisés contre ce processus » – autrement dit, des objets que l'on croit (à tort, semble-t-il) capables de tenir debout tout seuls, et de se justifier rien qu'en étalant et en démontrant leur valeur et leur excellence [1].

Des siècles durant, la culture a vécu en symbiose médiocre, ou dans une relation d'amour-haine, avec la gestion. Elle se débattait, parfois elle suffoquait sous l'étreinte des gestionnaires, mais elle se réfugiait également auprès d'eux en cas de menace, et ressortait revigorée, renforcée, de cette rencontre. La culture survivra-t-elle à l'arrivée de nouveaux gestionnaires ? Lui permettra-t-on autre chose qu'une existence éphémère ? Les nouveaux gestionnaires, fidèles au nouveau style de gestion, ne limiteront-ils pas leur tutorat à une réduction de ses atouts ? Le cimetière des « événements culturels » morts ou avortés ne va-t-il pas remplacer la pente ascendante comme métaphore de la culture ?

Willem De Kooning suggérait que, dans notre monde, « la satisfaction n'est qu'entrevue », vision fugitive, coup d'œil en passant [2]. Yves Michaud, analyste fort incisif des méandres de la culture postmoderne et post-postmoderne, soutient quant à lui que l'esthétique, cette cible à jamais insaisissable de la culture qui s'acharne néanmoins à l'atteindre, « se consomm[e] et se célèbr[e] dans un monde vide d'œuvres d'art [3] ».

Le bonheur mis à part, la beauté constituait l'une des promesses modernes les plus excitantes, et l'un des idéaux directeurs de l'esprit moderne insatiable. Les méandres de l'histoire et des aventures sémantiques du rêve du bonheur,

---

1. *Ibid.*, p. 51-52.
2. W. De Kooning, *Écrits et propos*, Paris, Éditions de l'Ensba, 1992, p. 90 *sq*.
3. Y. Michaud, *L'Art à l'état gazeux*, Paris, Hachette Littératures, 2006, p. 9.

je les ai brièvement décrits ailleurs [1]. Je voudrais à présent m'intéresser à la beauté ; son histoire pourrait bien être aussi pragmatique pour la naissance et le développement de la culture moderne-liquide du déchet.

L'idée de beauté était – depuis la Renaissance, au moins – adaptée aux ambitions des gestionnaires. Les concepts les plus récurrents, aux premières phases du débat moderne sur le sens de la « beauté », étaient ceux d'harmonie, de proportion, de symétrie ou encore d'ordre (John Keats, dans son « Endymion », ajouterait ceux de « santé » et de « respiration égale »). Tous ces concepts convergent vers un idéal dont Leon Battista Alberti nous a offert la formulation la plus savoureuse : l'idéal d'un état dans lequel tout changement ne peut être que pour le pire ; état auquel Alberti donna le nom de *perfection*. La beauté signifiait donc la perfection, et seul ce qui était parfait avait le droit d'être dit beau. Plus d'un grand artiste moderne s'efforça de parvenir à cet état de perfection – au point de faire de la quête de la perfection, au sens que lui donne Alberti, la matière de leur œuvre. On songera par exemple aux travaux de Mondrian, de Matisse, d'Arp ou encore de Rothko. Découpez les rectangles colorés des peintures de Mondrian, et essayez de les disposer dans un ordre différent de celui choisi par le maître : il y a de grandes chances pour que votre disposition, et *n'importe quelle* disposition, se révèle inférieure – moins agréable, « moche » par comparaison. Ou bien, retirez les personnages de la *Danse* de Matisse, et essayez de les positionner différemment, de sorte qu'ils entretiennent une autre relation ; vous en retirerez la même frustration.

En fin de compte, quel est le sens de la « perfection » ? Une fois que l'objet a acquis sa forme « parfaite », tout changement est aussi indésirable que déconseillé. La perfection

1. Lire Z. Bauman, *La Société assiégée*, trad. C. Rosson, Rodez, Le Rouergue/Chambon, chap. 4.

signifie l'arrêt des changements. Sauf à être transporté dans un autre univers, tout restera désormais en l'état – à jamais. Ce qui est parfait ne perdra jamais sa valeur, ne deviendra jamais redondant, ne sera jamais rejeté ni mis au rebut, ne deviendra jamais un déchet ; au contraire, c'est à présent toute nouvelle recherche, toute nouvelle expérimentation qui sera redondante. Dès lors, quiconque recherche la perfection doit étirer son imagination au maximum, déployer toutes ses facultés créatives – mais dans le seul but de transformer l'imagination en passe-temps peu rentable, et de rendre la créativité non seulement superflue mais encore indésirable. Si la beauté signifie la perfection, alors une fois la beauté atteinte, plus rien ne va se passer. Il n'y a rien *après* la beauté.

Nous, les êtres humains, sommes et ne pouvons nous empêcher d'être des animaux « transgressifs » et « transcendants ». Et les artistes (tout au moins les « vrais » artistes, quoi que l'on entende par là) plus encore que les hommes. Ils vivent en avant du présent. Leurs représentations peuvent se détacher des sens pour courir en avant d'eux. Ils vivent dans un monde qui se trouve un pas, un kilomètre ou une année-lumière en avant du nôtre. Or, cette partie du monde qui dépasse, à l'avant de l'expérience vécue, nous l'appelons « idéaux » ; les idéaux doivent nous guider dans le territoire inexploré, et non encore cartographié.

La « beauté » était un des idéaux qui guidaient les artistes au-delà du monde existant. Sa valeur résidait entièrement dans sa capacité à les guider. Si les artistes avaient atteint le point indiqué par l'idéal de la beauté, cette dernière aurait perdu la capacité en question – et le voyage aurait atteint son terme. Il ne resterait plus rien à transgresser ou à transcender, il n'y aurait plus de place pour l'exploration et l'expérimentation.

Nous disons de beaucoup de choses qu'elles sont belles. Mais d'aucune nous ne dirions honnêtement qu'elle ne saurait être améliorée. La perfection *est à jamais « pas-encore »*.

Seuls les individus qui ont beaucoup d'améliorations à réaliser peuvent rêver d'une situation dans laquelle plus aucune amélioration ne serait désirable. La vision de la perfection est peut-être un panégyrique de l'immobilité, mais elle a pour mission de nous arracher à ce qui est immobile, de nous interdire l'immobilité. L'*immobilité* est l'affaire des cimetières – et pourtant, paradoxalement, c'est le *rêve de l'immobilité* qui nous maintient en vie. Tant que ce rêve demeure insatisfait, nous comptons les jours et les jours comptent – nous avons un but, une tâche à accomplir.

Non que cette tâche, qui s'entête à refuser d'être achevée, soit un pur délice, et nous offre un pur bonheur. La condition des « affaires inachevées » a plus d'un charme mais, comme toutes les autres conditions, elle n'atteint pas la perfection. D'après le témoignage de Françoise Gilot et de Carlton Lake, Picasso considérait Dieu comme « un artiste, rien de plus. Il a inventé la girafe, l'éléphant et le chat. Il n'a pas vraiment de style. Il se contente d'essayer de nouvelles choses. » Méditant à l'état et aux perspectives d'avenir de l'art contemporain, Tom Wolfe déclarait : « Nous nous sommes débarrassés [...] des objets représentatifs, de la troisième dimension, de la matière colorante [...], de la facture, puis du cadre et de la toile..., mais le mur lui-même ? Et l'idée même d'une œuvre d'art comme une chose "sur un mur" ? Que c'est pré-Moderne [1] ! »

Jacques Villeglé, artiste en activité, photographe passionné et auteur de gigantesques toiles accrochées aux murs de la plupart des plus prestigieux salons d'art parisiens (du moins les y ai-je admirés il y a quatre ans...), pense, lui, à un autre type de mur : postmoderne au possible, un mur faisant face à la rue où se déroule l'action, une fenêtre plutôt qu'une

1. T. Wolfe, « Le mot peint », *(Tout) L'Art contemporain est-il nul ?* P. Barrer (dir.), Lausanne, Fauvre, 2000, p. 67.

partie de la cage/cachette qui, sous la domination moderniste, définissait la différence entre l'« intérieur » et l'« extérieur » des arts. Les murs béants sur les toiles de Villeglé accrochées aux murs de la *galerie* sont des murs dans la *ville*, ces registres vivants, constamment inachevés et constamment mis à jour, de l'art éminemment moderne – l'art de la vie moderne. Ces murs sont les endroits mêmes où l'on peut trouver la preuve de la vie – révélée et consignée pour être ensuite transférée entre les murs des musées, réincarnée sous la forme d'objets d'art [1]. Les objets de Villeglé sont des murs et des affiches faits pour recevoir des annonces publiques, des posters et des réclames ; ou bien des étendues de murs qui séparent et dissimulent les résidences privées des espaces publics. Ces lotissements de briques et de béton sont un défi et une tentation pour les peintres, distributeurs et colleurs d'affiches, une tentation à laquelle il est impossible de résister dans une ville moderne-liquide débordant de spectacles et de sons rivalisant pour obtenir l'attention.

Une fois fixés sur les toiles de Villeglé, les panneaux d'affichage et les murs envahis, annexés et absorbés par l'avancée des troupes de l'empire de l'information ne trahissent pratiquement pas leurs passés différents. Ils sont tous d'une ressemblance frappante, qu'ils aient été collés et recollés sur le boulevard de la Chapelle, le boulevard Haussmann, le boulevard Malesherbes ou dans la rue Littré ; sur le boulevard Marne ou dans la rue des Écoles ; ou bien à Saint-Lazare, sur le faubourg Saint-Martin ou à l'intersection de la rue de Sèvres et du boulevard Montparnasse. Chacun est un étrange mélange de cimetières et de chantiers ; un point où se rencontrent les choses qui vont mourir et celles qui vont naître (dans le but de mourir quelque temps plus tard). L'odeur de colle fraîche combat ici celle des corps en putréfaction. Villeglé appelle ses toiles des *affiches lacérées*. Des bandes de

1. En français dans le texte (*N.d.T.*).

papier déjà déchirées volent au-dessus d'autres futures charpies. Des demi-sourires sur des moitiés de visage préservées ; un œil esseulé, ou une oreille solitaire ; des genoux et des coudes sans rien qui les relie. Des cris qui se taisent avant de pouvoir être compris, des messages qui se décomposent et disparaissent en pleine phrase, arrêtés et étranglés bien avant d'avoir atteint le lieu de naissance du sens ; appels inachevés, ou phrases sans point de départ.

Ces rebuts sont toutefois pleins de vie. Ici, rien ne reste immobile ; tout est en congé temporaire d'un autre endroit ou en route vers un ailleurs. Chaque foyer n'est qu'une auberge de parcours. Ces panneaux et ces murs saturés de sens qui autrefois existèrent, auraient pu exister ou pourraient encore exister sont des instantanés d'histoire sur le vif, une histoire qui progresse en supprimant ses traces : une histoire en tant qu'*usine de rebuts, de déchets*. Ni création ni destruction, ni apprentissage ni véritable oubli : une simple preuve de la futilité, voire de la bêtise, de telles distinctions. Rien de ce qui naît ici ne vivra longtemps, et rien ne meurt définitivement. Quelle durée ? Je ne vous comprends pas... Des choses faites pour durer ? Quelle drôle d'idée...

Les toiles de Manolo Valdes sont elles aussi gigantesques, et remarquablement semblables les unes aux autres. Quel que soit le message qu'elles expriment, elles le répètent à l'envi, avec une persévérance mielleuse mais passionnée, toile après toile. Valdes peint/collationne/compose/colle des *visages*. Ou plutôt un même visage – celui d'une femme. Chaque toile constitue la preuve matérielle d'un autre départ, une autre tentative d'achever le portrait – pas de le mener à son terme, quoi que l'on entende par là. Ou plutôt, chaque toile ne témoignerait-elle pas d'une tâche terminée quelque temps auparavant mais sitôt après dénigrée comme obsolète, et condamnée ? La toile fut figée, c'est certain, à l'instant où on l'accrocha au mur de la galerie – mais figée durant sa phase ascendante ou descendante ? L'*aller*[1] ou le *retour*[2] ? À vous de voir. Mais, d'après moi, vous ne saurez distinguer l'« avant » de l'« arrière ». À l'instar de l'opposition entre création et destruction, la distinction en question a perdu son sens – à moins qu'elle n'en ait jamais eu. Encore que le vide, a présent mis à nu, qui a pris la place qu'était censé occuper le sens était autrefois un secret jalousement gardé par tous ceux qui soutenaient que l'« avant » était le nom qui convenait à la direction dans laquelle ils regardaient ; c'est eux qui déclarèrent que « création » était le nom qui convenait à la destruction qu'ils opéraient, eux les créatifs. Voilà du moins le message que les toiles de Valdes entonnent à l'unisson ; leur unique message, qui sait ?

Les collages de Valdes ont été laborieusement mis en place, couche après couche, à partir de fragments de jute ou de toile à sac – teints pour certains, conservant la fadeur originale du jute ou du chanvre pour d'autres, ou bien encore apprêtés pour la coloration, certains perdant déjà de la peinture séchée dont ils avaient été recouverts. À moins qu'ils ne soient le produit de la lacération d'une toile déjà achevée, homogène, entière et saine ? Les fragments sont mal collés – des bouts pendouillent – mais là encore, on ne sait dire s'ils vont être pressés contre une couche inférieure, ou bien s'ils vont finir de se décoller et tomber par terre. Ces collages sont-ils en plein processus de création, ou dans un état de décomposition avancée ? Ces fragments de jute sont-ils non encore fixés ou déjà décollés ? Sont-ils d'une verte fraîcheur, ou élimés et pourris ? Voici le message à retenir : cela n'a pas d'importance, et quand bien même cela en aurait, vous ne sauriez à quoi vous en tenir.

Villeglé et Valdes sont des artistes représentatifs de l'époque moderne-liquide. D'une époque qui a perdu son

1. En français dans le texte (*N.d.T.*).
2. En français dans le texte (*N.d.T.*).

assurance, qui s'est résignée au tourbillon de l'existence consumériste et a perdu le courage d'esquisser (sans parler de rechercher) des modèles de perfection, une condition qui mettrait un terme au tourbillon. Contrairement à la période précédente, celle de la modernité solide qui vivait vers l'« éternité » (nom de code d'un état de similarité perpétuelle, monotone et irrévocable), la modernité liquide ne se fixe aucun objectif et ne trace aucune ligne d'arrivée ; plus précisément, elle n'attribue la qualité de la permanence qu'à l'état d'éphémère. Le temps *s'écoule* – il n'« avance » plus. On connaît du changement, encore du changement, toujours du changement, mais pas de destination, pas de limite finale, pas d'anticipation d'une mission accomplie. Chaque instant vécu porte en lui, *simultanément*, un nouveau départ *et* la fin : autrefois ennemis jurés, aujourd'hui frères siamois.

Les artistes dont il vient d'être question reproduisent dans leurs œuvres les traits caractéristiques de l'expérience moderne-liquide. Annulation des oppositions entre actes créateurs et actes destructeurs, entre apprentissage et oubli, entre progression et régression, mais aussi suppression de la flèche sur l'aiguille du temps : telles sont les marques de la réalité vécue que Villeglé et Valdes recyclent sur des toiles pouvant être accrochées aux murs de galeries. Ils ne sont pas les seuls ; digérer ces nouvelles qualités du *Lebenswelt* et exprimer leur expérience pourraient bien constituer la préoccupation majeure des arts à présent qu'ils se retrouvent projetés dans un monde dépourvu de « modèles » – un monde dont on ne peut plus attendre qu'il reste immobile le temps que l'artiste en achève le portrait. Cette préoccupation s'exprime à de multiples reprises dans la tendance à réduire l'espérance de vie des produits des arts à une performance, un happening, au bref laps de temps qui sépare l'ouverture d'une exposition de sa clôture ; elle s'exprime aussi dans la préférence accordée aux matériaux fragiles et friables, éminemment dégradables et périssables, dans la matière dont sont faits les objets d'art ; elle s'exprime enfin dans les ouvrages en terre qui n'ont guère de chances d'être visités par des foules ou de survivre longtemps vu les caprices d'un climat inclément ; l'un dans l'autre, elle s'exprime dans le fait d'incorporer l'imminence du délabrement et de la disparition dans la présence matérielle de l'objet.

Imperceptiblement, le sens du mot « beauté » subit un changement fatidique. Dans l'acception actuelle du terme, les philosophes peineraient à reconnaître les concepts qu'ils mirent tant de soins et d'efforts à construire au cours des siècles passés. Plus que tout, il leur manquerait le lien entre beauté et éternité, entre valeur esthétique et durabilité. Pour enflammés que furent leurs débats, les philosophes s'accordaient tous à dire que la beauté s'élève au-dessus des caprices privés, fragiles et changeants, et que même si la « beauté au premier coup d'œil » existait, seul le flot (infini ?) du temps lui ferait subir l'épreuve ultime, la seule qui compte (« Toute chose de beauté est une joie éternelle », affirmait Keats). Les philosophes actuels feraient eux aussi leur deuil de la « prétention à la validité universelle », autrefois considérée comme un attribut indispensable de tout jugement vraiment esthétique. Ce sont ces deux questions qui ont été abandonnées à l'avènement de la « culture de casino » moderne-liquide. Et elles brillent par leur absence dans les emplois courants du terme « beauté ».

Pour ne pas faire perdre leur temps à leurs clients, ni porter préjudice à leurs joies futures, mais imprévisibles, les marchés de la consommation offrent des produits conçus pour une consommation immédiate, de préférence à usage unique, suivie au plus vite d'une mise au rebut et de leur remplacement, de sorte que l'espace vivant ne s'encombre pas des objets admirés et convoités aujourd'hui une fois qu'ils seront passés de mode. Les clients, déboussolés par le tourbillon des produits, l'étourdissante variété des offres et le rythme plus que soutenu du changement, ne peuvent plus compter sur la capacité à apprendre et à mémoriser – ainsi doivent-ils accepter (et ils l'acceptent avec gratitude) les paroles rassurantes du marché leur affirmant que le produit actuellement mis en vente est « ce qu'il vous faut », « la dernière tendance », « le must », « ce avec (ou dans) quoi il faut être vu ». Un siècle après que Lewis Carroll l'a formulé, son rêve est devenu réalité : « Ici, vois-tu, on est obligé de courir tant qu'on peut pour rester au même endroit. Si on veut aller ailleurs, il faut courir au moins deux fois plus vite que ça ! »

La valeur esthétique éternelle ou « objective » du produit est bien la dernière chose dont il faille se soucier. La beauté n'est pas « quelque chose de subjectif [1] » : au contraire, elle réside dans la mode du jour, et s'enlaidira donc sitôt que celle-ci sera remplacée par une nouvelle, ce qui ne saurait tarder. Sans la formidable capacité du marché à imposer un modèle régulier, quoique éphémère, aux choix de consommation soi-disant individuels et par conséquent potentiellement aléatoires et diffus, les consommateurs se trouveraient complètement perdus. Impossible désormais de se fier à son goût ; apprendre, et se fier à ce que l'on a appris, revient à tomber dans un piège, et non à trouver du secours ; le *comme il faut* [2] d'hier a toutes les chances de se métamorphoser, sans prévenir, en un *comme il ne faut pas* [3].

« La beauté règne » – observe Yves Michaud, dans son incisif rapport sur l'état des arts dans le monde moderne-liquide. « De toute manière elle est devenue un impératif : sois beau ou, du moins, épargne-nous ta laideur [4]. » La laideur signifie être condamné au vide-ordures. Inversement, se

1. En anglais, littéralement, « La beauté n'est pas dans l'œil de celui qui la regarde » (*N.d.T.*).

2. En français dans le texte (*N.d.T.*).

3. En français dans le texte (*N.d.T.*).

4. Y. Michaud, *L'Art à l'état gazeux*, *op. cit.*, p. 7, 9.

retrouver au vide-ordures constitue une preuve de laideur. C'était bien là ce dont les artistes modernes et les philosophes érudits de l'esthétique qui méditaient sur leurs œuvres avaient toujours rêvé, non ? À quoi assistons-nous – à l'ultime triomphe du beau ? À l'accomplissement d'au moins un des plus ambitieux « projets modernes » ?

Du tout, répondrait Michaud. En fait, si l'esthétique a bel et bien triomphé, c'est sur son propre objet. Elle a gagné par la *banalisation* de la beauté – en sapant le statut des prétendues œuvres d'art (« précieu[ses] et rares », « investi[e]s d'une *aura*, [...] de la qualité magique, [...] uniques, élevées et raffinées »). « L'esthétique se cultiv[e], se diffus[e], se consomm[e] et se célèbr[e] dans un monde vide d'œuvres d'art », nous dit encore Michaud. L'art s'est évaporé dans une sorte d'« *éther esthétique* » qui, contrairement à celui des pionniers de la chimie moderne, se répand en toute chose et ne se condense en aucune. « Beaux » sont les tee-shirt floqués de la marque de créateur tendance ; ou les corps remodelés selon la dernière mode, à coups de salle de sport, de chirurgie esthétique ou de maquillage ; ou encore les produits emballés sur les rayons des supermarchés. Pour Michaux, « [m]ême les cadavres sont beaux – proprement emballés dans des housses en plastique et alignés au pied des ambulances [1] ». Tout a, ou du moins peut avoir et devrait s'efforcer d'avoir ses quinze minutes, voire ses quinze jours, de beauté sur la route de la Déchetterie.

Ce que les cimetières sont aux humains, les musées le sont pour les œuvres d'art : les endroits où nous entreposons, ou mettons au rebut, les objets qui ne sont plus vitaux ni animés. Certains cadavres humains sont couchés dans des tombes et recouverts de pierres tombales que leurs proches viendront visiter ; d'autres disparaissent à jamais dans d'anonymes fosses communes, se désintègrent sans laisser de trace

1. *Ibid.*, p. 7.

dans des villages accablés de chaleur, dans des fours, ou au fond du Rio de la Plata. Certaines œuvres d'art sont installées dans des musées, où leur beauté, autrefois acclamée, se fait sanctifier, stériliser et embaumer, afin de la préserver au côté des découvertes archéologiques, pour le plus grand bonheur des mordus d'histoire ou des cars de touristes. L'un comme l'autre, le cimetière et le musée sont situés à l'écart du tumulte de la vie quotidienne, dans leurs propres sites clos, avec leurs propres horaires d'ouverture. Dans un musée, comme dans un cimetière, on parle bas, on ne mange pas, ni ne boit, ni ne court, ni ne touche les objets de la visite.

La scène de la vie quotidienne est différente. Celle-ci est le site de l'esthétique, et non des objets d'art [1]. Elle est la scène de performances et happenings éphémères, d'installations mises en place à partir de matériaux manifestement et sciemment périssables, ou tissés à partir du fil des pensées immatérielles – une scène pour toutes les choses, tous les événements, qui promettent de ne pas s'éterniser, et qui tiendront leur promesse. Rien de ce que l'on met sur cette scène, et de ce qu'on y voit, n'est censé durer une fois que son heure est venue – fragilité et éphémère sont ici les maîtres mots. Quoi qu'il se passe sur cette scène, l'événement ne peut avoir plus de sens que ce qu'il ne peut en porter. Après tout, les gens qui cherchent et glanent ce sens sont des gens formés à l'art du « zapping » – et les « zappeurs » entrent après le nom du monteur et avant que le mot fin apparaisse à l'écran [2]. Michaud nous parle du « nouveau régime de l'attention [qui] privilégie le balayage rapide (le *scanning*) sur la lecture et sur le déchiffrement des significations. L'image se fait plus fluide, plus mobile, elle est moins spectacle ou donnée qu'[...]élément d'une chaîne d'action [3] ». S'étant

1. En français dans le texte (*N.d.T.*).
2. S. Daney, *Le Salaire du zappeur*, Paris, POL, 1993.
3. Y. Michaud, *L'Art à l'état gazeux*, *op. cit.*, p. 120-121.

affranchie de la séquence référentielle dont elle faisait partie, l'image est libre de se faire raccrocher à n'importe quel cortège ou séquence de fantasmes.

Le transfert des images du centre d'attention à la Déchetterie de l'attention – invisibilité, zéro pertinence – est aléatoire. La différence entre « l'objet » et ses environnements indifférents a été purement et simplement supprimée, de même que le temps séparant l'instant où l'objet est soumis à l'attention de celui où on l'en retire. Objets et déchets échangent facilement leurs places. Je me souviens d'avoir admiré, dans une galerie d'art à Copenhague, une installation composée d'une série d'écrans de téléviseur, chacun barré par cette légende, en gros caractères : « La terre promise ». Je trouvai matière à réflexion, dans cette installation – surtout après avoir vu le seau et le balai qui attendaient au bout de la série. Cependant, avant que j'aie le temps de mener à son terme ma réflexion sur le sens de tout cela, une femme de ménage vint récupérer son matériel, qu'elle avait laissé là pendant sa pause-café.

Seul le nombre peut offrir aux spectateurs perplexes, perdus dans leur quête de beauté, un espoir de salut face au chaos créé par une culture de l'esthétique libre, sans objets fixes. Le salut est dans le nombre. Tous les publicitaires vous le diront : ceux qui portent le dernier article à la mode ont forcément raison. D'un coup de baguette magique, un choix devient noble sitôt qu'il est pratiqué par la foule. Cet objet *doit* être beau, se dit-on ; autrement, il n'aurait pas été choisi par tant de monde. La beauté réside au sommet des ventes, dans les records du box-office, les disques de platine, les Audimat himalayens. (Comme le disait Andy Warhol : imaginez un tas de billets pendus à une corde à linge – cent soixante mille dollars… quelle belle image !) Mais, qui sait ? peut-être la beauté se trouve-t-elle aussi ailleurs, ainsi que s'entêtent à le répéter certains philosophes. Et qui approuvera vos découvertes, si vous êtes allé les dénicher dans ces endroits bizarres *à qui on ne parle plus* [1] *?* Les Grands Maîtres eux-mêmes, dont la réputation n'est plus à faire, de par leur âge vénérable et le nombre d'épreuves qu'ils ont franchies avec succès au cours des siècles, ces Grands Maîtres eux-mêmes, donc, ne peuvent ignorer les nouvelles règles du jeu de la beauté. C'est aujourd'hui Vermeer, demain Matisse et après-demain Picasso que l'on *doit voir*, et que l'on *doit être* vu en train de voir – suivant la dernière exposition à la mode. Là encore, la beauté n'est pas une qualité (évaluée *quantitativement* par les visiteurs, dont le nombre, évalué avec précision, sera très vite rendu public) de la toile mais une qualité de l'*événement*.

Dans notre société moderne-liquide, la beauté subit le sort que connaissent tous les idéaux qui motivaient jadis l'agitation et la rébellion des hommes. La quête d'harmonie suprême et d'éternité s'est vue, purement et simplement, reléguée au rang d'intérêt malavisé. Les valeurs ne sont des valeurs que tant qu'elles restent adaptées à une consommation instantanée, sur-le-champ. Les valeurs sont des attributs des *expériences momentanées*. Idem pour la beauté. Et la vie ? La vie est une succession d'expériences momentanées.

« Le côté utilitaire de la beauté n'apparaît pas clairement ; on ne discerne pas qu'elle soit nécessaire à la civilisation, et celle-ci pourtant ne saurait s'en passer, méditait Freud. [...] Cet “inutile” dont nous demandons à la civilisation de reconnaître tout le prix n'est autre chose, on s'en rend compte immédiatement, que la beauté. Nous exigeons de l'homme civilisé qu'il honore la beauté partout où il la rencontre dans la nature, et que des mains mettent toute leur habileté à en parer les choses. » La beauté, et avec elle la propreté et l'ordre « occupent évidemment un rang tout spécial parmi les exigences de la civilisation [2] ».

1. En français dans le texte (*N.d.T.*).
2. S. Freud, *Malaise dans la civilisation*, *op. cit.*, p. 29, 40-41, 42.

Notons au passage que les trois objectifs définis par Freud comme « exigences de la civilisation » sont les *horizons imaginaires* du processus civilisateur. Il serait peut-être plus juste – moins trompeur, moins sujet à la controverse – de parler d'*embellissement*, de *purification* et d'*ordonnancement*, plutôt que de beauté, de pureté et d'ordre. Nous voyons maintenant, avec plus de clarté que nos ancêtres auraient pu en avoir il y a soixante-dix ans, que le « processus civilisateur » n'est pas une période transitoire, limitée dans le temps, conduisant à la civilisation – mais la substance même de la « civilisation ». L'idée d'une civilisation ayant accompli l'effort civilisateur (achevé les tâches de nettoyage, de mise en ordre et d'embellissement) est aussi incongrue que celle d'un vent ou d'une rivière immobiles. C'est de la *faim* de beauté que ces civilisations (c'est-à-dire les efforts visant à « civiliser », les « processus civilisateurs ») naissent. Sauf que, loin d'apaiser cette faim, elles semblent l'avoir rendue insatiable.

Le démantèlement progressif mais résolu de la tutelle de l'administration sur les arts fut accueilli avec scepticisme par les citoyens des mondes de l'art. Certains frôlèrent le désespoir – tout comme Voltaire, deux cents ans auparavant, quand la cour de Louis XIV, qui avait fourni tout le nécessaire pour mettre l'effort créatif sur de bons rails (autrement dit, le but de la création et les valeurs relatives des créations), s'était désintégrée, et que les créateurs s'étaient dirigés vers les salons parisiens, avec leur suite sans fin de *querelles* [1], leurs interminables parties de chaises musicales et leur propension à fondre toute conviction solide. D'autres se réjouirent : nous voilà enfin libres, se disaient-ils. La liberté ne peut s'obtenir sans une dose d'incertitude ? Soit. Au moins, maintenant, « créer » revient à s'autocréer – c'est là une victoire qui justifie toutes les pertes.

1. En français dans le texte (*N.d.T.*).

Terminons toutefois par une mise en garde. Pour ce faire, je citerai encore une fois les réflexions qu'inspira à Joseph Brodsky l'exil du pays de la tyrannie administrative ou de l'administration tyrannique – cas extrême, pourrait-on dire (à juste titre !) et on ne peut plus radical, de libération. Brodsky nous prévient : « L'homme libéré n'est pas un homme libre [...]. [L]a libération n'est que le moyen permettant d'atteindre la liberté, il n'en est pas le synonyme. » Et de conclure : « Un homme libre, lorsqu'il échoue, n'accuse personne [1]. »

1. J. Brodsky, « The Condition We Call Exile », *On Grief and Reason*, *op. cit.*

Chapitre 6

Rendre la planète hospitalière envers l'Europe

Le titre de ce chapitre sous-entend que, à l'heure actuelle, notre planète n'est pas hospitalière envers l'Europe. Indirectement, il suggère que nous, les Européens, vivons cet état de fait comme un problème – une déviation par rapport à ce que l'on pourrait légitimement attendre, une anormalité qui doit être corrigée. Disant cela, je donne à penser qu'il fut un temps où nous nous sentions chez nous sur cette planète. Où que nous allions, chaque fois que nous nous déplacions, nous escomptions que l'on ferait preuve d'hospitalité envers nous et nos projets ; ce n'était là, à nos yeux, que la continuité de l'ordre des choses. Cette « hospitalité » nous était prodiguée si naturellement que nous ne voyions guère en elle un « problème » nécessitant une attention particulière. Comme l'aurait dit Martin Heidegger, elle demeurait dans la zone grise et brumeuse du *zuhanden* – et tant que les choses faisaient ce que nous attendions d'elles, nous n'avions pas de raison de la transférer à la sphère du *vorhanden* – dans le centre d'attention, dans l'univers des « ennuis » et des « tâches ».

En 1784, Emmanuel Kant fit part à ses contemporains de quelques pensées conçues dans la solitude paisible, hors des sentiers battus, de Königsberg. Pensées qui, de l'aveu de leur auteur même, étaient des idées de l'« histoire universelle », considérée du point de vue de la « citoyenneté mondiale ». Remarquant que notre planète est une *sphère*, Kant se pencha sur les conséquences d'une observation aussi banale : nous vivons et nous nous déplaçons tous à la surface de cette sphère, n'avons nulle part ailleurs où aller, et sommes donc condamnés à vivre éternellement en la compagnie et le voisinage les uns des autres. Nous déplaçant à la surface d'une sphère, nous ne pouvons que raccourcir la distance qui nous sépare d'un point, en nous dirigeant vers lui en sens inverse. Aucune tentative d'allonger cette distance ne se révélera au final efficace. Dès lors, estimait Kant, l'unification de l'espèce humaine par la citoyenneté est la destination que la Nature elle-même a choisie pour nous – l'horizon ultime de notre histoire universelle. Poussés et guidés par la raison et par notre intérêt pour notre conservation, nous sommes condamnés à courir après cet horizon et (avec le temps) à l'atteindre. Tôt ou tard, nous prévenait Kant, il n'y aura plus d'espace vide où pourront s'aventurer ceux de nous qui se sentent à l'étroit (ou mal à l'aise) dans les espaces déjà peuplés. Ainsi la Nature nous ordonne-t-elle de considérer l'*hospitalité* comme le précepte suprême, que nous devrons tous adopter à parts égales, tôt ou tard – puisque nous devons tenter de trouver le terme et la résolution de la longue chaîne de tâtonnements, des catastrophes que nos erreurs ont entraînées, et de la ruine engendrée par ces catastrophes.

Toutefois, contrairement aux autres livres de Kant, ce petit ouvrage sur la coexistence pacifique de l'humanité, sur l'imminence de l'âge de la « citoyenneté du monde » et de l'hospitalité mondiale, resta deux cents ans à prendre la poussière sur les rayonnages des bibliothèques. Personne ne le lisait, en dehors de très rares archivistes des idées, qui s'intéressaient à lui, globalement, comme à une curiosité historique, le produit monstrueux d'un instant inhabituellement léger de la vie du grand philosophe (une vie d'autodiscipline exemplaire et de pédanterie érudite). Ce n'est que très récemment, après deux siècles d'exil passés dans les notes de bas de page et les bibliographies des monographies savantes, que cet ouvrage s'est retrouvé projeté au cœur même de l'historiographie contemporaine. Aujourd'hui, on aurait du mal à trouver une étude sérieuse des défis que rencontre notre stade de l'histoire planétaire, *qui ne cite pas* le petit livre de Kant comme autorité suprême et source d'inspiration. Ainsi Jacques Derrida observa-t-il que les réflexions de Kant nous permettent de comprendre tout ce que des expressions bien actuelles comme « culture de l'hospitalité » ou « éthique de l'hospitalité » ont de pléonastique : « L'hospitalité, c'est la culture même et ce n'est pas une éthique parmi d'autres [...]. *L'éthique est hospitalité*[1]. »

En effet, si, comme le souhaitait Kant, l'éthique est une œuvre de la raison, alors l'hospitalité est – doit être ou devenir tôt ou tard – la première règle de conduite humaine. Étrange destin que celui de ce petit livre. Heidegger, qui décrivit les méandres du voyage de l'univers du *zuhanden* à celui du *vorhanden*, n'aurait aucun mal à expliquer le *fatum* de ce *libellae*-là. Du jour où l'on a cessé de l'ignorer parce qu'elle avait « toujours été là », et où elle s'est mise à briller par sa soudaine (dérangeante, douloureuse) absence, l'hospitalité a été considérée comme commandement universel.

Ryszard Kapuscinski a observé un changement des plus fatidiques, quoique furtif et souterrain, dans l'humeur de notre planète[2]. Au cours des cinq derniers siècles, la domination économique et militaire de l'Europe avait tendance à s'accompagner de la croyance selon laquelle sa position incontestée faisait d'elle le point de référence pour l'évaluation, l'éloge ou la condamnation de toute autre forme de vie

1. J. Derrida, *Cosmopolites de tous les pays, encore un effort !*, Paris, Galilée, 1997, p. 42.

2. R. Kapuscinski, *Lapidarium V*, Varsovie, Czytelnik, 2002.

humaine, passée comme présente, et la cour suprême où ces verdicts étaient prononcés et mis en vigueur. Il suffisait d'être européen, nous dit Kapuscinski, pour avoir, en tout lieu, l'impression d'être un chef, un patron. Même un individu médiocre, de basse extraction dans son pays natal (mais européen !), accédait au statut social le plus élevé sitôt qu'il mettait le pied en Malaisie ou en Zambie. Aujourd'hui, ce n'est plus le cas, remarque Kapuscinski. Notre époque est marquée par la conscience de soi toujours plus affirmée de peuples qui, il y a un demi-siècle, se prosternaient encore devant l'Europe et la plaçaient sur l'autel des cultes majeurs. Peuples qui, aujourd'hui, font montre d'un sentiment croissant de leur propre valeur et d'une ambition manifeste à gagner et conserver une place indépendante et conséquente dans le nouveau monde, de plus en plus polycentrique et multiculturel. Autrefois, se souvient Kapuscinski, tous les gens qu'il rencontrait au hasard de ses voyages autour du monde l'interrogeaient sur la vie qu'il menait en Europe. Plus aujourd'hui. Aujourd'hui, les « autochtones » ont leurs propres tâches et problèmes qui réclament leur attention (à eux, et à eux seuls). Personne ne semble attendre avec impatience des nouvelles d'Europe. Que pourrait-il bien se passer sur ce continent qui change quoi que ce soit à la vie de ces autochtones ? Les choses qui comptent réellement peuvent se produire n'importe où ; l'Europe n'est plus le lieu de préférence. « La présence européenne » est de moins en moins visible, tant physiquement que spirituellement.

Un autre changement profond s'est produit sur notre planète, qui laisse les Européens en situation de malaise et d'appréhension. Le vaste monde, à l'autre bout des vols long-courriers au départ de Londres, Paris ou Amsterdam, ne fait plus que très rarement l'effet de terrain de jeu, de lieu d'aventure – stimulant et excitant, mais sûr, assorti de l'assurance d'un dénouement heureux. À moins que le vol en question ne fasse partie d'un voyage organisé tout compris, vers un site touristique à la mode, les destinations ressemblent davantage à une zone désertique qu'à un terrain de jeu, un lieu de dangers indicibles et occultés – le genre d'endroits que les Romains barraient, sur leurs cartes, de la mention *hic sunt leones*. C'est là un changement colossal, un traumatisme qui suffit à anéantir l'assurance, le courage et l'ardeur des Européens.

De fait, jusque très récemment (les plus anciens parmi nous s'en souviennent encore), l'Europe était le *centre* qui définissait le reste de la planète en *périphérie*. Pour reprendre la savoureuse formulation de Denis de Rougemont, l'Europe a découvert toutes les terres du monde, mais personne n'a jamais découvert l'Europe [1]. L'Europe a dominé tour à tour tous les continents, sans jamais être elle-même dominée par aucun ; elle a inventé une civilisation que le reste du monde a voulu imiter, sans que jamais le processus inverse s'amorce (du moins jusqu'à présent). Et j'ajouterai : les guerres européennes, elles seules, ont été des guerres *mondiales*.

Il y a peu, on pouvait encore, à l'instar de Rougemont, définir l'Europe par sa « fonction globalisante ». Elle fut, pour l'essentiel des derniers siècles, un continent d'aventures à nul autre pareil. Premier continent à adopter le mode de vie ultérieurement baptisé « moderne », l'Europe créa localement, en Europe même, des problèmes dont personne au monde n'avait jamais entendu parler, et que personne ne voyait comment résoudre. Après quoi elle inventa leur solution – mais sous une forme impossible à universaliser. Une forme que ne pouvaient utiliser tous ceux à qui ces problèmes, exclusivement européens à l'origine, devaient se présenter ensuite. L'Europe résolut les problèmes qu'elle avait produits en interne (et donc localement) en transformant

1. D. de Rougemont, « L'aventure mondiale des Européens » (1962), *Écrits sur l'Europe*, Paris, Éditions de la Différence, 1994.

d'autres parties du monde en sources d'énergie ou de minerai bon marché, de main-d'œuvre docile et quasi gratuite, et surtout en dépotoirs pour ses produits surnuméraires et redondants, autant que pour ses individus surnuméraires et redondants – les produits qu'elle ne pouvait utiliser, les gens qu'elle ne pouvait employer. En résumé : l'Europe a inventé une solution *globale* à ses problèmes produits *localement* – ce faisant, elle a contraint d'autres hommes à chercher, désespérément et en vain, des solutions *locales* à des problèmes produits *globalement*.

Tout cela est à présent terminé – d'où le traumatisme que nous éprouvons, notre angoisse, mais aussi l'évaporation de notre assurance. Tout cela est terminé parce que les solutions globales aux problèmes produits localement ne peuvent être à la portée que de rares habitants de la planète, et uniquement s'ils jouissent d'une supériorité sur tous les autres, de par un différentiel de puissance suffisamment grand pour demeurer incontesté (ou inefficacement contesté) et être considéré, à grande échelle, comme incontestable. Un différentiel de puissance qui, dès lors, offre une perspective apparemment crédible, fiable et rassurante d'un avenir long et sûr. Or l'Europe ne jouit plus de ce privilège et ne peut sérieusement espérer retrouver ce qu'elle a perdu.

Cela explique la perte brutale d'assurance chez les Européens, mais aussi l'intérêt soudain pour une « nouvelle identité européenne » et une « redéfinition du rôle » de l'Europe dans le jeu planétaire. Jeu dont les règles et les enjeux ont considérablement changé et changent encore – et ce sans que l'Europe puisse y exercer le moindre contrôle ni la moindre influence. D'où la vague de sentiment néotribal qui monte de Copenhague à Rome et de Paris à Sofia, gonflée par l'intensification des craintes suscitées par les « ennemis à nos portes » et les « cinquièmes colonnes » et l'esprit de forteresse assiégée qui en résulte, soutenu par la popularité croissante des frontières hermétiques et des portes condamnées.

Il est devenu courant de mettre tous ces développements inquiétants sur le compte de la perte de la domination économique et militaire de l'Europe, conséquence de l'accession des États-Unis au rang d'unique superpuissance planétaire et de métropole de l'empire mondial – mais aussi sur le compte du démantèlement de tous les empires européens, et sur la perte du standing impérial de l'Europe dans son ensemble.

Désormais, tous les chemins mènent à Washington. À ce que beaucoup croient ; et à ce que bien plus encore disent. C'est là que tout prend sens. Au cœur du chaos planétaire, la Maison-Blanche, le Parlement américain et le Pentagone, entre autres, définissent le sens du nouvel ordre planétaire, en dessinent les contours, en gèrent, surveillent et équipent l'application. Jürgen Habermas affirmait que l'Occident est divisé – l'Europe reléguée jusqu'à présent au rôle de spectateur tantôt compatissant, tantôt plein de ressentiment, mais la plupart du temps tiède, détaché et/ou ignoré [1]. Le plus souvent, lorsqu'on examine la possibilité qu'un nouvel ordre mondial émerge du chaos planétaire, on se concentre sur les intentions et les actions des États-Unis d'Amérique, tandis que le reste de la planète apparaît comme le site de l'Empire américain en construction, ou, au mieux, comme une province privilégiée, qui se voit accorder une « relation spéciale » avec la métropole.

Quand on s'intéresse au rôle de l'Europe dans ce nouvel empire, on cherche principalement à élaborer et à comparer les scénarios que pourraient suivre les relations américano-européennes (relations intimes bien que parfois orageuses) : les rôles passant de celui de courtisan docile ou de bouffon malin, perspicace et spirituel, à ceux de mentor du dauphin ou de membre sage, chevronné et respecté d'un groupe d'experts ou d'une commission consultative ; nulle part, cela

1. J. Habermas, *L'Occidente diviso*, Rome, Editori Laterza, 2005.

dit, dans le spectre des scénarios, n'est indiqué l'emplacement du tribunal, ou le mandat du bureau suprême, considéré comme un point de contentieux.

Cependant, on peut se poser la question : les États-Unis sont-ils bien l'« Empire mondial » au sens que l'Europe a conféré au concept d'empire dans sa pratique, et qu'elle a transmis aux résidants de la planète par sa propre mémoire collective ? Nous avons plus d'une raison d'en douter. En outre, à l'heure actuelle, ces raisons semblent se multiplier à un rythme exponentiel. Citant un récent rapport d'Immanuel Wallerstein, Morris Berman déclare que l'« Europe et l'Asie considèrent [les États-Unis] comme bien moins importants sur la scène internationale, le dollar s'est affaibli, la prolifération nucléaire ne pourra sans doute pas être enrayée, la capacité militaire américaine est poussée dans ses derniers retranchements, et notre déficit [américain] national et commercial est abyssal. Notre période d'hégémonie, et probablement de leadership, semble donc terminée [1]. » En conclusion, Berman va jusqu'à affirmer que, plutôt que les anciens empires à leur apogée, la tragédie actuelle de l'« Empire mondial américain » rappelle « la fin de l'empire romain et la transition dans l'Âge des Ténèbres » (le IIIe siècle fut en effet marqué par des guerres quasi incessantes, l'effondrement de la monnaie, et l'avènement spectaculaire des militaires au pouvoir politique ; le IVe siècle, pour sa part, fut celui de la répression, source de chaos et d'angoisses, ainsi que de la chute du Ve siècle).

Il n'est guère douteux que, en termes de dépenses affectées à un équipement militaire hypermoderne, et de stocks de toutes sortes d'armes de destruction massive, les États-Unis

1. I. Wallerstein, « Quo Vadis America ? », *Commentary* n°141, 15 juillet 2004, Fernand Braudel Center, Binghamton University, State University of New York ; http ://fbc.binghamton.edu/commentr.htm. M. Berman, *Dark Ages America*, New York, Norton, 2006.

sont sans rivaux. Aucun État, aucune association d'États, ne peut espérer de façon réaliste égaler la puissance militaire américaine dans un avenir prévisible. (Chaque année, les États-Unis dépensent autant en armement que les vingt-cinq États qui les suivent au classement des nations réunies.) Par ailleurs, il est tout aussi vrai que « la capacité militaire américaine est poussée dans ses derniers retranchements », sans que cela permette d'empêcher de nouvelles urgences ou de résoudre les problèmes qui subsistent après que les tentatives précédentes ont échoué à les solutionner. Plus importante encore, peut-être, est l'inadaptation chaque jour plus flagrante de la machine de guerre américaine vis-à-vis des problèmes que pose la nouvelle forme des conflits, de la violence et de la guerre.

Avant d'envoyer des troupes américaines en Irak en 2003, Donald Rumsfeld déclarait que la guerre serait gagnée le jour où les Américains se sentiraient de nouveau en sécurité [1]. Sauf que l'envoi de troupes en Irak ne fit que décupler le sentiment d'insécurité, tant en Amérique que dans le monde. Loin de se restreindre, les espaces d'anarchie, terrains d'entraînement du terrorisme global, s'étendent à des dimensions inouïes. Cinq ans se sont écoulés depuis la décision de Rumsfeld, et le terrorisme s'est renforcé – abondamment et intensivement – chaque année. Des attaques terroristes ont été enregistrées en Tunisie, à Bali, à Mombasa, à Riyad, Istanbul, Casablanca, Jakarta, Madrid, Charm el-Cheikh et Londres ; en tout, le Département d'État américain recense 651 « attaques terroristes importantes » pour la seule année 2004 – dont 198, neuf fois plus que l'année précédente (sans compter les attaques quotidiennes visant les troupes américaines), pour le seul Irak, où des troupes avaient été envoyées

1. Citation tirée de M. J. Morgan, « The Garrison State Revisited : Civil-Military Implications of Terrorism and Security », *Contemporary Politics* 10, n° 1, mars 2004.

avec ordre de mettre un terme à la menace terroriste. En mai 2005, la seule ville de Bagdad a subi 90 attentats-suicides ; depuis, les atrocités massives, que ce soit dans Bagdad ou dans le reste du pays, ont gagné en fréquence et en puissance, jusqu'à faire partie du quotidien. L'Irak, comme l'affirment certains observateurs, est devenu une publicité grotesque de la puissance et de l'efficacité de la terreur – ainsi que de l'impuissance et de l'inefficacité de la prétendue « guerre contre la terreur » menée par l'Empire mondial.

Il n'est pas ici question d'erreurs tactiques commises par des généraux incompétents. Vu la nature du terrorisme contemporain, et surtout le cadre « négativement globalisé » dans lequel il opère, la notion même de guerre contre le terrorisme est une *contradictio in adiecto*.

Les armes modernes, conçues et développées à l'époque des invasions et conquêtes de territoires, sont proprement inadaptées pour ce qui est de localiser, de frapper et de détruire des cibles extraterritoriales, insaisissables (de façon endémique) et éminemment mobiles, ces minuscules unités, ou ces simples individus voyageant léger, équipés d'armes faciles à dissimuler. Difficiles à repérer lorsqu'elles s'apprêtent à commettre un attentat, ces « cibles » périssent sur le site même de l'agression, et en disparaissent aussi vite et aussi discrètement qu'elles s'y étaient rendues, ne laissant pratiquement aucune trace de leur passage.

Pour reprendre la terminologie de Paul Virilio, nous sommes passés (événement dont les militaires n'ont pris conscience que sur le tard, et à contrecœur) de l'époque de la « guerre de siège » à celle des « guerres de mouvement [1] ». Étant donné la nature des armes modernes dont disposent les militaires, les réponses aux actes terroristes ne peuvent que paraître maladroites, étalées sur un secteur nettement

1. P. Virilio, « Cold Panic », *Cultural Politics* 1, 2005.

plus vaste que celui concerné par l'attaque terroriste, et entraînant davantage de « victimes collatérales », de « dégâts collatéraux » mais aussi de terreur, de perturbation et de déstabilisation que ce que les terroristes auraient pu produire à eux tous seuls – sans compter l'accumulation de douleur, de haine et de fureur, ni les nouvelles recrues que ces réactions gagnent à la cause des terroristes. On peut supposer que cette circonstance fait partie intégrante du projet des terroristes, qu'elle constitue la principale source de leur force, largement supérieure à la puissance de leurs effectifs et de leurs armes.

Contrairement à leurs ennemis déclarés, les terroristes ne se sentent aucunement gênés par les limites des forces dont ils disposent. Lorsqu'ils mettent au point leur stratégie et leur tactique, ils peuvent ranger dans la colonne « avantages » les réactions probables de l'« ennemi ». Réactions qui ont toutes les chances de décupler l'impact des atrocités préparées. Si l'objectif déclaré (immédiat) des terroristes est de répandre la terreur dans la population ennemie, alors l'armée et la police de la population visée feront en sorte, avec l'entière coopération des mass médias, que ce but soit atteint au-delà de ce que les terroristes eux-mêmes étaient en mesure d'espérer. Si l'intention à long terme de ces derniers est de détruire les libertés humaines dans les démocraties libérales, et de « refermer » les sociétés ouvertes, ils peuvent là encore compter sur les immenses capacités dont disposent les gouvernements des « pays ennemis ». Dans sa fine analyse de l'impact, sur les États-Unis, du terrorisme global, le journaliste Ted Koppel nous fait observer que l'administration américaine actuelle se sert des images de l'iniquité terroriste

> pour justifier une nouvelle conception du monde dans laquelle le simple fait de fréquenter un membre d'une organisation figurant sur la liste des terroristes dressée par les États-Unis justifie des poursuites sur le territoire américain.

> Cette pratique relève de ce que Paul J. McNulty, vice-ministre de la Justice, appelle les « poursuites préventives » [...]. Face à la possible convergence entre terrorisme et arme de destruction massive, il n'est plus souhaitable d'attendre qu'un crime soit commis pour le punir [1].

En conséquence, il est conseillé aux Américains de « s'adapter à la notion d'écoutes téléphoniques arbitraires, de prisons gérées par la CIA à l'étranger et du transfert de suspects à des nations qui figurent en tête de la liste du Département d'État des pays qui ne respectent pas les droits de l'Homme ». Koppel nous prévient encore : « les libertés que l'on abandonne volontairement ne se regagnent pas plus facilement pour autant. Alors celles que l'on retire discrètement... ». Quelques paquets d'explosif aux mains de quelques *desperados* prêts à sacrifier leur vie « pour la cause » peuvent faire beaucoup de dégâts – nettement plus que ce que les terroristes eux-mêmes pourraient rêver d'accomplir avec les ressources dont ils disposent.

Les forces terroristes réagissent rarement aux ripostes militaires. Au contraire, c'est précisément de la maladresse et de l'extravagante et inefficace prodigalité des efforts de leurs adversaires qu'ils tirent, régénèrent et développent leur force. Une dizaine de comploteurs islamistes prêts à tuer suffisent à créer une atmosphère de forteresse assiégée dans de grands pays riches et pleins de ressources, et à engendrer des vagues d'« insécurité généralisée ».

En état d'insécurité, les gens tendent à chercher fiévreusement à décharger leur angoisse sur une cible appropriée, et à retrouver leur assurance en atténuant l'impuissance effrayante et humiliante qu'ils ressentent. Les forteresses assiégées que sont en train de devenir les villes multiethniques et multiculturelles sont partagées par les terroristes

1. T. Koppel, « The Long, Cost-Free War », *New York Times*, 6 novembre 2007.

et leurs victimes. Chaque partie ajoute peur, passion, ferveur et obstination à l'autre. Chacune confirme les pires craintes de l'autre, et ajoute de la substance à ses préjugés et à ses haines. Enlacées dans une version moderne de la *danse macabre* [1], les deux parties ne laissent pas une seconde de répit au spectre du siège.

Partout sur la planète, le sol est préparé pour les graines du terrorisme. Et les « cerveaux » itinérants des attaques terroristes peuvent raisonnablement espérer trouver des terrains fertiles, où qu'ils fassent halte. Ils n'ont même pas à concevoir, fabriquer et entretenir une hiérarchie. Il n'existe pas d'armée terroriste, seulement des *essaims*, synchronisés plutôt que coordonnés, presque sans surveillance, et qui ne se dotent de commandants ou de caporaux qu'au coup par coup. Le plus souvent, pour qu'un « groupe expéditionnaire » surgisse apparemment *ab nihilo*, il suffit de présenter un exemple bien spectaculaire, disséminé et martelé rapidement dans des millions de foyers par des chaînes de télévision toujours affamées de spectacle, et par toutes les autoroutes de l'information sur lesquelles on peut envoyer des messages. L'étrange « guerre contre le terrorisme » ne connaît pas de ligne de front – seulement des champs de bataille distincts les uns des autres, très épars et éminemment mobiles. Elle ne connaît pas non plus de troupes régulières – uniquement des citoyens se transformant en soldats d'un jour et des soldats en permission à durée indéterminée. Les « armées » terroristes sont des armées *maison*, qui ne nécessitent ni baraquements, ni rassemblements, ni terrains de parade.

S'il existe un Empire mondial, il est confronté à un adversaire qu'il ne pourra jamais prendre dans les filets qu'il a tissés ou acquis, ou qu'il est capable de tisser ou d'acquérir. Cet empire a beau être armé jusqu'aux dents, ses dents sont plus faites pour ronger que pour mordre. La guerre contre

1. En français dans le texte (*N.d.T.*).

le terrorisme *ne peut être remportée* par des moyens *militaires* (et encore moins par les seuls moyens militaires). Si elle perdure, elle ne fera qu'exposer davantage le point vulnérable de la superpuissance apparemment invincible. Et les conséquences en seront désastreuses pour la cohabitation planétaire, sans parler de la perspective d'une paix planétaire dont Kant rêvait il y a plus de deux cents ans.

Le fait que la puissance *militaire* des États-Unis se retrouve « poussée dans ses derniers retranchements » est également une des raisons principales, si ce n'est *la* raison principale de ce que les ressources *économiques* de la métropole sont poussées dans leurs derniers retranchements – ces mêmes ressources qui pourraient être utilisées pour assurer la victoire finale sur le terrorisme global. Ce sont les ressources économiques qui pourraient être utilisées pour couper le terrorisme à ses racines, en arrêtant, voire en inversant la polarisation actuelle des critères de vie et des perspectives de vie, qui constituent l'engrais le plus efficace dans les pépinières terroristes.

À l'heure actuelle, les États-Unis sont peut-être le pays le plus endetté de toute l'Histoire. Après avoir constaté que, « l'an passé, l'Amérique a dépensé 57 % de plus que ce qu'elle a gagné sur les marchés internationaux », Paul Krugman pose cette question : « Comment les Américains ont-ils réussi à vivre à ce point au-dessus de leurs moyens ? » Et de répondre : « En s'endettant auprès du Japon, de la Chine et des producteurs de pétrole du Moyen-Orient [1]. » L'Amérique dépend, au sens toxicologique du terme, de l'argent qu'elle importe, autant que du pétrole qu'elle importe. La Maison-Blanche s'est récemment déclarée fière du déficit budgétaire fédéral (300 milliards de dollars) pour la simple raison qu'il avait baissé de quelques milliards de dollars en un an.

1. P. Krugman, « Deep in Debt, and Denying It », *International Herald Tribune*, 14 février 2006.

L'argent importé qu'il faudra tôt ou tard rembourser ne sert pas à financer des investissements potentiellement rentables, mais à soutenir le boom de la consommation et à entretenir ainsi le facteur « moral au beau fixe » de l'électorat, mais aussi à financer les déficits fédéraux qui se creusent constamment (et ce malgré des réductions toujours plus importantes des réserves sociales), notamment à cause des réductions d'impôts accordées aux riches. Krugman estime que « le dollar va encore chuter d'au moins 30 % », et que les « consommateurs américains vont, au même titre que leur gouvernement, devoir se mettre à vivre selon leurs moyens » – sortir de leur rêve américain, version superpuissance ou Empire mondial.

Tout cela n'indique pas vraiment que l'Empire mondial en herbe va s'acquitter de la tâche de mise en place d'un accord suivi de la paix – tâche que les empires du passé ne négligèrent, ou n'échouèrent à accomplir qu'au prix de leur déclin et de leur fin. Il semblerait que les États-Unis soient entrés dans leur phase de domination sans partage du monde alors même qu'ils étaient déjà proches de l'épuisement de leur potentiel d'expansion. La *Pax Americana* s'étend peut-être au-delà des frontières de la *Pax Romana*, mais son espérance de vie ne se mesure pas en siècles. Comme toute autre chose dans notre monde liquide-moderne « négativement globalisé », les mécanismes de désassemblage et d'autodestruction intégrés dans chaque empire connu tournent à présent plus vite, et demandent moins de temps pour accomplir leur cycle de travail.

Par conséquent, nous avons tort de vouloir calculer les tâches et les missions de l'Europe en fonction de l'axiome du monopole américain sur la puissance mondiale et sur la police du monde : le défi auquel l'Europe est confrontée aujourd'hui *ne provient pas* de ce que « puisque nous jouons, au mieux, les seconds violons, nous ne pouvons, et n'avons pas le droit de changer quoi que ce soit à l'état de la planète ». Nous aurions tout aussi tort, et ce serait ô combien dangereux, de nous disculper de ne pas essayer de changer quoi que ce soit en invoquant cet axiome erroné, et d'ainsi apaiser notre conscience collective de sorte que cette situation perdure jusqu'à ce qu'il soit trop tard pour tenter quoi que ce soit. Le vrai défi qui se propose à l'Europe provient de l'accumulation de preuves indiquant que la seule superpuissance planétaire échoue abominablement à guider la planète vers une coexistence pacifique, à l'éloigner du désastre imminent. Les raisons abondent qui nous font supposer que cette superpuissance pourrait bien être la cause même de l'avènement du désastre.

À tous les niveaux de la cohabitation humaine, les détenteurs de pouvoirs ont tendance à utiliser leurs pouvoirs pour rendre l'habitat plus agréable et favorable aux pouvoirs qu'ils détiennent ; en d'autres termes, ils tendent à créer un environnement dans lequel la ressource qui est la principale source de leur force se voit garantir le rôle décisif dans la gestion de la crise et la résolution des conflits. La superpuissance américaine ne fait pas exception à la règle. Son atout numéro un étant la puissance militaire, elle tend naturellement à redéfinir tous les problèmes planétaires – qu'ils soient de nature économique, sociale ou politique – en problèmes de menace militaire et d'affrontement militaire, des problèmes qui ne se régleront que par des solutions militaires et ne nécessitent de solutions que militaires. Retournant la célèbre formule de Clausewitz, les États-Unis considèrent et traitent la politique comme la continuation de la guerre par d'autres moyens. George Soros observait récemment : « Pour Cheney et les tenants de la suprématie américaine, les relations internationales sont des relations de pouvoir, le droit international ne sert qu'à ratifier ce que le pouvoir a obtenu, et le pouvoir se définit en termes de puissance militaire. »

Mais aussi : « Un géant effrayé qui frappe à tort et à travers, voilà ce qu'est un tyran [1]. »

En conséquence, la pauvreté, l'inégalité, la privation et tous les autres problèmes sociaux urgents qui exigent une attention globale et un remède global sont les victimes collatérales d'expéditions militaires sans fin ni espoir. À mesure que les interventions armées successives exacerbent le malheur d'un nombre croissant de populations défavorisées, à mesure qu'elles intensifient le ressentiment déjà profond de ces populations vis-à-vis de la dureté et de l'arrogance avec lesquelles les grands de ce monde traitent leurs besoins et leurs ambitions, les conflits et les antagonismes se multiplient, les chances d'une cohabitation pacifique s'éloignent de plus en plus et *la perception unilatérale du monde en site de confrontations armées entre des intérêts incompatibles devient une vision autoréalisatrice.*

Si vis pacem, para bellum – attitude contagieuse particulièrement encline à la globalisation ; elle entraîne la course mondiale à l'armement et menace de transformer en *casus belli* le moindre besoin de justification frustré et le moindre cas de souffrance. Pour asseoir sa domination en comptant sur son unique avantage incontesté – sa supériorité militaire –, l'Amérique doit remodeler le reste du monde à son image, et le rendre, pour ainsi dire, « hospitalier » envers sa politique de prédilection : faire de la planète un lieu où les problèmes économiques, sociaux et politiques sont traités (et, espère-t-on, résolus) par des moyens militaires et des actions militaires, tandis que, dans le même temps, tout autre moyen et type d'action se voit dévalué et invalidé. Voilà où naît le véritable défi qui se dresse devant l'Europe.

1. G. Soros, *Le Grand Désordre mondial*, trad. L. Richard et L. Bury, Paris, Éditions Saint-Simon, 2006, p. 122 et 110.

L'Europe ne peut sérieusement imaginer concurrencer la puissance militaire des États-Unis, ni, par conséquent, résister à la militarisation de la planète en jouant le jeu des Américains. Par ailleurs, elle ne peut non plus espérer retrouver sa domination industrielle passée, irrémédiablement perdue dans notre monde de plus en plus polycentrique, à présent *entièrement* soumis aux processus de modernisation économique. En revanche, l'Europe peut essayer – devrait essayer – de rendre la planète hospitalière envers d'autres valeurs et d'autres modes d'existence que ceux que représente et promeut la superpuissance militaire américaine, des valeurs et des modes que l'Europe, plus que toute autre partie du monde, est prédisposée à offrir au monde qui doit concevoir la route menant à l'*allgemeine Vereinigung der Menschheit* et à la paix éternelle. Concevoir cette route, s'y engager et la suivre.

Ayant admis qu'« il est absurde de supposer que l'Europe pourrait rivaliser avec la puissance économique, militaire et technologique des États-Unis [et des puissances émergentes, notamment asiatiques] », George Steiner affirme que la mission de l'Europe a trait à « l'esprit et [à] l'intelligence ». « Le génie de l'Europe, poursuit-il, c'est ce que William Blake aurait appelé "le caractère sacré du détail infime". C'est celui de la diversité linguistique, culturelle et sociale, d'une mosaïque prodigue qui fait souvent d'une distance négligeable, d'une vingtaine de kilomètres, une division entre deux mondes. [...] L'Europe périra, assurément, si elle ne se bat pas pour ses langues, ses traditions locales et ses autonomies sociales. Si elle oublie que "Dieu réside dans le détail [1]". »

On retrouve des échos de ces pensées dans l'héritage littéraire de Hans-Georg Gadamer [2]. C'est sa variété, sa richesse

1. G. Steiner, *Une certaine idée de l'Europe*, trad. C. Le Bœuf, Arles, Actes Sud, 2005, p. 56-57, 52-53.

2. Lire, en particulier, *L'Héritage de l'Europe*, trad. P. Ivernel, Paris, Payot & Rivages, 1996, p. 23-24.

confinant à la débauche, que Gadamer place en tête de liste des mérites propres à l'Europe ; il voit la profusion des différences comme le premier des trésors que ce continent a préservés et peut offrir au monde. « Vivre avec l'autre, vivre comme l'autre de l'autre, cette tâche humaine fondamentale vaut à une échelle infime comme à une échelle supérieure. [...] C'est peut-être là un avantage particulier de l'Europe, qu'elle ait pu apprendre et qu'elle ait dû apprendre à vivre avec d'autres. » En Europe, comme nulle part ailleurs, l'Autre a toujours été proche, visible, à portée de main ; métaphoriquement, et même littéralement, l'Autre est un voisin – les Européens n'ont d'autre choix que de négocier ce voisinage, malgré l'altérité et les différences qui les séparent. Le cadre européen, marqué par « le multilinguisme [...], ce voisinage de l'autre dans un espace étroit et l'égalité de valeur de l'autre dans un espace plus restreint », pourrait être vu comme une école où le reste du monde pourrait retirer un savoir crucial et des aptitudes tout aussi vitales. Acquérir et partager l'art d'apprendre les uns des autres, voilà ce que Gadamer estime être « la tâche de l'Europe ». J'ajouterai pour ma part : c'est la mission de l'Europe, ou plus exactement son *sort* qui n'attend que d'être reconfiguré en *destinée*.

L'importance de cette tâche – et l'importance de la détermination de l'Europe à s'y atteler – ne saurait être exagérée, car les « conditions décisives pour parvenir à maîtriser les problèmes vitaux du monde moderne », véritables conditions sine qua non, nous explique Gadamer, sont l'amitié et la « solidarité porteuse » qui, seules, peuvent garantir une « structuration ordonnée de la vie collective des hommes ». En nous attelant à cette tâche, nous devons chercher l'inspiration dans notre héritage européen commun : pour les Grecs, nous rappelle Gadamer, « le concept [...] d'ami [...] articulait toute la vie de la société [1] ». Des amis ont tendance

1. *Ibid.*, p. 108-109.

à faire preuve de tolérance et de compassion mutuelles. Ils sont capables de se montrer amicaux les uns envers les autres malgré, ou plutôt à cause de leurs différences – se montrer amicaux, s'entraider, sans renoncer à ce qui fait leur différence, sans jamais laisser cette différence les séparer ou les opposer.

Plus récemment, Lionel Jospin plaçait ses espoirs d'un regain d'importance de l'Europe dans le monde dans son « approche nuancée des réalités actuelles [1] ». L'Europe a payé très cher, affirme l'ancien Premier ministre, pour apprendre « à dépasser les antagonismes historiques et à résoudre de façon pacifique les conflits », mais aussi à réunir « un grand éventail de cultures », et à vivre avec la perspective d'une diversité culturelle permanente – sans plus voir là une source d'irritation. Notons au passage qu'il s'agit précisément du genre de leçon que le reste du monde a grandement besoin d'apprendre.

Dans le contexte d'une planète ravagée par les conflits, l'Europe fait figure de laboratoire où l'on conçoit les outils nécessaires à l'unification universelle de l'humanité chère à Kant, et d'atelier où l'on en teste l'efficacité pratique – dans des applications toutefois encore modestes pour l'instant. Les outils que l'Europe teste à l'heure actuelle servent avant tout à séparer (opération délicate, voire *trop* délicate, d'après certains observateurs moins optimistes, pour avoir de grandes chances de succès) les bases de la légitimité politique du processus démocratique et la détermination à s'engager dans le partage des atouts du principe de la souveraineté nationale et territoriale auquel elles ont été intimement liées pour la majeure partie de l'histoire moderne.

La fédération européenne naissante doit à présent réitérer, à une plus grande échelle (peut-être même à l'échelle planétaire), l'exploit accompli par les États-nations des premiers

1. L. Jospin, « Solidarity or Playing Solitaire », *Hedgehog Review*, printemps 2003.

temps de la modernité : réunir pouvoir et politique, éléments jadis intimement liés, mais qui ont, depuis, suivi des itinéraires diamétralement opposés. Cette tâche n'est pas plus aisée aujourd'hui qu'elle ne l'était au commencement de l'époque moderne et de sa phase de construction de la nation et de l'État. Aujourd'hui comme alors, elle regorge de pièges et de risques incalculables. Mais, surtout, chaque pas franchi vous fait l'effet d'un saut dans l'inconnu.

De nombreux observateurs, doutant de la sagesse d'une telle entreprise, estiment peu élevées ses chances de réussite. Les sceptiques ne croient pas en la viabilité d'une démocratie « post-nationale », ou de toute entité politique démocratique située au-dessus du niveau de la nation. Ils prétendent qu'aucune allégeance à des normes civiques et politiques ne remplacera jamais les liens ethnoculturels et que la citoyenneté est irréalisable sur une base purement « civilisationnelle » (politico-légale) sans l'assistance d'« Éros » (la dimension émotionnelle). Ces gens-là estiment qu'Éros et les liens ethnoculturels sont liés, de façon aussi unique qu'inextricable, à un sentiment de partage d'un même passé et d'une même destinée. Sentiment passé à la postérité sous le nom de « nationalisme ». Ils croient que la solidarité communautaire ne peut s'enraciner et croître que grâce à ce lien, et ne saurait être reconstruite ou réétablie autrement. La possibilité que la légitimation nationaliste du pouvoir de l'État n'ait été qu'un épisode confiné dans le temps, qu'une des multiples formes de la réunion du pouvoir et de la politique, ou que l'alliage moderne de l'État et de la nation ait davantage évoqué un mariage de convenance qu'un verdict de la providence ou de l'inévitabilité historique – ou encore que ce mariage lui-même n'ait été joué d'avance et que, une fois arrangé, il se soit révélé aussi orageux que la plupart des procédures de divorce – ces possibilités, donc, se voient rejetées par le simple fait que l'on pose la question.

Porte-parole sans doute le plus le plus cohérent et digne de foi de l'opposition à ce type de scepticisme, Jürgen Habermas nous fait quant à lui remarquer que « [c]'est une erreur de penser que l'ordre démocratique requiert par nature un ancrage mental dans la "nation" entendue comme communauté prépolitique fondée sur un destin partagé. C'est, en effet, la force de l'État à constitution démocratique que d'être à même de combler les lacunes de l'intégration sociale par le moyen de la participation politique de ses citoyens [1]. »

Rien que de très convaincant – mais on peut pousser l'argument plus avant encore. La *nation*, tout promoteur d'une « idée nationale » en conviendra, est aussi vulnérable et fragile sans État souverain pour la protéger (pour assurer la pérennité de son identité) que l'*État* le serait sans une nation pour légitimer ses exigences d'obéissance et de discipline. Les *nations* modernes et les *États* modernes sont les produits jumeaux de *la même constellation historique*. L'un ne peut « précéder » l'autre qu'à court terme et s'efforcera d'abréger autant que possible ce court terme – l'utiliser pour chercher à remplacer la priorité par la simultanéité, y insérer un signe d'égalité entre des partenaires soi-disant autonomes. L'État français fut précédé par des Savoyards et des Bretons, non par des Français ; l'État allemand par des Bavarois et des Prussiens, non par des Allemands. Savoyards et Bretons ne se seraient jamais transformés en Français, ni Bavarois et Prussiens en Allemands, si leur réincarnation n'avait été « assistée », respectivement, par les États *français* et *allemand*.

En pratique, les nations modernes comme les États modernes apparurent au cours de deux processus simultanés et étroitement liés de construction de la nation et de construction de l'État – processus absolument pas « roses »,

1. J. Habermas, *Après l'État-nation : une nouvelle constellation politique*, trad. R. Rochlitz, Paris, Fayard, 2000, p. 70.

et aux chances de succès absolument pas garanties. Dire qu'un cadre politique ne peut être établi sans la mise en place préalable d'un organisme ethnoculturel viable n'est ni plus ni moins convaincant que d'affirmer qu'aucun organisme ethnoculturel n'a de chances de devenir viable et de le demeurer en l'absence de tout cadre politique fonctionnel et viable. L'œuf et la poule.

L'analyse d'Habermas ne dit pas vraiment autre chose : « Si l'on songe au fait que, au sein des États européens du XIXe siècle, la conscience nationale et la solidarité des citoyens n'ont été *engendrées* que progressivement, à travers une certaine façon d'écrire l'histoire, propre à chaque nation, la communication de masse et le service militaire, alors le défaitisme n'est guère de mise. Si, en effet, cette forme artificielle de "solidarité entre étrangers" s'explique avant tout par une expérience riche en conséquences historiques – passage, on l'a vu, de la conscience locale et dynastique à la conscience nationale et démocratique –, on ne voit pas pourquoi un tel processus d'apprentissage ne se prolongerait pas au-delà des frontières nationales [1]. »

Une nationalité (au sens d'existence en tant que nation) partagée n'*est pas* une condition *nécessaire* de la légitimité de l'État, si ce dernier est un corps véritablement démocratique : « L'État à constitution démocratique est un ordre voulu par le peuple lui-même, légitimé par la formation libre de l'opinion et de la volonté de ce même peuple, ordre qui permet aux destinataires du droit de se comprendre en même temps comme ses auteurs [2]. »

On pourrait dire que le nationalisme comble le vide de légitimation laissé (ou jamais occupé) par la participation démocratique des citoyens. C'est en l'*absence* d'une telle participation que l'invocation des sentiments nationalistes et

1. *Ibid.*, p. 147.
2. *Ibid.*, p. 53.

les efforts consentis pour les développer constituent l'unique recours de l'État. Ce dernier doit invoquer la destinée nationale commune en construisant son autorité sur la détermination de ses sujets à mourir pour leur pays, *si et seulement si* les dirigeants du pays n'ont besoin de ses résidants que pour leur détermination à sacrifier leur vie, sans faire le moindre cas de leurs contributions à la gestion quotidienne du pays.

À l'heure actuelle, toutefois, l'Europe semble chercher des réponses aux nouveaux problèmes dans des politiques repliées sur elles-mêmes plutôt que tournées vers l'extérieur – solutions centripètes plutôt que centrifuges, implosives plutôt qu'expansives. Des solutions tels le retranchement, le repli sur soi, l'érection de clôtures surmontées de machines à rayons X et de caméras de surveillance, l'affectation de personnel supplémentaire aux organismes d'immigration et aux services de contrôle des frontières, le rétrécissement des filets des lois d'immigration et de naturalisation, la détention des réfugiés dans des camps isolés et bien gardés, ou leur rapatriement avant même qu'ils aient eu une chance de demander le statut de réfugié ou de demandeur d'asile – en résumé, les États ferment leurs portes sans rien changer à la situation qui les pousse à ce geste. (Rappelons que les fonds que l'Union européenne alloua le plus volontiers aux pays d'Europe centrale et de l'Est candidats à l'adhésion étaient des sommes prévues pour la fortification des frontières orientales de ces pays.)

Il n'est pas totalement inutile de cataloguer les victimes de la globalisation des marchés financiers et des bourses de marchandises avant tout comme une menace à la sécurité plutôt que comme des personnes nécessitant des secours, des gens qui ont le droit à recevoir compensation pour leurs vies brisées. En premier lieu, cette opération supprime les scrupules éthiques : personne n'a le sentiment de faillir à son devoir moral lorsqu'il s'agit d'affronter des ennemis qui « haïssent nos valeurs » et ne supportent pas de voir des hommes et des femmes vivre en liberté, en démocratie. Ensuite, elle nous permet de détourner des fonds qui pourraient être utilisés, « sans profit », dans l'effacement des disparités et des animosités, vers d'autres tâches, plus rentables : le développement de l'industrie militaire, des ventes d'armes, des profits des actionnaires, et, par conséquent, l'amélioration des statistiques du chômage et l'augmentation du sentiment de bien-être dans la population. Enfin, *last but not least*, cette opération raffermit l'économie consumériste chancelante en braquant les craintes liées à la sécurité sur le besoin de s'acheter de petites forteresses privées à quatre roues (ces fameux Hummer, fléaux de la sécurité routière, gouffres à essence et à euros), et en imposant de lucratifs « droits de marque » ou « droits intellectuels » sous couvert d'empêcher que les sommes générées par le commerce illégal et le piratage n'aillent financer des cellules terroristes (excuse brandie par le gouvernement).

Le tout permet en outre aux gouvernements de se débarrasser des contraintes plus agaçantes liées au contrôle démocratique, populaire, en re-catégorisant les *choix* économiques et politiques en *nécessités* militaires. L'Amérique, comme toujours, donne le ton – mais sous la surveillance étroite d'un grand nombre de gouvernements européens qui s'empressent de l'imiter. Comme William J. Bennett l'énonçait récemment, dans un ouvrage judicieusement intitulé *Pourquoi nous nous battons : De la clarté morale dans la guerre contre le terrorisme* [1], « les menaces auxquelles nous faisons face aujourd'hui sont à la fois externes et internes : externes quand elles concernent des groupes ou des États qui veulent attaquer les États-Unis ; internes quand il s'agit de ceux qui cherchent à profiter de cette situation pour promouvoir la doctrine du "Blame America First". Ces deux menaces

1. En anglais : *Why We Fight : Moral Clarity and the War on Terrorism* (*N.d.T.*).

découlent soit d'une haine des idéaux américains de liberté et d'égalité, soit d'une mauvaise compréhension de ces idéaux et de leur pratique [1]. » Le credo de Bennett n'est qu'une paraphrase idéologique d'une pratique déjà bien en place – on pensera notamment au Patriot Act, qui vise de façon explicite des individus engagés dans le type d'action politique protégé par la Constitution américaine, en légalisant la surveillance clandestine, les fouilles sans autorisation et autres intrusions dans la vie privée, mais aussi les incarcérations sans accusation et les procès devant des tribunaux militaires.

Certes, l'Europe a de bonnes raisons de se replier toujours plus sur elle-même. Le monde n'a plus l'air accueillant. Il fait, au contraire, l'effet d'être hostile, traître, un monde cracheur-de-vengeance, un monde qu'il convient de rendre sûr pour nous, les touristes. Un monde où la « guerre des civilisations » est imminente ; un monde dans lequel la moindre démarche entreprise est remplie de risques, tout autant que le *statu quo*. Les touristes qui osent prendre ces risques doivent rester en état d'alerte permanent ; surtout, ils devraient ne pas quitter les îlots de sûreté, les chemins balisés et protégés à travers la jungle pour leur usage exclusif. Quiconque oublie ces préceptes le fait à ses risques et périls – et doit être prêt à en subir les conséquences.

Dans un monde où la sécurité n'existe plus, l'enjeu numéro un n'est autre, précisément, que la sécurité elle-même. Une valeur qui, en pratique sinon en théorie, élimine toutes les autres – y compris celles qui « nous » sont le plus chères, tout en étant haïes le plus cordialement par « eux », raison pour laquelle on les déclare cause première de « leur » désir de « nous » blesser. Dans un monde aussi peu sûr que le nôtre, la liberté personnelle de parole et d'action, le droit à l'intimité, l'accès à la vérité – autant d'éléments que nous

1. S. Rampton et J. Stauber, « Trading on Fear », *Guardian Weekend*, 12 juillet 2003.

avions coutume d'associer à la démocratie, et au nom desquels nous guerroyons toujours – doivent être rognés ou suspendus. Voilà en tout cas ce que prétend la version officielle, confirmée par la pratique officielle.

La vérité, toutefois, c'est que nous ne pouvons défendre efficacement nos libertés tout en nous isolant du reste du monde et en nous concentrant sur nos seules affaires privées.

On a de bonnes raisons de supposer que, sur une planète globalisée, où la crise vécue par n'importe quel individu en n'importe quel point du globe détermine celle de tous les autres, tout en étant elle-même déterminée par celles-là, on ne peut plus vivre en liberté et en démocratie « séparément » – dans l'isolement, dans un seul pays, ou dans une poignée de pays soigneusement sélectionnés. Le sort de la liberté et de la démocratie dans chaque pays se décide et se règle sur la scène globale ; nulle part ailleurs on ne pourra le défendre avec une chance réaliste de succès durable. Quelles que soient ses ressources, sa puissance militaire, sa détermination et son intransigeance, aucun État n'a plus le pouvoir d'agir seul, de défendre ses valeurs propres en tournant le dos aux rêves et aux désirs des individus qui se trouvent de l'autre côté de ses frontières. Or il semble que c'est précisément ce que nous, les Européens, sommes en train de faire, lorsque nous gardons nos richesses pour nous et les multiplions aux dépens de nos voisins pauvres.

Quelques exemples suffisent à illustrer cette affirmation. Il y a quarante ans, le revenu des 5 % les plus riches de la population mondiale était trente fois supérieur à celui des 5 % les plus pauvres ; il y a quinze ans, il était soixante fois supérieur ; en 2002, cent quatorze fois.

Dans *La Voie humaine*, Jacques Attali indique que la moitié du commerce international et plus de la moitié des investissements globaux bénéficient à vingt-deux pays à peine, qui ne regroupent que 14 % de la population mondiale, tandis que les quarante-neuf pays les plus pauvres, regroupant 11 %

de la population mondiale, ne reçoivent à eux tous que 1 % du produit global – montant équivalant à peu près aux revenus cumulés des trois hommes les plus riches de la planète. Quatre-vingt-dix pour cent de la richesse totale de la planète restent aux mains de 1 % à peine de sa population.

La Tanzanie gagne 2,2 milliards de dollars par an, qu'elle doit répartir entre ses 25 millions d'habitants. La banque Goldman Sachs gagne 2,6 milliards de dollars par an, qu'elle reverse ensuite à ses 161 actionnaires.

L'Europe et les États-Unis dépensent 17 milliards de dollars chaque année en nourriture pour animaux, tandis que les experts estiment à 19 milliards la somme manquant au fonds nécessaire pour sauver la population mondiale de la famine. Joseph Stiglitz annonça dans le *Guardian*, alors que les ministres du Commerce préparaient leur sommet de 2003 au Mexique, que les subventions moyennes par vache versées par l'Union européenne « correspond[aient] aux 2 dollars par jour du seuil de pauvreté sous lequel tentent de survivre des milliards d'êtres humains » – alors que, dans le même temps, les 4 milliards de dollars de subventions que l'Amérique verse à 25 000 riches producteurs de coton « font la misère de 10 millions d'agriculteurs africains et dépassent le montant ridicule de l'aide versée par les États-Unis à certains des pays concernés [1] ». Mais Stiglitz observe également qu'« aucune partie ne semble décidée à faire de concession majeure » – alors que seule une concession majeure pourrait convaincre les autres de cesser de considérer l'étalage éhonté « de puissance économique brutale affichée par les États-Unis et l'Europe » autrement que comme une tentative de défendre les privilèges des privilégiés, de protéger les richesses des riches et de servir leurs intérêts – ce qui, selon eux, revient à enrichir davantage encore les riches.

1. J. Stiglitz, « Trade Imbalances », *The Guardian*, 15 août 2003.

*

Si l'on veut les porter à un niveau supérieur à celui de l'État-nation, les traits essentiels de la solidarité humaine (ainsi des sentiments d'appartenance mutuelle et de responsabilité commune du futur commun, ou de la détermination à œuvrer pour le bien-être les uns des autres et de trouver des solutions à l'amiable et durables aux conflits sporadiques) doivent être soutenus par un cadre *institutionnel* de construction de l'opinion et de formation de la volonté. L'Union européenne projette de fabriquer (et s'y attelle, quoique de façon lente et saccadée) une forme rudimentaire ou embryonnaire dudit cadre. Cela dit, les plus gros obstacles qu'elle rencontre sont les États-nations existants, qui rechignent à se défaire de ce qui reste de leur souveraineté autrefois totale. La direction suivie actuellement est difficile à discerner ; quant à prévoir les orientations futures, c'est encore plus compliqué – une attitude injustifiée, irresponsable et malavisée.

Le rythme actuel de l'Union semble déterminé par deux logiques différentes (complémentaires ? incompatibles ?) – et personne ne sait dire à l'avance laquelle prévaudra au final. L'une est la *logique du retranchement dans le local* ; l'autre la *logique de la responsabilité globale et de l'aspiration globale.*

La première logique est celle de l'expansion quantitative de la base territoriale et financière de la stratégie de *Standortskonkurrenz* – la concurrence entre des localités, ou la concurrence fondée localement ; pour être précis, la concurrence entre États territoriaux. Quand bien même les fondateurs du Marché commun et leurs successeurs n'auraient jamais rien fait pour émanciper l'économie de son confinement relativement invalidant au sein des cadres de la *Nationalökonomie*, la « guerre de libération » que mènent actuellement le capital, la finance et le commerce contre les « contraintes locales », une guerre déclenchée et intensifiée non par des intérêts locaux, mais par la diffusion globale des possibilités, cette guerre, donc, se serait malgré tout déroulée. Le rôle des institutions européennes *ne consiste pas* à éroder la souveraineté des États membres ni à exempter l'activité économique de leur contrôle (et de leur capacité de contrainte) ; pour dire les choses simplement, leur rôle *n'est pas* de faciliter, encore moins d'engager la procédure de divorce entre le pouvoir et la politique. On peut tout à fait se passer des services des institutions européennes pour cela. Leur vraie fonction consiste, au contraire, à *endiguer le flot* : enfermer les atouts capitaux qui se sont échappés des cages de l'État-nation derrière la palissade continentale, et les y maintenir afin qu'ils ne s'évaporent ni ne fuient hors des limites de l'Union. Si, étant donné la puissance croissante du capital global, le confinement au sein d'un même État-nation des marchés du capital, de la finance et du travail, ainsi que des bourses de marchandises, mais aussi des balances mensuelles se révèle être une tâche de plus en plus intimidante, alors peut-être que, seuls ou tous ensemble, les pouvoirs combinés des États-nations seront capables de se battre sur un pied d'égalité. En d'autres termes : la logique du retranchement dans le local est celle de la reconstruction, au niveau de l'Union, du réseau légal et institutionnel qui ne retient plus l'« économie nationale » dans les limites de la souveraineté territoriale de l'État-nation. Néanmoins, comme le dit Habermas, « la création d'unités politiques plus importantes ne change rien au mode même de la concurrence entre les lieux de production [1] ». Du point de vue planétaire, la stratégie commune d'une union continentale d'États se distingue mal des codes de conduite des États-nations individuels qu'elle est venue remplacer. Elle est toujours guidée par une logique de division, de séparation, d'isolement et de retranchement ; une logique qui conduit à

1. J. Habermas, *Après l'État-nation*, *op. cit.*, p. 111.

chercher des exemptions territoriales vis-à-vis des règles et tendances générales – plus simplement, *des solutions locales à des problèmes générés globalement.*

Dans le même temps, la logique de la responsabilité globale (et une fois cette responsabilité reconnue et adoptée, la logique de l'aspiration globale également) vise, en principe du moins, à affronter de but en blanc – à leur propre niveau – les problèmes générés globalement. Elle émane de la supposition selon laquelle une solution durable et véritablement efficace aux problèmes planétaires ne peut être trouvée et ne peut fonctionner que par la *renégociation et la réforme du réseau des interdépendances et des interactions globales.* Au lieu de viser à réduire au minimum les dégâts locaux, et à faire bénéficier le local des évolutions aléatoires des forces économiques globales, elle préfère chercher un autre type de cadre global. Un cadre au sein duquel les itinéraires des initiatives économiques, en tout point de la planète, ne seraient plus aléatoires, ni guidés au hasard par les seuls gains provisoires, sans prêter la moindre attention aux effets secondaires et aux victimes collatérales, sans attacher d'importance aux dimensions sociales de l'équilibre des coûts et des effets. Bref, pour citer Habermas une fois de plus, cette logique vise le développement d'une politique capable de « “se porter à la hauteur” des marchés [1] ».

Contrairement à la logique du retranchement dans le local, qui rejoue les rengaines de la *raison d'État* [2], des airs familiers puisque universellement dominants (ou presque) à l'époque de l'État-nation, la logique de la responsabilité globale et de l'aspiration globale nous fait pénétrer dans un territoire inconnu et inaugure une époque d'expérimentation politique. Elle rejette (croyant qu'elle va aboutir à une impasse) la stratégie d'une défense purement locale contre

1. *Ibid.*, p. 141.
2. En français dans le texte (*N.d.T.*).

les tendances planétaires ; elle s'abstient aussi (par nécessité, sinon pour des raisons de conscience) de retomber dans une autre stratégie orthodoxe européenne, celle qui consiste à traiter l'espace planétaire comme un « hinterland » (voire comme le *Lebensraum*) dans lequel décharger les problèmes produits chez soi, mais impossibles à résoudre chez soi. Cette logique reconnaît qu'il serait proprement inutile de suivre la première stratégie en escomptant le moindre succès, alors que, ayant perdu sa domination globale, et vivant au contraire dans l'ombre d'un empire qui aspire à devenir planétaire, un empire qu'elle ne peut, au mieux, qu'essayer de contenir et d'amadouer, mais certainement pas contrôler, l'Europe n'est pas en position pour suivre la seconde stratégie non plus – bien que celle-ci ait pu être fructueuse par le passé, et qu'elle puisse être encore tentante aujourd'hui.

Ainsi, bon gré mal gré, de nouvelles stratégies et tactiques doivent être recherchées et testées sans calculs préalables fiables, encore moins de garanties, de leur succès final. Habermas nous met en garde : « Les problèmes de coordination existant au niveau européen prennent une forme plus aiguë au niveau mondial. [Et ce parce que] la solidarité *civique* [...] plonge ses racines dans une identité collective chaque fois particulière [...] tandis que la solidarité cosmopolitique doit s'appuyer sur le seul universalisme moral traduit par les droits de l'homme. [...] Mais ce qui manque à la culture politique de la société mondiale, c'est la dimension commune, d'ordre éthico-politique, qui serait nécessaire à la formation équivalente d'une communauté et d'une identité à l'échelle de la planète [1]. »

Un vrai sac de nœuds : la communauté qui pourrait soutenir une sensibilité éthique commune et permettre la coordination politique (fournissant ainsi la condition nécessaire à remplir si l'on veut que la solidarité supranationale et

1. J. Habermas, *Après l'État-nation*, *op. cit.*, p. 111, 118-119.

supracontinentale sorte de terre et prenne racine), est difficile à établir précisément parce que la dimension d'« ordre éthico-politique » est à l'heure actuelle absente, et les choses risquent fort de demeurer en l'état – ou de ne pas répondre aux attentes suscitées – tant que la dimension d'ordre éthico-politique sera incomplète. L'Europe se retrouve aujourd'hui confrontée à la perspective de développer, progressivement et *simultanément*, peut-être par un long processus de tâtonnement, les objectifs *et* les outils adaptés. Pour couronner le tout, la destination ultime de tout ce travail, une politique planétaire efficace fondée sur un dialogue polyphonique plutôt que sur le soliloque d'un seul gouvernement planétaire, est, elle aussi, sans précédent. Seule la pratique historique peut prouver (mais jamais infirmer) sa faisabilité – ou, plus précisément, la *rendre* faisable.

Nous sentons, devinons, soupçonnons ce qu'il faut faire. Mais nous ne pouvons connaître l'aspect et la forme que cette action prendra au final. Cela dit, nous avons de très bonnes raisons de penser que cette forme ne nous sera pas familière. Elle sera – elle doit être – différente de tout ce à quoi le passé nous a habitués, à l'époque de la construction de la nation et de l'autoaffirmation des États-nations. Il peut difficilement en être autrement, dans la mesure où toutes les institutions politiques actuellement à notre disposition ont été fabriquées sur mesure pour la *souveraineté territoriale* de l'État-nation ; on ne peut les étendre à l'échelle planétaire, supranationale, et les institutions de l'auto-constitution de la communauté humaine planétaire ne seront pas, ne peuvent être « les mêmes, en plus grand ». Si Aristote assistait à une séance du Parlement à Londres, Paris ou Washington, il en approuverait peut-être les règles de procédure, en reconnaîtrait les bienfaits qu'elles offrent au peuple auquel leurs décisions s'appliquent, mais il serait stupéfait d'apprendre qu'il a sous ses yeux « la démocratie en action ».

Ce n'est pas ainsi que lui, créateur du terme, visualisait une « *polis* démocratique ».

Nous sentons bien que le passage d'agences et d'outils internationaux d'action à des institutions universelles doit être et sera un changement *qualitatif* et pas un simple changement *quantitatif*. Dès lors, on peut se demander si les cadres actuellement disponibles de la « politique globale » sont adaptés aux pratiques de la nouvelle politique globale, ou s'ils font office de couveuses pour celles-ci. Par exemple, que penser des Nations unies ? À la base, leur mission était de garder et de défendre la souveraineté indivise et inattaquable de l'État sur son territoire, n'est-ce pas ? La *force contraignante* de la loi globale – peut-elle dépendre de l'accord (révocable !) des membres souverains de la « communauté internationale » ?

Pour saisir la logique des innovations fatidiques de la pensée européenne du XVIIe siècle, Reinhardt Kosseleck, grand historien allemand des idées, créa le trope de la « période croupe [1] ». Je suggère, quant à moi, que cette métaphore est aussi juste et heureuse pour nous qu'elle le fut pour nos ancêtres il y a quatre siècles, puisque nous cherchons à anticiper les virages que le XXIe siècle prendra inévitablement, et à donner corps aux innovations capitales grâce auxquelles les historiens du futur pourront le décrire et en comprendre le sens.

À l'instar de nos ancêtres du XVIIe siècle, nous gravissons la pente d'une montagne par un chemin que nous n'avions jamais emprunté jusqu'ici – dès lors, nous n'avons pas la moindre idée du spectacle qui va s'offrir à nous ; nous ne sommes pas certains de savoir où cette route sinueuse va nous mener. En revanche, ce dont nous ne pouvons douter, c'est que l'endroit où nous nous trouvons, à un point de

---

1. « Croupe », au sens de « sommet arrondi d'une montagne » (*N.d.T.*).

cette pente ascendante, n'est pas un lieu où nous pouvons faire halte longtemps, et encore moins nous installer. Alors nous poursuivons notre route ; nous marchons moins « dans le but de » que « à cause de » – nous marchons parce que nous ne pouvons pas plus nous arrêter que rester immobiles. Ce n'est que lorsque nous atteindrons le sommet de la croupe (*si* nous l'atteignons) et contemplerons le paysage de l'autre côté que viendra l'heure de marcher « dans le but de » ; nous serons alors attirés de l'avant par le spectacle d'une destination visible, par un but à portée de main, davantage que poussés par nos malaises actuels.

À l'heure actuelle, on ne sait pas grand-chose des contours de cette si lointaine *allgemeine Vereinigung der Menschengattung*, si ce n'est qu'elle en acquerra (espérons-nous) progressivement de plus visibles et de plus gérables ; ce sera le cas, à condition qu'il reste des alpinistes pour le découvrir et en répandre la nouvelle. J'ai fait part de cette réflexion à Kosseleck, arguant de la pénurie actuelle de prophètes talentueux, et des déficiences notoires des prédictions scientifiques. Dans sa réponse, Kosseleck m'a soumis un argument encore plus décisif : nous ne possédons même pas les concepts qui nous permettraient d'exprimer nos anticipations. Des concepts à même de saisir des réalités qui ne sont *pas encore* se forment dans la pratique de l'alpinisme, et pas une seconde plus tôt. Or il n'y a pas que les concepts qui naissent à mesure que nous avançons, mais aussi – ajouterait Claus Offe – les règles de leur formation et de leur acceptation ; les règles de la décision ne peuvent se créer en route, dans une sorte de « boucle de réflexion ». Quant aux contours des choses qui apparaîtront de l'autre côté de la croupe, les alpinistes prudents feraient mieux de ne rien en dire.

L'ignorance qu'ont ceux-ci de leur destination finale ne signifie pas qu'ils doivent interrompre leur marche. Concernant les Européens, ces grands amateurs d'aventure et d'expérimentation, il n'y a guère de chances qu'ils s'arrêtent.

Nous aurons plus d'un choix cornélien à faire, chaque fois dans des conditions de connaissances limitées (voilà précisément ce qui distingue l'aventure de la routine et de l'obéissance à des ordres), et face à une adversité proprement paralysante – mais il y a malgré tout de l'espoir, un espoir solidement ancré dans les aptitudes que nous avons acquises pour vivre avec la différence et l'engagement dans un dialogue sensé et mutuellement bénéfique, des aptitudes qui restent le plus souvent cachées mais se font jour dans les moments de crise. Au mois de mai 2003, Jürgen Habermas et Jacques Derrida eurent une conversation au cours de laquelle ils baptisèrent le 15 février 2003 du nom de « nouveau 4 juillet », à l'échelle européenne, cette fois : le jour où naquit une véritable conscience européenne commune [1]. Ce jour-là, en effet, des millions d'Européens descendirent dans les rues de Rome, Madrid, Paris, Berlin, Londres et d'autres capitales du continent afin de manifester leur condamnation unanime de l'invasion imminente de l'Irak – et indirectement leur souvenir historique commun de souffrances passées, et la révulsion que leur inspiraient ces violences et atrocités commises au nom de la rivalité nationale.

Nous avons donc le choix entre laisser nos villes se transformer en lieux de terreur, « où l'étranger doit être objet de crainte et de méfiance », et entretenir l'héritage de la civilité mutuelle parmi les citoyens et la « solidarité des étrangers », une solidarité renforcée par les épreuves toujours plus rudes qu'elle subit et auxquelles elle survit – aujourd'hui et dans le futur.

La logique de la responsabilité globale et de l'aspiration globale, à condition de l'adopter et de la préférer à celle du retranchement dans le local, pourrait contribuer à préparer

1. J.-W. Müller, « Europe : Le pouvoir des sentiments : l'europatriotisme en question ? », *La Vie des idées*, avril-mai 2004.

les Européens – ces individus éminemment aventureux, connus pour l'amour qu'ils vouent à l'expérimentation – à leur prochaine aventure, peut-être plus formidable encore que toutes les précédentes. En dépit d'une adversité colossale, cette logique pourrait une fois de plus permettre à l'Europe de donner le ton à l'échelle planétaire ; lui permettre de déployer les valeurs qu'elle a appris à chérir, qu'elle a réussi à préserver, ainsi que l'expérience éthico-politique acquise dans l'autonomie démocratique, pour remplacer l'ensemble des entités territorialement ancrées, engagées dans un jeu de survie à somme nulle, par une communauté humaine planétaire, dont personne ne serait exclu. Ce n'est qu'une fois cette communauté mise en place que l'Europe pourra considérer sa mission accomplie. Ce n'est qu'au sein d'une telle communauté que les valeurs qui illuminent les ambitions et les activités de l'Europe, ces valeurs qui *sont l'Europe*, peuvent être véritablement en sécurité.

Franz Kafka, en vrai prophète, avait décrit ce qui nous attend. Ses paroles sonnent à la fois comme une prémonition, une mise en garde et un encouragement : « Si donc tu ne trouves rien dans les couloirs, ouvre les portes ; si tu ne trouves rien derrière ces portes, il y a d'autres escaliers ; si tu ne trouves rien en haut, rien n'est perdu, élance-toi vers de nouveaux escaliers. Aussi longtemps que tu ne cesses pas de monter, les marches ne cesseront pas ; à mesure que tu montes, elles montent sous tes pieds, en même temps que toi [1]. »

---

1. F. Kafka, « Défenseurs », *Œuvres complètes*, trad. C. David, Paris, Gallimard, « Bibliothèque de la Pléiade », 1980, tome II, p. 645.

Index des notions et des noms propres

Table

Composition et mise en page

NORD COMPO
multimédia

CET OUVRAGE
A ÉTÉ REPRODUIT
ET ACHEVÉ D'IMPRIMER
SUR ROTO-PAGE
PAR L'IMPRIMERIE FLOCH
À MAYENNE EN AOÛT 2009

N° d'édition : L.01EHBN000267.N001. N° d'impression : 74367.
Dépôt légal : septembre 2009
Imprimé en France